# 좋은 정부, 나쁜 정부

# 좋은 정부, 나쁜 정부

철인정치에서 사회자본론까지, 철학자가 말하는 열 가지 정부 이야기

**박희봉** 지음

책세상

열심히 살다 가신 사랑하는 어머님께 이 책을 바칩니다.

들어가는 글 · 11

## 1부 :: 도덕적 이상 국가를 위한 정부

### 01 플라톤의 철인 정부, 아테네 민주주의를 공격하다

야만의 세계에서 시민사회로 · 31 / 플라톤의 나쁜 정부 : 직접민주주의는 왜 위험한가 · 33 / 플라톤의 좋은 정부 : 철인정치만이 대안이다 · 37 / 철인정치에 대한 비판 · 41 / 플라톤과 현대 엘리트주의자들 · 42

★별별 읽기 · 47

### 02 아리스토텔레스의 중산층 정부, 중우정치와 엘리트주의를 넘어서다

스승을 비판한 제자 · 50 / 아리스토텔레스의 나쁜 정부 : 다양성을 죽이는 정부는 왜 위험한가 · 52 / 아리스토텔레스의 좋은 정부 : 다수의 중산층에 기반한 정부 · 56 / 개인의 이익 추구 앞에 무너지는 이상론 · 65 / 개인과 집단 모두의 행복을 추구하다 · 67

## 2부 :: 개인의 자유와 권리를 담은 정부

### 03 마키아벨리의 현실 정부, 도덕성보다 정치적 효용성을 우선하다

혼란의 시대가 낳은 현실주의 정부론·73 / 마키아벨리의 나쁜 정부 : 힘없는 정부는 왜 위험한가·75 / 마키아벨리의 좋은 정부 : 탈도덕적 정부·80 / 절대 권력의 절대 부패라는 문제·85 / 현실 인식을 바탕으로 한 근대 정치론·87

### 04 홉스의 계약 정부, 근대 민주주의가 발아하다

인간은 이기적이고 합리적인 선택을 추구한다·92 / 홉스의 나쁜 정부 : 무정부 상태는 왜 위험한가·95 / 홉스의 좋은 정부 : 공익을 실현하는 정부·98 / 견제 장치 없는 무소불위의 권력·104 / 제도로서의 정부를 말하다·108

### 05 로크의 최소 정부, 시민 저항권을 인정하다

인간 이성에 대한 신뢰·112 / 로크의 나쁜 정부 : 큰 정부는 왜 위험한가·114 / 로크의 좋은 정부 : 역할과 권력이 명확히 규정된 정부·119 / 로크의 '시민' 개념이 지닌 시대적 한계·123 / 견제와 균형 그리고 회의주의·128

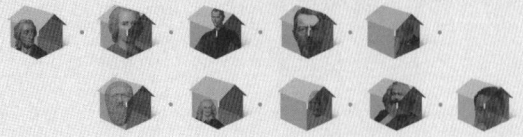

## 3부 :: 평등의 가치를 생각하는 정부

### 06 루소의 소규모 공동체 정부, 사회적 불평등에 주목하다

자연 상태의 인간을 꿈꾸다 · 137 / 루소의 나쁜 정부 : 불평등을 조장하는 정부는 왜 위험한가 · 139 / 루소의 좋은 정부 : 구성원 모두가 책임과 권리를 행사하는 정부 · 143 / 인간의 다양한 욕구를 어떻게 볼 것인가 · 148 / 분배와 복지의 가치를 일깨우다 · 152 ★별별 읽기 · 156

### 07 마르크스의 사회주의 정부, 자본주의에 도전하다

물질이 역사를 주도한다 · 164 / 마르크스의 나쁜 정부 : 자본주의 정부는 왜 위험한가 · 167 / 마르크스의 좋은 정부 : 정치적·사회적 상호의존성에 기반한 정부 · 174 / 유일 이데올로기에 대한 비판 · 183 / 인간 존엄성을 생각하다 · 189 ★별별 읽기 · 193

## 4부 :: 다양한 인간 가치를 실현하는 정부

### 08 베버의 가치중립 정부, 보다 다양한 인간 가치를 실현하다

가치중립적 인간·201 / 베버의 나쁜 정부 : 권력화한 관료제 정부는 왜 위험한가·204 / 베버의 좋은 정부 : 권력의 분산과 견제가 가능한 정부·215 / 성숙한 자본주의를 위한 대안 부재·223 / 유토피아는 없다·227
★별별 읽기·235

### 09 벨의 창의 정부, 탈산업화 사회 패러다임 변화에 대응하다

탈산업 사회의 이데올로기·238 / 벨의 나쁜 정부 : 획일적인 정부는 왜 위험한가·240 / 벨의 좋은 정부 : 사회 변화에 능동적으로 대처할 수 있는 정부·245 / 탈산업 시대의 새로운 갈등·261 / 메리토크러시의 역할 강조와 인간 가치의 조화·265

### 10 사회자본론의 공동체 정부, 시민의 신뢰 속에 협력을 이끌다

제3의 자본·270 / 사회자본론의 나쁜 정부 : 소통 불능의 정부는 왜 위험한가·274 / 사회자본론의 좋은 정부 : 협력의 리더십을 갖춘 정부·284 / 사회자본에 대한 서로 다른 이해·289 / 성숙한 시민 문화를 기대하다·293

나오는 글·300 / 더 읽어볼 만한 책·304 / 찾아보기·309

:: 들어가는 글

현대사회에서 정부만큼 관심과 질책을 많이 받는 기관도 드물다. 거의 모든 국가에서 정부 신뢰가 지속적으로 하락하고 있다. 그럼에도 불구하고 중대한 문제가 발생했을 때, 시민들은 정부의 결정을 기대하고 의지하게 된다. 일반적으로 입법부, 행정부, 사법부를 통칭하는 정부의 규모는 국내총생산GDP의 30퍼센트에 이른다. 한 사람이 일해서 얻은 수입의 30퍼센트 가량을 세금으로 받아 만들어진 막대한 예산으로 정부는 국가를 운영하는 것이다. 정부는 시민들의 일상생활에 속속들이 영향을 미치고 있다. 정부와 관련된 기사는 거의 매일 신문 1면을 장식하고, 텔레비전과 라디오 뉴스에서도 단골로 다뤄진다.

현재 한국 사회에는 정부를 비롯한 법과 제도가 존재하고, 민주주의 체제도 점차 안정되고 있지만, 아직도 민주정부 체제가 완전히 성숙되었다고 보기는 어렵다. 대통령 선거를 위시한 각종 선거 때마다 엘리트를 선발하는 방식에 대한 논란이 일어나고, 선거 과정에서도 정책 대결보다는 흑색선전과 선동 정치가 반복되고 있다. 국민소득이 2만 달러를 넘은 지 오래됐지만 군사적으로 미국의 도움을 받지 않으면 여전히 국가 안보가 위협받는 처지이다. 통일이라는 민족의 막중한 과제를 눈앞에 두고도 통일 방법에 대한 서로의 문제점을 지적할 뿐, 구체적인 대안을 내놓는 지도자도 정당도 보이지 않는다. 세대·계층·지역·이념 간 갈등으로 새로운 사회문제가 발생할 때마다 이익집단이 첨예하게 맞서는 가운데, 정부는 정책 방향을 잡지 못하고 있다. 시민들과 각종 이익집단의 정책 참여에 대한 관심과 참여 욕구가 커지고 있으나 이를 담을 시스템이 부재하여 촛불집회나 가두시위가 일어나고 있다. 자유 시장경제 체제를 기본으로 하면서도 정부는 이런저런 규제에 나서 시민의 경제활동에 지장을 초래하기도 한다. 우리나라가 세계 1위의 저출산율과 자살률을 기록한 지 오래건만 정부는 어떤 대책도 내놓지 않고, 국가의 미래에 대한 장기 비전도 마련하지 못하고 있다.

 이 책에서는 국가와 정부가 당면한 이러한 문제점에 대한 해답을 찾아보려 한다. 이 책에서 다루는 열 가지 정치철학의 관점이 각종 문제들에 직접적인 해답을 줄 수는 없지만, 독자들에게 시대마다 인류가 부딪힌 문제의 본질과 해결책을 보여줌으로써 오늘날의 사회문제에 대처할 수 있는 구체적인 방향을 제시해줄 수 있을 것이다.

## 정부란 무엇인가?

　이렇게 시민의 일상생활에서 중요한 부분을 차지하는 정부란 도대체 무엇인가? 이를 이해하기 위해 정부가 없는 세상을 먼저 상상해보자. 정부가 없다면 우리는 생활에서 많은 불편을 겪을 것이다. 아니, 일상생활을 영위하기도 어려울 것이다. 법질서를 유지하기 어려워 도둑이 들끓는 무법천지가 될 것이며, 무엇보다 이웃 나라의 침략을 받아 나라를 빼앗기는 처지가 될 것이다. 아무리 뛰어난 사람이라 해도 능력을 발휘하기가 쉽지 않고 힘없는 대다수 시민들의 자유와 권리, 행복은 뒷전으로 밀려날 것이다. 정부가 없다면 공익의 공정한 실현, 즉 정의를 구현할 수 없게 된다.

　정부는 이렇게 국가 구성원의 자유와 권리, 행복 추구에 필수적일 뿐 아니라 개인의 역량으로는 할 수 없는 일들을 효과적으로 수행하기 위해서도 필요하다. 정부는 앞에서 언급한 국방, 치안, 인프라 건설뿐만 아니라 교육, 공공복지, 공공서비스, 체육 및 문화 등 국가 공동체 유지와 발전에 필요한 다양한 기능을 수행하고 있다. 이러한 일들이 정부에 맡겨지는 이유는 단 하나, 개인은 하지 않을 뿐만 아니라 할 수 없기 때문이다. 개인은 이기적 성향이 강하기 때문에 공동체 전체의 이익을 보호하기에는 한계가 있다. 사회봉사에 참여하는 사람들이나 비영리 봉사집단이 있다 해도 이들이 정부를 대신하여 공동체를 유지할 수는 없다. 공동체 전체의 이익을 위해 아무도 나서지 않는다면 구성원들의 자유와 권리, 행복이 보장될 수 없다. 따라서 정부는 모든 구성원에게 꼭 필요하지만 누구도 하려 들지 않는 기능을 수행하는 것이다.

그렇다면 정부가 수행해야 할 기능은 누가 어떻게 결정할까? 주권자가 한다. 전제군주 시절에는 군주가 독단적으로 결정을 했다. 하지만 시민이 국가의 주인인 민주주의 체제에서는 구성원 모두가 주권자이고, 주권자의 합의에 의해 정부의 기능이 결정된다. 이렇게 주권자 간의 합의를 형성해가는 과정을 정치라고 한다. 민주주의 체제에서 정치는 필연적으로 발생하는 것이다.

한편, 정부와 정치의 속성상 정치권력 또한 자연스럽게 발생한다. 주권자 간의 합의를 실천하기 위해서는 권력을 사용해야만 하기 때문이다. 정부는 주권자가 결정한 합의 사항을 실천하기 위해 구성원들에게 세금을 걷어야 하고, 군대를 소집해야 하며, 범법자들을 처벌할 수 있어야 한다. 그러나 정부에 권력이 없으면 정부 기능을 수행할 수 없고, 구성원의 자유와 권리, 행복을 지킬 수 없다. 따라서 주권자인 시민들은 정부의 기능을 효과적으로 수행할 수 있도록 자신들의 주권을 정부에 양도한다. 이로써 정부는 독점적이고 강력한 권력을 보유하게 된다.

그런데 현대사회에서는 정부와 정치권력에 대한 불신과 반감이 높아만 간다. 이래서는 결코 좋은 정부 운영을 기대할 수 없다. 정부와 정치에 대한 부정은 나 아닌 다른 사람이 내 운명을 좌지우지하도록 방치하는 격으로, 좋은 정부로부터 더더욱 멀어지는 결과를 초래할 뿐이다. 결국 자신의 문제를 해결하지 못할 뿐만 아니라 심지어 자유와 권리, 행복이 침해당할 수도 있다.

## 좋은 정부는 국민이 만든다

민주주의 체제에서 좋은 정부를 유지하기란 쉽지 않다. 가치와 배경이 다른 다수의 주권자가 합의를 해야 하는 만큼 갈등과 불만이 발생할 확률이 높다. 사람들은 자신의 이익은 중요하지만, 다른 사람의 이익에는 무관심한 경향이 있다. 다양한 입장을 가진 사람들이 한 주제를 놓고 아무리 열띤 논의를 한들 서로의 입장이 다르다는 사실을 확인할 뿐이다.

개인의 가치와 생각, 욕구가 다르다는 점을 떠나 좋은 정부를 운영하기 어려운 이유는 사람이 근본적으로 완전하지 않다는 데 있다. 그러하니 사람이 만든 정부 또한 완전할 수가 없다. 정부 지도자 역시 완전하지 않을뿐더러 먼 앞날을 내다보기보다는 눈앞의 이익을 추구하는 시민들을 좇아 당장의 인기에 영합한다.

주인이 무엇을 어떻게 해야 하는지를 알고 지시해야 대리인이 주인의 입장에서 일하게 되어 있다. 주권자인 일반 시민이 정부가 무엇을, 어떻게 하고 있는지를 확실히 알고서 정부에 명령하지 않으면 위기를 극복하기 어렵다. 시민들은 정부 지도자가 현재 정부가 처한 위기를 시민들에게 알리고 비전을 제시하기를 원하지만, 대개 정부 지도자도 위기 상황을 잘 알지 못하거나 비전이 없는 경우가 많다. 행여 상황을 잘 알고 있더라도 자신의 정치적 이해를 따져 단편적인 정보나 방향을 제시할 뿐이다. 즉 주권자인 일반 시민이 정부에 대한 지식 수준을 높여야만 좋은 정부를 기대할 수 있다.

### 열 가지 정치철학으로 본 좋은 정부와 나쁜 정부

이 책은 좋은 정부와 나쁜 정부의 차이를 열 가지 정치철학의 관점에서 논의했다. 주권자가 나쁜 정부를 거부하고, 좋은 정부를 구성·운영하기 위해서는 우선 정부의 역할을 명확하게 이해할 필요가 있다. 한 나라의 정치 수준은 주권자인 시민의 수준에 달려 있다는 점에서 이 책이 일반 시민의 정부에 대한 상식을 증진시키는 데 보탬이 되었으면 한다.

이 책은 다양한 서양 정치철학을 중심으로 국가와 시민에게 바람직한 정부에 대해 논의했다. 동양 정치사상으로도 좋은 정부와 나쁜 정부의 상을 그려볼 수 있을 것이다. 하지만 현재 우리의 정부 체제가 서양 정치사상에 의거하여 형성·발전되었기 때문에 서양 정치철학자들이 제기하는 정부의 역할에 대한 논의로 좋은 정부와 나쁜 정부를 더 확실히 구분할 수 있으리라고 보고 서양 정치사상에 한정해 이야기를 풀어보았다.

이 책은 플라톤, 아리스토텔레스, 마키아벨리, 홉스, 로크, 루소, 마르크스, 베버 등 여덟 명의 대표적인 서양 정치철학자가 주장한 좋은 정부와 나쁜 정부에 대해 살펴봤다. 또한 지속적으로 변화하는 현대 사회에서의 정부의 역할을 제시한 벨의 논의와, 최근 새로이 연구가 활발하게 진행되고 있는 사회자본론의 관점에서 본 바람직한 정부의 모습을 추가했다. 이러한 열 가지 정치철학 및 이론은 서로 다른 시각으로 좋은 정부와 나쁜 정부의 모습을 보여줄 것이다.

## 정치철학이란 무엇인가

이 책에서는 우선 열 가지 정치철학의 본질과 이론적 논의 구조를 한눈에 볼 수 있도록 정리했다. 각 정치철학이 바라보는 자연 상태, 즉 세계관을 서술하고, 해당 세계관에서 제시하는 인간의 본성을 논의했다. 또한 각 정치철학이 지적하고 극복하려 했던 나쁜 정부의 상과 대안으로 제시된 좋은 정부의 상, 더불어 그렇게 판단한 이유를 논의했다. 그리고 각 정치철학의 한계와 현대적 의미를 추가로 검토했다.

정치철학이란 국가와 정부, 정치란 무엇인가에 대한 근원적인 물음에 체계적으로 해답을 제시하는 학문이다. 즉 국가 공동체 구성원의 자유와 권리, 행복을 증진시키는 보다 좋은 세상을 만들기 위해 국가와 정부, 정치의 문제를 파악하고, 이에 대한 근본 해결책을 제시하려는 것이다. 또 정치, 경제, 사회 등 인간 공동체에서 전반적으로 나타날 수 있는 제반 현상을 논의함으로써 자유와 권리, 행복을 추구하는 인간의 근원적 문제를 이해하는 지침을 제공한다.

하지만 의도의 순수성에도 불구하고 특정 정치철학이 심한 비판을 받는 경우가 있다. 이는 정치철학을 바라보는 사람의 시각 때문일 수도 있고, 시대와 상황의 변화를 고려하지 않고 과거에 정립된 정치철학을 절대적 기준으로 간주한 탓일 수도 있다. 플라톤부터 마르크스까지 일곱 명의 철학자들은 나름대로 좋은 정부를 위한 최선의 대안을 제시했다. 그러나 그들이 바라본 국가와 정부, 정치의 근원적인 문제는 당대에 유효할 뿐이다. 시대가 변함에 따라 국가와 정부의 근원적 문제가 변화했고, 이에 따라 좋은 정부를 위한 대안 역시 철학자마다 다르게 제시할 수밖에 없었다. 요컨대 국가와 정부에 대한 근본 문제는 영원불변하지 않고 시대에 따라 변한다.

따라서 우리는 각 정치철학에서 제시한 사회와 인간에 대한 관점 및 해당 정부에 대한 논의를 통해 다양한 상황에서 좋은 정부와 나쁜 정부를 살펴볼 수 있다. 좋은 정부란 국가의 평화와 번영을 이룩하고, 구성원의 자유와 권리, 행복을 증진하는 정부이다. 반면 나쁜 정부란 나라를 전쟁 상태로 몰아넣거나, 사회적 퇴보를 조장하고, 구성원들을 속박과 가난·갈등에 시달리게 만드는 정부를 말한다. 정치철학자들이 제시하는 대안은 좋은 정부를 목표로 하지만 구체적 방법론은 서로 다르다. 다시 말하지만 이는 시대 상황에 따라 발생하는 사회문제가 다르기 때문이다.

## 플라톤에서 사회자본론까지

본격적인 논의에 앞서 이 책에서 다룰 다양한 사조의 세계관과 정부관을 장별로 간략히 소개하면 다음과 같다. 이 책은 정부에 대한 정치철학적 논의를 플라톤의 관점에서 시작한다. 플라톤은 세상을 인간의 세계와 야만의 세계로 구분했다. 전자는 옳고 그른 것을 구분하는 인간 이성이 지배하는 세상인 반면, 후자는 이성이 지배하지 않는 세상이다. 따라서 플라톤은 옳고 그름을 구분하는 인간 이성으로 세상을 지배해야 한다고 보아 이에 초점을 맞추었다. 그의 눈에는 이성이 미성숙한 대중이 주도하는 그리스의 직접민주주의가 불안해 보였다. 대중은 복잡한 정치 과정을 이해하기 어렵고, 혹세무민하는 정치 선동가에게 농락당할 수 있기 때문이다. 이기적일 뿐만 아니라 눈앞의 이익에 매달리는 대중이 정부를 운영할 경우 국가 공동체 전체의 장기적인 행복을 보장할 수 없다는 점을 직시한 것이다. 따라서 플라톤은 가장 이성적인 정부 체제를 고안하려 했고, 이를 철인philosopher king이 통치하는 정부 형태로 정립했다. 이 장에서는 정부의 필요성과 최고 통치자의 중요성, 그리고 최고 통치자로 어떤 사람을 선택해야 하는지에 대한 플라톤의 주장을 추가로 논의했다.

아리스토텔레스는 플라톤의 사상을 비판적으로 받아들였다. 그는 대중의 이성이 불완전하고 단편적인 반면, 엘리트는 대중보다 합리적임을 인정했다. 하지만 그는 정부 운영에 대중의 의견이 반영될 필요가 있음을 강조했다. 엘리트는 국가를 발전시킬 수 있는 능력을 가진 장점이 있으나, 대중의 협력을 얻지 못하면 정치를 안정시킬 수 없다는 것이다. 아리스토텔레스는 대중은 수적으로 우세할 뿐만 아니라, 국가가 어떻게 통치되어야 하느냐는 것을 통치자보다도 더 잘 알고 있다고 생각했다. 즉 국가 발전을 위해서는 엘리트가 적극 노력해야 하고 국가의 통합과 안정을 위해서는 대중의 협력이 필요하다는 점을 지적했다. 이는 국가 통치에 있어서 엘리트의 책임 정치와 대중의 정치 참여를 혼합한 민주적 엘리트주의를 제시한 것으로 볼 수 있다. 이 장에서는 정부를 운영할 때 왜 현실을 반영해야 하는지, 국가 통합이 왜 중요한지, 그리고 다수의 중산층을 확보하는 것이 국가의 안정적 발전에 왜, 얼마나 중요한지에 대한 아리스토텔레스의 주장을 함께 살펴보았다.

 마키아벨리는 플라톤과 아리스토텔레스가 제시한 국가와 정부의 이상향 또는 도덕성을 비판하면서 국가와 정부의 역할을 현실에 입각해 분석했다. 플라톤과 아리스토텔레스는 다수의 이익 수호, 즉 정의를 위해 정부가 필요하다고 생각했다. 반면, 마키아벨리는 정부를 국가의 독립성을 지킬 힘이 있느냐 없느냐의 기준으로 판단했다. 이러한 관점에서는 정규군도 없을 만큼 무력해서 이웃 국가의 간섭을 받던 마키아벨리 시대의 피렌체공화국은 이미 좋은 국가, 좋은 정부가 아니었다. 약육강식의 법칙이 지배하는 국제 관계에서 정부가 힘이 있어야 구성원의 자유와 권리, 행복을 보장할 수 있다. 그는 현실 세계에서 어떤 정부가 좋은 정부인지를 냉정하게 직시했다. 이 장에서는 현실 세계에서 인간이 얼마나 불완전하고 사악한지, 그리고 무엇이

도덕적이고, 무엇이 비도덕적인지, 또 무엇이 탈도덕적인지에 대한 마키아벨리의 주장을 함께 제시했다.

홉스는 마키아벨리가 논한 국제 관계에서의 현실 정치를 개인 차원으로 확대했다. 그는 정부가 형성되기 이전의 자연 상태를 "만인에 대한 만인의 투쟁" 상태로 규정한다. 인간들이 언제든지 대립하고 싸울 수 있는 위험한 상태라는 것이다. 실제로 홉스가 살던 영국은 나라 안팎에서 끊임없이 전쟁이 발생하여 일반 시민들이 평화와 안정을 갈망했던 시기였다. 따라서 사람들은 이러한 갈등을 예방하고 생명과 재산을 지키기 위해 구성원 간의 합의, 즉 사회계약을 체결하게 되었고, 그 결과 정부를 탄생했다고 주장한다. 한마디로 정부는 사람들이 자신의 생명과 자유, 권리, 행복을 지키기 위해 창조한 결과물이라는 것이다. 따라서 좋은 정부는 구성원의 자유와 권리, 행복을 지켜야 하고, 이를 위해 강력한 힘을 보유할 필요가 있다. 정부의 힘이 약하면 체결된 사회계약인 법과 질서를 훼손하는 자를 징벌하지 못하기 때문이다. 이 장에서는 정부의 필요성과 범위 및 역할, 공익과 사익의 구분, 정부에 대한 저항권 등에 대한 홉스의 주장을 추가로 제시했다.

로크는 홉스의 강력한 권위적 정부 이론을 비판하면서 자유주의에 입각한 최소한의 정부를 제안했다. 로크는 정부가 구성원의 자유와 권리, 행복을 지켜주는 것이 아니라 오히려 억압한다고 생각했다. 사람들은 스스로 타인과의 갈등을 해결할 수 있고, 자신의 운명을 개척할 수 있다. 따라서 개인의 자유와 권리, 행복을 사람들 스스로 개척할 수 있도록 개인의 자유권을 보장하는 것이 가장 중요하다고 보았다. 반면, 정부의 권력이 비대하면 인간의 자유를 억압하게 되기 때문에 범법자 발생 같은 예외 상황에서 최소한의 임무만을 부여할 필요가 있다는 것이다. 실제로 로크는 시민들이 국왕의 절대권에 도전하던 시대에 살았다. 특히 로크는 재산권을 생명·자유와 같은 양도할 수 없는 권리로 선언함으로써 개인의 기본권 확대에 공헌했다. 이 장에서는 개인이 소유한 주권의 범위와 한계, 정부 권력의 분리와 통제, 자유주의의 가치 등에 대한 로크의 주장을 함께 다룬다.

루소는 인간 이성의 발전을 긍정하던 전통적인 서양 정치사상을 완전히 뒤집는 새로운 이론을 펼쳤다. 앞에서 살펴본 플라톤에서 로크까지의 전통적인 서양 정치철학은 자연 상태를 불완전하고 비이성적인 극복 대상으로 보고, 인간 이성의 발전이 유익한 가치를 제공한다고 생각했다. 그러나 루소는 이성의 발달로 인간이 자연 상태로부터 이탈함에 따라 자유와 행복을 상실하고, 지배·피지배 관계와 불평등이 심화되었다고 주장했다. 인간이 창조한 제도는 일견 긍정적으로 보이지만, 실제로는 대다수 시민의 자유와 권리, 행복을 박탈하는 구조로 변화해왔다는 것이다. 따라서 그는 자연 상태에서 인간이 누렸던 경제적 독립과 정치적 평등을 되찾는 것이 인간의 진정한 자유와 권리, 행복을 찾는 길이라고 역설했다. 좋은 정부는 이러한 가치를 실현하는 정부라는 것이다. 이 장에서는 루소가 주장한 대중의 정치 참여, 경제적 독립성과 정치적 권리, 교육 및 지방자치, 공동체주의 등에 대해서도 살펴보았다.

마르크스는 루소의 사상을 대부분 수용하고, 헤겔의 변증법과 포이에르바흐의 유물론을 비판적으로 발전시킴으로써 사회주의 사상을 정착시켰다. 그가 자신의 사상을 체계화할 무렵 영국을 비롯한 서구에서는 산업화의 발달로 인한 자본주의의 폐해가 극심하게 나타나고 있었다. 그는 좋은 정부는 사회주의에 입각한 정부이고, 나쁜 정부는 자본주의에 의해 형성된 정부라고 주장했다. 그는 자본주의 정부가 경제적 효율성의 극대화를 위해 정부 체제를 정착시킨 결과, 빈익빈 부익부의 경제적 불평등, 소수 지배와 다수 피지배의 정치 구조가 견고하게 자리 잡았으며, 마침내 각종 사회 갈등과 인간 소외를 불러오고, 구성원의 자유와 권리, 행복을 파괴했다고 비판한다. 반면, 사회주의 정부는 물질의 공동 생산과 공동 소비를 위한 사회주의 생산양식 mode of production을 도입하여 경제적·정치적 평등을 추구함으로써 구성원의 상호 의존 및 협력을 증진시키고, 인간의 자유·권리·행복을 회복시킬 것으로 전망했다. 마르크스는 절대 다수의 노동자가 자본주의 체제를 받아들이는 허위의식을 지적하며, 도덕적·실질적으로 사회주의 사상이 더 우월하다는 사실을 깨닫는 순간 어렵지 않게 프롤레타리아 혁명은 성공할 것이라고 장담했다. 이 장에서는 변증법적 유물사관, 계급투쟁론, 인간 소외론, 프롤레타리아 혁명론 등의 마르크스 이론과 마르크스주의에 대한 이념적·현실적 논의를 함께 제시했다.

　베버는 마르크스를 직접 비판하지는 않았지만, 거의 모든 관점에서 마르크스와 대치한다. 마르크스는 사회주의를 통해 인간의 완전한 자유와 평등, 행복을 추구할 수 있다고 주장한 반면, 베버는 인간이 다양한 가치를 추구하기 때문에 단일한 이데올로기로 인간의 미래를 제시할 수 없다고 보았다. 또 불완전한 인간이 만든 어떠한 제도도 완전할 수 없다고 주장한다. 따라서 자유와 평등, 행복을 이룰 수 있는 완전한 방법은 없지만, 인간의 지속적인 각성과 노력으로 현재보다 개선된 미래를 찾아가야 한다고 주장했다. 그는 관료제를 중심으로 좋은 정부와 나쁜 정부에 대해 논의했다. 그는 마르크스의 사회주의가 휴머니즘을 목표로 하고 있다는 점을 인정하지만, 실제로는 사회주의가 성공할 수 없다고 했다. 사회주의를 이룩하기 위해 일시적으로 형성된 프롤레타리아 독재는 관료제의 발달로 실제 목표인 휴머니즘을 구현하지 못하고, 자본주의 체제에서 발생했던 문제를 되풀이한다는 것이다. 따라서 사회주의와 같은 단일한 이데올로기로는 좋은 정부를 이루기 힘들고, 다양한 가치와 시각을 포함한 접근 방법을 통해 지속적으로 문제를 개선해 나가는 것이 현실적이라는 주장이다. 이 장에서는 마르크스와 베버의 국가와 사회에 대한 시각과 분석 방법의 차이를 토대로 베버의 종교와 사회, 인간의 합리성, 자본주의에 대한 비판과 제언 등을 추가로 논의했다.

다음으로 탈산업 사회 정부의 역할에 대한 벨의 관점을 살펴본다. 벨은 인간 가치의 다양성을 주장한 베버의 입장을 계승한 반면, 자본주의가 사회주의로 나아갈 것이라는 마르크스의 사회 변화론과는 달리 자본주의가 결국 탈산업 사회로 발전할 것이라고 했다. 인간은 산업 사회의 획일적인 물질적 풍요에 만족하지 않고 개인의 다양한 가치에 따른 다양한 욕구를 충족시키려 함으로써 탈산업 사회라는 새로운 시대를 맞게 되었다는 것이다. 이에 따라 사회가 혁명적으로 변하면서 정부 역시 기존의 패러다임으로는 구성원의 다양한 가치와 욕구에 대응하기 어렵게 됐다. 즉 기존 이데올로기에 따라 운영되는 정부는 나쁜 정부가 될 수밖에 없고, 구성원의 다양한 가치와 사회의 급격한 변화를 담을 수 있어야 좋은 정부라는 것이다. 이 장에서는 산업 사회와 탈산업 사회의 특징, 탈산업 사회로의 변화 이유와 과정, 문제점에 대한 벨의 주장을 함께 다루었다.

이 책에서 마지막으로 다룬 사회자본론은 최근에 등장해 주목받고 있는 이론으로, 사상적 배경으로는 벨의 사회 변화론, 베버의 가치 다양성과 인간의 불완전성, 로크의 자유주의, 루소와 마르크스의 공동체주의를 들 수 있다. 사회자본론에서는 탈산업 시대에 다양한 가치를 지닌 개인은 자신이 원하는 대로 살아가려 하며, 때로는 공동체에도 관심을 갖는다고 가정한다. 즉 사회자본론은 개인은 기본적으로 사익을 추구하지만, 구성원 간의 협력이 개인의 이익을 더 크게 보장할 경우 국가 공동체 내에서 상호 협력이 가능하고, 이러한 인간관계의 발전으로 공동체가 더 발전할 수 있다고 주장하는 이론이다. 따라서 사회자본론이 보는 좋은 정부는 구성원들이 타인의 이익을 침범하지 않는 범위 내에서 자신의 이익을 위해, 그리고 국가 공동체의 사회자본을 형성하여 자신의 이익과 공동체의 이익을 위해 노력하게 하는 정부이다. 이 장에서는 사회자본과 국가 통합이 왜 필요한지, 그리고 집단행동의 문제를 어떻게 해결할 수 있는지를 추가로 논의했다.

## 휴머니즘과 인류의 미래

  이 책은 서양 정치철학 가운데 정부에 대한 논점이 분명한 열 가지 철학 사조를 선정하여 각 철학자 및 이론에서 주장하는 좋은 정부와 나쁜 정부, 그리고 이와 관련된 문제를 논의했다. 각 이론은 서로 다른 세계관과 인간 본성을 전제한 상태에서 국가와 사회의 문제점을 제기하고, 처방을 제시했다. 시대는 많이 변했으나 이들이 처방한 대안은 여전히 시사하는 바가 적지 않다.

  열 가지 이론은 때로 절대적 가치를 주장하기도 하지만, 각기 다른 세계관과 인간 본성 및 시대적 문제를 전제하고 있다. 이는 시대에 따라 문제도 다르게 나타나고 당연히 정부의 목적과 정책 방향이 달라야 한다는 것을 보여준다. 또한 각 이론은 이전 시대의 이론을 비판적으로 받아들이면서 자신의 이론을 발전시키고 있다. 그러니까 이전과 다른 새로운 패러다임을 제시하면서 그에 적합한 정부의 틀을 제시한 것이다.

  인류의 역사는 휴머니즘의 지속적인 발전 과정으로 볼 수 있다. 이 책에서 논의하는 열 가지 정치철학은 휴머니즘의 완성으로서 전 인류의 장기적이고 보편적인 자유와 권리, 행복의 추구를 목표로 한다. 시대 배경에 따라 휴머니즘을 추구하는 방법이 다를 뿐이다. 인류 역사에서 대부분의 사람들은 자기 자신의 개인적인 이익을 추구하며 살아왔다. 하지만 이들 역시 인류의 선각자들이 추구한 휴머니즘이 옳다는 사실을 자각하고 있을 것이다. 이러한 자각이 우리의 미래에 희망의 빛을 던진다.

  이 책을 굳이 첫 장부터 읽을 필요는 없다. 각 장은 독립적인 내용으로 구성되어 있기 때문이다. 관심이 있는 주제부터 먼저 읽으면 더 흥미로울 수도 있다. 단, 독자의 관심에 따라 관련된 두 개 또는 세 개의 장을 함께 읽기를 권한다. 정부에 대한 현대적 논의에 관심이 있는 독자는 8장 베버로부터 9장 벨, 10장 사회자본론을 함께 읽는 것이 좋겠고, 좌파와 우파의 이데올로기에 따른 정부의 역할에 관심이 있는 독자는 7장 마르크스와 8장 베버를 대조하면서 읽는다면 도움이 될 것이다. 자유주의 정치사상 발전에 관심이 있는 독자는 3장 마키아벨리로부터 4장 홉스와 5장 로크를 대비해보는 것이 좋고, 사회주의 정치사상에 관심이 많은 독자에게는 6장 루소와 7장 마르크스를 묶어서 읽어보기를 권한다. 또한 전통적인 정부 역할에 대해 관심이 있는 독자는 1장 플라톤과 2장 아리스토텔레스를 함께 보면 좋을 것이다. 여유를 가지고 서구 정치사상의 발전 과정과 정부의 역할 변화를 알고 싶은 독자는 당연히 처음부터 읽는 것이 좋다.

2013년 2월

한강을 굽어보며

박희봉

: 1부 :
# 도덕적 이상 국가를
# 위한 정부

# 01 / 플라톤의 철인 정부, 아테네 민주주의를 공격하다

> 국가는 한 사람의 행복을 위해서 존재하지 않는다.
> 국가는 전체 구성원 모두의 행복을 위해 존재한다.
> - 플라톤

## 야만의 세계에서 시민사회로

플라톤은 그리스 아테네에서 태어났다. 그가 태어난 해는 기원전 428년 또는 427년으로 추정된다. 당시에는 문명이 크게 발달하지 못해서, 아테네를 비롯한 몇몇 도시만이 국가 형태를 갖추고, 시민들이 문화생활을 향유하고 있었다. 많은 학자들이 현대 민주주의의 기원을 아테네에서 찾을 정도로 아테네에서는 다른 도시국가와 비교할 수 없는 높은 수준의 정치 체제인 직접민주주의를 시행하고 있었다. 하지만 당시 아테네의 시민의식은 일천한 수준에 머물러 있었을 뿐 아니라 지식인들 역시 수준 높은 직접민주주의를 수행하기에는 한계가 있었다. 즉 고대 아테네 민주주의와 현대 민주주의 사이에는 세월만큼이나 분명한 차이가 있다고 할 수 있다.

**시민사회와 야만 세계에 대한 이해**

소크라테스는 사형선고를 받았을 때 왜 아테네를 떠나 피신하지 않고 스스로 독배를 마셨을까? 이에 대한 해석을 통해 야만 세계와 시민사회에 대한 아테네 시민들의 인식을 알 수 있다. 물론 많은 학자들은 소크라테스가 "악법도 법이다"라며 독이 든 잔을 비웠다는 점에서 그의 법의식을 높이 평가하기도 한다. 그러나 당시 아테네 사람들이 아테네만을 사람이 살 수 있는 시민사회로 생각했을 뿐, 다른 지역은 사람이 살 수

---

플라톤은 기본적으로 국가와 정부가 없는 자연 상태를 동물의 세계와 같다고 보았다. 여기에서 말하는 자연 상태란 천연의 아름다움을 간직한 자연과는 거리가 먼, 서로 살기 위해 먹고 먹히는 끊임없는 투쟁 상태를 말한다. 어느 누구도 긴장 없이는 살 수 없는 곳, 약육강식의 무법천지, 가장 힘센 동물 역시 늙고 병들면 언제든지 다른 동물에게 잡아먹히는 물리적인 힘의 세계를 플라톤은 자연 상태로 가정했다. 인간 역시 교육을 받지 않고 이성이 발달하지 않으면 동물과 마찬가지로 야만의 세계에 살게 되리라고 보았다. 여기서 야만의 세계란 인간이라 해도 동물과 같은 원초적 본능에 따라 살아가는 곳을 말한다.

이러한 무법천지의 야만 상태에서는 시민의 행복을 기대할 수 없다. 따라서 야만의 세계와 대비되는 시민사회civil society, 즉 문명을 바탕으로 하는 이성의 세계를 건설할 필요가 있다. 사람이라면 눈앞의 이익을 위해 움직이는 동물의 세계, 야만의 세계에 머물 것이 아니라, 모든 사람이 행복하게 살 수 있는 새로운 질서를 이성의 힘으로 창조해야 한다는 것이다. 아테네에서는 시민의 합의로 시민사회를 건설하여, 시민이 주도하는 직접민주주의를 실현했다.

없는 야만 세계로 인식하고 있었다는 점에 주목해야 한다. 사형선고를 받은 소크라테스는 감옥에서 탈출하여 아테네를 떠날 수 있었다. 하지만 그를 비롯한 절대 다수의 아테네 시민들은 아테네를 벗어나 야만 세계에서 목숨을 부지하는 것은 동물적인 생명을 연장하는 행위일 뿐 시민의 삶, 진정한 인간의 삶이 아니라고 생각했다. 따라서 아테네를 떠난다는 것은 실질적인 죽음을 의미하며, 소크라테스는 야만의 세계가 아닌 시민사회에서 명예롭게 독배를 마시는 길을 선택한 것이다.

---

그러나 플라톤이 보기에 아테네 시민사회는 내용적인 측면에서 불안한 체제였다. 플라톤은 외형은 갖추었지만 현실적으로 불완전한 아테네의 직접민주주의의 문제가 무엇인지, 또 어떤 국가와 정부 구조가 아테네 시민의 행복을 지속적으로 보장할 수 있을지를 고민했다. 플라톤의 《국가론》은 이러한 고민에 대한 결과물이다. 플라톤은 시대 상황과 시민의 현실적인 능력을 감안하여 국가와 정부 구조를 논의했다. 따라서 시민들의 행복을 보장하기 위한 국가와 정부의 틀을 제시한 플라톤의 주장 역시 그가 직면한 시대 상황을 염두에 두고 해석할 필요가 있다. 플라톤이 왜 아테네 직접민주주의의 위험성을 경고했는지, 또 그가 제시한 국가와 정부 구조의 대안은 무엇인지, 더불어 플라톤 주장의 한계와 현대적 의미를 짚어보겠다.

: 플라톤의 나쁜 정부
### 직접민주주의는 왜 위험한가

결론부터 말하자면 플라톤은 도시국가 아테네가 극복해야 할 가장 큰 문제로 직접민주주의를 지적했다. 플라톤 역시 일반 시민들이 국가와 정부의 의사 결정에 참여하는 직접민주주의가 가장 아름다운 정치체제라고 말했다. 민주주의 체제가 시민의 자유와 기본권, 행복을 국가 목표로 설정한다는 점에서 플라톤 역시 전적으로 민주주의 체제에 동의한다. 민주적 헌법 아래에서 각양각색의 시민들이 공존할 수 있다면 플라톤이 아테네의 직접민주주의를 비판하는 일은 없었을 것이다.

그러나 플라톤은 아테네 시민들이 직접민주주의를 제대로 수행할 수 있을까라는 의문을 제기한다. 그는 모든 인간에겐 한계가 있을 뿐 아니라 인간의 본성은 이기적이라고 생각했다. 그런 인간들이 시행하는 직접민주주의가 아테네 시민의 주권과 행복을 지속적으로 보장할 수 있을지 회의했던 것이다.

만인의 행복이라는 목표를 달성하기 위해서는 인간의 이성으로 국가를 건설해야 한다. 그러나 보통 사람들은 우선 눈앞에 보이는 사익을 추구한다. 대중은 언제든지 잘못된 판단을 내릴 수 있다. 악마의 유혹에 넘어가기 쉽고, 나쁜 생각이나 행위에 물들기도 쉽다. 일시적으로 중요한 문제를 현명하게 판단하기도 하지만 늘상 그러기는 어렵다. 인간은 나약하고, 옳고 그름에 대한 경험에서 우러난 지식을 쌓기 어렵기 때문에, 만인의 궁극적인 행복을 위해 국가를 건설하고 유지하기란 결코 쉽지 않다. 개인의 이익을 위해 전체의 이익을 버리고, 눈앞의 이익에 집착하여 궁극적인 행복을 놓치고 마는 존재가 바로 인간이다.

과연 이러한 다수의 시민 대중에게 모든 결정권이 주어지는 직접민주주의 체제에서 대중 스스로 전체 시민들의 행복과 자유를 보장하기 위해 필요한 정책을 결정할 수 있을까? 그렇지 않다. 대부분의 시민 대중은 항상 자기 눈앞에 보이는 이익을 위해 결정권을 사용하게 된다. 나아가 현실적으로 직접민주주의를 수행하기 위해서는 복잡한 정치 구조와 역학 관계를 이해할 수 있는 판별력뿐만 아니라 고도의 인내력과 희생정신을 갖추어야 하지만 대중은 이런 자질을 갖기 어렵다. 더 큰 문제는 능란하게 감언이설을 늘어놓는 정치인에게 자신의 권력을 예속시킴으로써 권력이 집중될 가능성이 높다는 것이다. 플라톤은 아테네의 직접민주주의가 선동 정치로 시민을 현혹하여 정치권력을 장악하고, 당파를 만들어 전체 시민이 아닌 일부 특권층을 위한 정부로 전락하고 있는 현실을 직시했다. 플라톤은 이러한 현상이 발생한 근본 이유를 다수 시민의 이성적 한계에서 찾았다.

같은 차원에서 플라톤은 부자와 섣부른 지식인도 부정적으로 본다. 그들 역시 진정한 국가의 목표, 전체 시민의 행복을 위해 자신의 시간과 돈, 지식을 사용하지 않기 때문이다. 부자는 더 큰 부를 얻기 위해 대부분의 시간과 정력을 쏟는다. 사회 지도층을 형성하는 지식인은 국가 전체를 운영하는 종합 지식이 아닌 자신이 알고 있는 부분적인 지식으로 대중을 현혹하고 오도하여 명예와 부를 쌓으려 한다. 플라톤이 당시 아테네에서 자신의 이론을 설파하는 많은 소피스트에 대해 크게 우려했던 까닭도 바로 이 때문이었다.

플라톤은 민주정치 아래서 다수의 시민이 과도한 자유를 누림으로써 발생할 수 있는 문제점 또한 지적하고 있다. 시민들이 자신의 이익만을 주장하고 양보하지 않을 경우 발생할 갈등을 다수결의 원칙에 따라 해결하는 것이 직접민주주의 제도인데, 이 과정에서 다수의 시민은 지식과 정보가 부족하기 때문에 소수 엘리트의 선동에 넘어갈 가능성이 높다. 형식적으로는 다수 시민의 결정으로 보이지만, 실제로는 소수의 의견에 다수가 끌려가게 되는 것이다. 또한 소수가 제시한 방향이 국가의 장기 전망을 제시한다고 해도, 다수는 목전의 자기 이익에 집착하는 경향이 있다. 이러한 구조에서 갈등이 발생할 경우 국가 구성원 모두가 피해자가 되는 결과로 이어진다. 직접민주주의 체제에서는 눈앞의 이익에 집착하는 시민의 이기적이고 근시안적인 욕구를 통제할 방법이 없으며, 결국 다수의 요구를 형식적으로 받아들이는 선동정치가의 독재로 이어질 개연성이 높다고 플라톤은 지적했다.

아울러 플라톤은 다수에 의한 통치, 직접민주주의는 시민 각자가 소유한 부와 지식의 불평등에 의해 언제든지 타락할 수 있다는 점을 지적한다. 대중에 의한 통치는 이성과 감성 양면에서 잘못된 길로 나아갈 수 있다. 대중은 부유한 자, 능력이 있는 자의 장점을 찬양하고 동경하며, 가난한 사람들을 무시하면서 부유한 자를 공직에 지명할 것이다. 공직에 임명된 능력 있는 자들은 손에 쥔 권위와 지위를 이용하여 자신들에게 이익이 되는 방향으로 통치를 강화할 것이며, 자연스레 민주정치의 합법성이 민주주의를 위협하는 모순으로 발전할 개연성이 높은 것이다.

특히 플라톤은 당시 아테네의 지도층을 형성하고 있던 소수의 부유층과 지식인이 과연 민주주의를 수행할 능력이 있는지에 대해 우려를 표한다. 이들 지도층 역시 사익을 위해 지식과 능력을 이용할 테고 국가의 미래를 내다보고 방향을 제시할 능력이 없다고 보았던 것이다. 한 국가를 건설하고 유지하기 위해서는 인간의 한계를 인식하고 먼 미래를 내다볼 수 있는 통찰력이 필요하지만 이는 소수에게나 주어질 뿐이다. 설사 누군가 이런 능력을 갖추었다 할지라도 오랫동안의 노력과 희생이 필요하기에 이 모든 조건을 충족시키는 인물을 찾기란 너무도 어렵다는 것이 플라톤의 고민이었다.

결론적으로 플라톤은 다수 시민들뿐 아니라, 소수 엘리트 역시 국가의 장기 목표를 수행할 능력이 없다고 보았다. 이들은 언제든지 자신의 이익에 따라 움직임으로써 국가의 단결을 파괴할 터였다. 따라서 플라톤은 다수에 의한 직접민주주의, 엘리트에 의한 대표 민주주의 모두 국가가 극복해야 할 문제점으로 본 것이다.

: 플라톤의 좋은 정부
### 철인 정치만이 대안이다

플라톤이 제시한 좋은 정부의 최우선 덕목은 국가의 집단 이익을 보호하는 것이다. 여기에서 국가의 집단 이익이란 결국 시민 모두의 행복을 말한다. 플라톤이 추구했던 국가의 목표는 개인의 이익을 배제하고 국민 전체의 이익을 도모하는 것이다. 플라톤은 "우리는 도시 내에 거주하는 개인이 아닌 통합된 전체 도시를 행복하게 함으로써 도시와 도시 내 시민을 행복하게 만들 것"이라고 말했다. 플라톤은 특정한 개인 또는 집단의 이익을 인정하지 않았다. 플라톤은 어느 누구도 혼자 살아갈 수 없고, 결국은 다른 사람들의 도움을 받아야만 살 수 있다는 점을 지적한다. 따라서 집단 전체의 이익이 국가의 최종 목표가 되어야 하고, 개인의 이익을 앞세워 국가의 단결을 파괴할 수 없으며, 모든 구성원은 국가의 목표를 달성하기 위해 각자의 역할을 철저히 수행해야 한다고 주장한다.

플라톤은 국가 통합과 집단 이익을 확보하기 위해 구성원들이 수행해야 할 역할을 구체적으로 서술했다. 그러니까 개인의 능력에 따라 자신의 직분을 철저히 수행하는 노동의 분화를 제안한 것이다. 통치를 가장 잘할 수 있는 사람이 지배를 하고, 전쟁을 잘 수행할 수 있는 사람이 기사직을 맡으며, 농사를 잘 지을 수 있는 사람이 생산직을 맡아야 한다는 것이다. 또한 구성원들은 국가 전체의 이익을 위해 어느 정도의 희생을 감수해야 한다. 플라톤은 "인간은 아주 작은 차이에 의해서도 분열할 수 있기 때문에 시민 각자가 협력하여 성취할 수 있는 일이 매우 많음에도 불구하고 여러 부분에서 협력이 어렵게 된다"고 주장한다. 따라서 구성원이 각자의 임무에 매진해야 하며 다른 사람의 일에 간섭하는 것은 정의롭지 않다고 한다. 또한 이러한 직무 또는 직업의 분화를 유지하기 위해 직업 간의 평등을 강조한다. 국가 통합을 유지하기 위해 직업의 귀천을 따지지 않고 직업에 따른 이익의 불평등을 부정했다.

플라톤이 직업의 철저한 분화를 제안한 이유는 진정한 지혜를 가진 철인哲人에 의한 통치를 염두에 두었기 때문이다. 사회에서 가장 현명한 철인이 국가를 통치하는 것이 모든 구성원을 하나로 통합할 수 있는 길이라고 믿었다. 통치에서 철인이 아닌 구성원 개인의 의견은 배제해야 하며, 가장 훌륭한 통치자가 먼 안목으로 시민 모두에게 행복을 안길 수 있는 정책을 고안하여 국가를 이끌어야 한다는 것이다. 이러한 철인 정치야말로 직접민주주의 또는 대표 민주주의의 폐해를 최소화할 수 있을 터였다.

여기서 철인을 어떻게 선발하며, 한 인간으로서 피하기 어려운 부패를 어떻게 막을 수 있을 것인가 하는 문제가 발생한다. 플라톤에 따르면 인간은 교육을 통해 정신을 올바르게 하고, 올바른 지식을 쌓음으로써 올바른 목표를 수행할 수 있다. 이에 따라 플라톤은 국가의 단결을 유지하고 집단 이익을 보호하기 위해 지배자의 사익 추구를 방지할 수 있는 철인 교육 시스템을 고안했다. 자질 있는 청소년을 선발해 집중 교육하고, 이들 중에서 철인의 역할을 가장 훌륭하게 수행할 수 있는 자를 선발하여 정치를 맡기는 것이다. 철인은 어릴 때부터 국가에 가장 이로운 것이 무엇인가를 생각하고, 이를 행해야 한다는 믿음을 갖도록 교육할 필요가 있다. 이러한 교육 체제의 효과를 높이기 위해 청소년들을 자유롭게 교육할 필요가 있다. 왜냐하면 강제로는 어떤 자유인도 유용한 지식을 학습하기 어렵기 때문이다.

한편 통치하는 철인 역시 국가 전체의 이익을 위해 희생해야 한다. 피지배자들도 자신의 직분에 충실하고 철인의 명령을 따르며 희생하기 때문이다. 먼저 철인 통치자에게는 필수품 이상의 어떠한 사유재산도 허용해서는 안 된다고 했다. 플라톤은 국가 통합을 위협할 개연성이 있는 통치자의 사유재산을 불법으로 간주했다. 동시에 철인 통치자의 가족 역시 개인적인 이익으로 간주하여 철인의 결혼을 금지하고 자녀를 갖는 일을 불허할 것을 제안했다. 즉 철인 통치자에게는 가족과 사유재산을 인정하지 말아야 한다는 것이다. 왜냐하면 이를 인정할 경우 개인의 욕망이 발생하고, 이에 따라 부정부패가 생겨나 국가 통합이 위협받을 수 있기 때문이다. 철인 통치자가 오직 시민 전체의 행복과 국가적 목표 수행에 전념할 때 국가가 튼튼해지고 피지배자의 동의를 불러올 수 있다는 것이다. 피통치자들이 통치의 욕망을 버리는 대신, 통치자 역시 가족과 사유재산의 욕망을 포기해야 공평하다는 의미이기도 하다.

플라톤의 이상국가에서는 시민의 의무가 자연스럽게 제기된다. 우선 시민은 통치자에게 순응하고 정부의 법을 충실히 따라야 한다. 또한 자신에게 주어진 직분을 충실히 수행해야 한다. 모든 시민이 자기 직분에 충실하면 국가가 발전하고, 이로 인한 혜택은 결국 모든 시민에게 돌아갈 것이기 때문이다. 여기에서 자신의 직분에 충실하다는 의미는 다른 사람의 직분, 특히 통치자의 직분인 통치에 관여하지 않는 것을 포함한다. 물론 시민들이 의견을 제시할 수는 있으나 통치에 지나치게 관여하면 국론 분열을 불러온다고 플라톤은 주장했다. 철인만이 인간의 문제를 알고, 해결할 수 있기에 그에게 통치를 일임할 필요가 있다는 것이다. 또한 플라톤이 시민에게까지 요구하지는 않았지만 국가 발전을 위해, 그리고 다른 사람의 행복을 위해 시민들이 자발적으로 미덕을 실천한다면 국가는 더욱 발전할 것이다.

## 철인 정치에 대한 비판

지금까지 살펴본 바와 같이 플라톤이 생각하는 좋은 정부, 즉 이상 국가란 시민 모두의 행복을 위해 국가 구성원 전체가 통일된 유기체로 움직일 수 있도록 정부 체제를 형성하는 것이다. 플라톤은 눈앞에 있는 이익을 탐하고, 다른 사람의 입장이나 국가의 집단 이익을 고려하지 못하는 인간의 본질적인 한계를 지적하면서, 국가의 집단 이익을 어떠한 방법으로 보호할 것인가에 초점을 맞추었다. 국가를 구성하는 모든 사람이 자신의 이익에 충실하여 사욕을 앞세우면 국가의 궁극적 목표인 시민의 행복에서 멀어질 수밖에 없음을 경고한 것이다.

플라톤은 이를 극복할 수 있는 최선의 방법으로 철인 정치를 제시했다. 플라톤이 제시한 좋은 정부란 가장 현명한 사람을 국가의 최고 통치자로 선발하여 국정을 책임지게 하되 견제장치를 두어 통치자가 사익이 아닌 국가 전체의 이익을 위해 의사 결정 및 집행하는 정부 체제를 말한다.

이러한 플라톤의 이상국가론은 많이 거론되는 만큼이나 오늘날 많은 비판의 대상이 되고 있다.

첫째, 플라톤의 철인 정치는 기본적으로 가장 현명한 한 사람, 또는 소수 엘리트에 의한 통치를 정당화한다. 하지만 민주적인 국가 운영을 모든 사람이 받아들이고 있는 현대사회에서 소수 엘리트의 통치를 받아들이기는 어렵다. 플라톤의 철인 정치론은 독재를 정당화하는 수단으로 전락할 우려가 있는 것이다.

둘째, 철인 통치자는 국가의 목표인 다수 시민의 행복을 제대로 알기 힘들다. 철인 통치자는 일반 시민과 다른 교육을 받으며 성장했고 다르게 생활하기 때문에 통치 방식은 잘 파악할 수 있을지 몰라도 시민이 무엇을 바라는지를 제대로 알 수 없다는 것이다.

셋째, 철인 통치자 혼자서 또는 소수의 엘리트만으로는 현대의 복잡하고 전문적인 문제를 다 파악할 수 없다. 아무리 현명한 사람이라 하더라도 혼자서 국정을 모두 책임지고 처리하기란 불가능하다.

넷째, 철인의 부패 가능성이 높다는 비판이다. 플라톤 역시 이를 염려하여 철인의 선발 기준과 생활상을 엄격하게 규정했다. 특히 가족과 사유재산을 가질 수 없게 한 점에서 부와 권력을 동시에 소유할 수 없도록 한 플라톤의 고민이 엿보인다. 그러나 권력과 명예를 보유한 통치자가 부를 독점하기란 너무도 쉽다. 국가를 위해 희생하던 깨끗한 정치인이 권좌에 오른 후에 권력을 전횡하고 부를 축적하며, 결국 자신과 국가를 불행에 빠뜨린 비극적인 예는 너무도 많다.

## 플라톤과 현대의 엘리트주의자들

플라톤은 현대사회가 아니라 약 2500년 전의 아테네라는 특수한 사회를 대상으로 국가와 정부에 대한 대안을 제시했다. 앞에서 언급한 치명적 약점에도 불구하고 플라톤의 이상국가론이 여전히 논의되는 이유는 그의 대안이 여러 가지를 시사하기 때문이다.

**플라톤 흉상과 시라쿠사의 참주 디오니시우스 1세를 부조로 새긴 주화(기원전 367년)**

40세에 남부 이탈리아와 시칠리아를 여행하던 플라톤은 시라쿠사를 방문해 참주 디오니시우스 1세의 처남 디온을 만나게 된다. 플라톤 철학에 열광했던 디온은 디오니시우스 1세 사후 플라톤의 철인 정치를 현실에서 실현하고자 그를 시라쿠사로 초청해 조카 디오니시우스 2세의 교육을 맡겼다. 하지만 디온이 모반 혐의로 시라쿠사에서 추방당하면서 플라톤도 현실 정치의 꿈을 이루지 못하고 함께 추방당하게 된다. 이후 디오니시우스 2세의 간청으로 다시 시라쿠사를 방문하지만 별다른 성과를 얻지 못하고 친구 디온의 죽음만을 목격한 채 다시 아테네로 돌아와 학문 활동에만 전념하게 된다.

플라톤은 어떠한 사회든 엘리트의 지배가 필연임을 통찰하고 있다. 현대 민주주의국가에서도 실질적으로 엘리트가 국가와 정부를 지배하고 있다는 사실을 누구도 부인할 수 없을 것이다. 플라톤이 말한 것처럼 엘리트는 다양한 이유로 국가와 정부를 지배한다. 이러한 속성은 엘리트주의자로 분류되는 여러 이론가들*이 확실히 정립해놓았다. 파레토와 모스카는 주어진 능력과 신분에 의해 엘리트가 정해진다고 했고, 미헬스는 다수 대중에 비해 정보력과 조직력에서 앞서는 소수의 엘리트가 국가와 정부를 지배하는 것은 너무도 당연하다고 주장했다. 심지어 다원주의pluralism 사회로 분류되는 미국에서도 엘리트가 국가와 정부를 지배할 수밖에 없다고 역설한 밀스의 주장을 현실로 받아들이고 있다. 또한 바크락과 바라츠가 제기했듯이 어떤 사회에서나 엘리트가 선별한 의제만이 논의되고 다수 대중을 위한 사안은 논의되지 않는다는 점도 부정하기 어렵다. 즉 플라톤은 엘리트의 지배가 필연이라면, 결국 시민의 행복이라는 국가 목표를 더욱 훌륭하게 수행할 능력이 있는 엘리트를 선발하여 교육하고, 이들을 통제할 수 있는 방법을 찾는 쪽이 현명하다는 사실을 일찌감치 알려준 것이다

플라톤은 엘리트가 지배할 수밖에 없는 현실 상황에서 지배 엘리트 선발의 중요성을 지적했다. 플라톤이 주장한 최고 지배자의 조건은 도덕성과 지적 통합성이다. 도덕성의 경우 플라톤은 최고 지배자가 되기 이전의 도덕적 순수성뿐만 아니라 지도자가 된 이후의 도덕성까지도 강조한다. 국정 최고 지배자는 사유재산뿐 아니라 가족까지 포기해야 한다는 플라톤의 주장은 부와 권력을 분리해야 한다는 것

을 의미한다. 부와 권력의 집중이 얼마나 위험한지를 플라톤은 이미 꿰뚫고 있었던 것이다. 지도자의 도덕성만으로 권력 집중의 위험성을 예방할 수는 없겠지만, 도덕성을 갖춘 지도자는 스스로 권력 남용을 최소화할 것이기 때문이다.

　세상을 올바로 바라보고, 시민 전체의 행복을 위한 국가의 장기 비전을 제시하는 능력은 쉽게 얻을 수 없다. 무엇보다 올바른 교육을 받아야 하고, 공익이 무엇인지 알고 실천할 수 있도록 다양한 경험을 해야 한다. 따라서 최고 지배자를 선택하는 과정에는 이러한 기본 덕목을 검증할 수 있는 충분한 시간과 다양한 장치가 요구된다. 현대 민주 정치에서 대통령과 수상을 비롯한 국가 지도자를 선발할 때 다양한 검증 과정을 거치는데, 플라톤의 지적을 받아들인 것으로 볼 수 있다.

　최고 지배자에게 도덕성과 지적 통합성이 요구되는 까닭은 최고 지배자의 리더십에 의해 국가의 운명과 정부의 능력이 결정되기 때문이다. 최고 지배자가 유능하면 법과 제도가 조금 미비하더라도 정부가 효율적으로 기능할 수 있으며 사회 갈등도 최소화할 수 있다. 반대로 최고 지배자가 무능하면 법과 제도가 아무리 잘 확립되어 있다 해도 정부 운영은 방향을 상실하고 사회 갈등은 증폭된다. 어떤 조직을 막론하고 리더의 결정은 모든 구성원의 의사 결정 및 업무 수행 방식에 영향을 미친다. 최고 지배자가 국가의 장기 목표를 중요하게 생각하고 객관적인 능력에 따라 인재를 배치하면, 정부 관료들은 효과적으로 직무를 수행하려고 노력할 것이다. 반대로 정실에 의해 인사권을 행사하면 정부 관료들은 무능하더라도 최고 지배자의 입맛에 맞는 인물의 이름을 결재 서류에 포함할 것이기 때문이다.

결국 플라톤은 불완전한 아테네 직접민주주의의 섣부른 다수 지배의 위험성을 경고하고 있는 것이다. 그는 다수의 지배 체제는 긴 안목으로 국가 전체의 공익을 위해서 운영되기 어렵다는 점을 지적하고 이에 대한 해법을 제시했다. 국가와 정부는 시민의 자유와 행복을 위해 만들어진 실체이기 때문에 민주주의를 수행한다는 이상을 반대하기는 어렵다. 하지만 다수 시민이 정부를 운영할 경우 실질적으로 국가 목표가 사유화되므로 이를 달성할 수 없게 될 개연성이 높다는 것이다. 또한 다수의 온갖 의견이 뒤섞여 단편적이고 분파적이며 근시안적인 사적 이익이 국가 이익으로 둔갑해 관철될지도 모른다.

결국 플라톤은 다수가 운영하는 한치 앞을 못 내다보는 정부가 아니라 한 사람의 지도자가 운영하는 책임 정부를 선호했다고 볼 수 있다. 말하자면 대통령 중심제를 제시한 것이다. 1인이 책임지는 정부는 확실한 국가 목표를 정하기 쉽고, 정부를 통제하기 용이하며, 결과에 대한 책임 및 보상을 분명히 할 수 있다. 따라서 시민들의 정치 지식과 전문성이 다소 떨어지고 제도가 미흡하더라도 효과적으로 정부를 운영할 수 있다고 본 것이다.

/ 별 별 읽 기 /

## *대표적인 엘리트주의자들

엘리트주의자는 엘리트가 사회를 지배할 수밖에 없는 객관적인 현상을 진단한다. 따라서 파레토, 모스카, 미헬스, 밀스, 바크락과 바라츠 등의 엘리트주의자를 엘리트가 사회를 지배해야 한다고 주장하는 학자로 보는 것은 잘못이다. 그들은 엘리트의 지배는 민주주의에 위협이 되므로, 잠재적 피해자인 시민들이 이러한 현상을 파악하고 제대로 대처해야 한다고 경고한다.

**빌프레도 파레토** Vilfredo Pareto, 1848~1923 **(이탈리아 사회학자)**
한 사회는 개인의 능력에 따라 소수의 정치적, 경제·사회적 지배 계층과, 나머지 다수의 피지배 계층으로 구분된다고 보았다. 정치적 지배 계층은 국가와 정부를 운영하는 최상위 지도층을 형성하는데, 바로 아래에 경제 및 사회를 운영하는 경제·사회적 지배 계층이 있고, 그 아래에는 일반 시민으로 이루어진 다수의 피지배 계층이 존재한다고 했다. 파레토는 대부분의 사회는 20퍼센트 정도의 지배 계층과, 80퍼센트 정도의 피지배 계층으로 구성되며, 이러한 계층의 구분은 개인의 능력과 부모 세대로부터 물려받은 사회적 지위에 기인한다고 했다. 계층 간의 이동은 대단히 제한돼 있어서 피지배 계층에서 경제·사회적 지배 계층으로의 신분 상승이 드물게 발생하기는 하지만 쉽지 않으며, 경제·사회적 지배 계층 역시 정치적 지배 계층으로 이동하기가 쉽지 않다고 했다.

### 가에타노 모스카 Gaetano Mosca, 1858~1941 (이탈리아 정치학자)

기본적으로 파레토와 크게 다르지 않은 이론을 제시한다. 다만 모스카는 지배 엘리트 계층과 피지배 계층은 확실히 분리되어 있지만, 정치 엘리트와 비정치 엘리트 계층은 지배와 복종 관계가 아니라 상호 병렬적 관계에 있다고 했다. 모스카는 엘리트를 통치 엘리트와 비통치 엘리트로 구분하지만, 이들 사이의 이동은 자유롭다고 보았다. 즉 파레토는 통치 엘리트가 비정치적 엘리트보다 높은 지위에서 이들을 통제한다고 본 반면, 모스카는 정치적 통치 엘리트와 비정치적 엘리트가 상호 협력하며, 신분 이동이 자유롭다고 보았다.

### 로베르트 미헬스 Robert Michels, 1876~1936 (독일 사회학자)

'과두제의 철칙 iron law of oligarchy'이라는 엘리트 지배의 법칙을 설명했다. 단순히 개인의 능력이나 부모로부터 물려받은 부와 권력, 지위에 의해 엘리트가 되는 것이 아니라, 어느 사회나 조직을 막론하고 소수가 다수를 지배할 수밖에 없다고 주장했다. 의사 결정 과정에 다수가 참여하는 경우 효율적으로 결정을 내리기란 불가능하며, 소수가 시간적으로나 경제적으로 훨씬 효율적이고도 강력하게 의사 결정을 할 수 있다는 것이다. 이에 따라 정보의 수집과 전파가 빠르고 정확하며 조직의 결집력도 강한 소수 집단이 조직력이 약하고 정보력이 낮은 다수를 지배하게 된다고 주장한다.

### 찰스 라이트 밀스 Charles Wright Mills, 1916~1962 (미국 사회학자)

민주주의 또는 다원주의에 의한 정부 운영 체제를 갖춘 미국 사회도 실질적으로는 엘리트에 의해 움직인다고 주장한다. 형식적으로는 다수 시민에 의해, 또는 시민이 자유롭게 참여하는 다양한 이익집단의 활발한 의견 교환을 통해 의사 결정이 이루어지는 것으로 보인다. 하지만 실질적으로 중요한 의사 결정은 정치, 경제, 군사, 이 세 분야의 파워 엘리트power elite에 의해 좌우된다는 사실을 실증적으로 밝혔다.

**피터 바크락Peter Bachrach, 1919~2008(미국 정치학자), 모턴 바라츠Morton S. Baratz(미국 경제학자)**
무의사 결정non-decision making이라는 개념을 통해 소수 엘리트가 의사 결정의 중심 과제를 배제하거나 변형하는 현상을 설명했다. 엘리트는 자신들에게 유리한 주제만을 선별하여 사회적으로 논의되도록 한다는 것이다. 외견상으로는 다양한 사안이 전체 시민을 위해 어떻게 결정되어야 하는가라는 차원에서 논의되고, 다수가 원하는 바대로 결정된다는 점에서 민주주의가 작동하는 것처럼 보인다. 그러나 어떠한 사안이 엘리트들에게 불리한 경우, 전체 시민에게 꼭 필요할지라도 논의 자체를 봉쇄할 수 있다는 것이다. 즉 정부가 민주적으로 운영되는 것처럼 보이지만, 언제든지 엘리트가 원하는 방향으로 비틀릴 수 있다는 것이다.

# 02 / 아리스토텔레스의 중산층 정부, 중우정치와 엘리트주의를 넘어서다

> 일반 시민 모두의 합의에 의한 판단은 전문가의 판단보다 우수하다.
> 어떤 정부가 좋은 정부인지는 지배를 받고 있는 일반 시민이
> 통치자보다 더 잘 알고 있다.
> - 아리스토텔레스

## 스승을 비판한 제자

그리스 철학자 아리스토텔레스는 플라톤의 제자이자 알렉산드로스 대왕의 스승으로 알려져 있으며, 플라톤보다 44년 늦은 기원전 384년에 태어나 기원전 322년까지 생존한 것으로 기록되어 있다. 그는 마케도니아의 스타게이라Stageira라는 작은 도시의 귀족 집안에서 태어나 교육을 받았다. 열여덟 살에 아테네로 이주하여 플라톤이 세운 아카데미Academy에서 수학했고, 기원전 348년(또는 347년) 스승이 사망할 때까지 그곳에서 20년 이상 학문에 정진했다. 플라톤 사후 플라톤의 조카가 아카데미를 관리하게 되면서, 평생 아테네 시민이 아니었던 아리스토텔레스에 대한 견제와 반마케도니아 감정이 심해지자 고향으로 돌아갔다. 귀국 후에 당시 마케도니아를 통치하던 필

리포스 2세의 초청으로 알렉산드로스 대왕의 스승이 됨과 동시에 마케도니아 왕립 아카데미아의 수장이 되었다. 또한 알렉산드로스뿐만 아니라 알렉산드로스 사후 왕권을 계승한 두 명의 후계자도 교육했다. 그는 동방을 정복하여 야만인을 축출하고 시민사회를 건설하도록 알렉산드로스 대왕을 독려한 바 있다. 기원전 335년 알렉산드로스 대왕이 그리스를 점령한 이후 아리스토텔레스는 아테네로 돌아가 리시움Lyceum이라는 학교를 설립해 12년 동안 강의와 연구에 전념했다.

아리스토텔레스는 철학을 비롯한 물리학, 형이상학, 시, 연극, 음악, 논리학, 수사학, 언어학, 정치학, 행정학, 윤리학, 생물학, 동물학 등을 연구했고, 전 분야에서 업적을 남겼다. 그의 철학적, 신학적 관점은 중세 이슬람과 유대교의 전통 교리, 중세 기독교 신학 및 가톨릭 신학의 기초가 되었을 뿐만 아니라 학문의 모든 분야에 이론적 토대를 제공했다. 그의 학문적 관점은 르네상스 시대까지 압도적인 영향력을 행사했으며 오늘날에도 그 빛을 잃지 않고 있다. 심지어 물리학에서도 17세기 뉴턴 이론이 발표되기 전까지는 아리스토텔레스의 이론이 지배했다. 그는 플라톤과 더불어 서양철학의 기초를 다진 가장 중요한 철학자 가운데 한 사람이며, 사후 2300년이 넘는 세월이 흐른 지금까지도 인류 역사상 가장 큰 영향을 미친 인물로 평가된다. 버트런드 러셀Bertrand Russell은 "모든 중요한 지식의 토대는 아리스토텔레스로부터 시작되었다"고 말한 바 있다.

아리스토텔레스의 국가와 정부에 대한 관점은 기본적으로 플라톤의 도덕적 관점과 일치한다. 국가와 정부는 정의를 실현하고 경제 안정을 도모할 뿐만 아니라 시민들이 좋은 삶을 영위하고 아름다운 행동을 실천하게 하는 체제라고 했다. 국가를 단순히 사람들이 생명을 유지하기 위해 한데 모여 형성한 단순한 조직으로 보지 않고 시민사회를 이루어 질서를 지키며 생활하는 도덕적 삶을 추구하기 위해 구축한 체제로 본 것이다. 또한 아테네의 직접민주주의에 대해 외형적으로는 시민의 뜻과 결정으로 운영되는 듯하나 실제로는 대중을 선동하는 소수의 정치인이 권력을 장악할 가능성이 매우 높은 체제라고 비판했다. 시민의 정치적, 지적 판단력에 의해 직접민주주의의 폐해가 발생할 수 있다는 것이다.

아리스토텔레스는 관념적이고 이상적인 학문의 추구에만 머물지 않았고 과학이라고 불릴 수 있을 정도로 현실적인 측면까지 다루었다. 그는 철인이 국가와 정부를 통치한다고 해서 이상적인 국가와 정부가 유지되는 것은 아니라는 반엘리트적 입장을 보였다. 플라톤의 철인에 의한 책임 정치 역시 국가의 주권자인 시민의 뜻을 수용하지 못하는 현실적인 한계를 피할 수 없다고 주장했다. 그는 동시대인으로서 플라톤에게 공감하면서도 플라톤의 사상을 넘어서는 비판적, 대안적 입장을 보여주었다.

: 아리스토텔레스의 나쁜 정부
## 다양성을 죽이는 정부는 왜 위험한가

아리스토텔레스는 아테네의 과도한 직접민주주의에 회의적이었으며 이에 대한 플라톤의 비판을 대부분 수용했다. 직접민주주의는 이상적인 정부 형태인 듯하지만, 구성원 스스로 시민의 책임과 권한, 의무를 다할 때 비로소 작동할 수 있기에 제대로 실현되기 어렵다는 것이다. 시민들이 국가정책 수립 과정에 자발적으로 참여해야 하고, 서로 의견을 교환하는 과정에서 인내심을 가지고 토론해야 하는데 그러기가 쉽지 않다. 민주주의의 꽃이라 불리는 직접민주주의 체제에서는 구성원의 노력과 희생이 요구되며, 시민의 책임과 의무를 대행하겠다고 나서는 정치인과 정치집단이 그들의 권한을 가로챌 가능성이 높다. 즉 선동가에 의한 독재의 위험성, 분파주의, 좁은 안목 등에 의해 타락할 위험이 큰 것이다.

직접민주주의에 대한 대안으로 제시된 플라톤의 철인 정치 역시 아리스토텔레스에게는 한계가 분명해 보였다. 그는 우선 최고 책임자의 부패 가능성을 지적한다. 플라톤 역시 독재에 대한 대비 차원에서 통치 후보자에 대한 교육을 강조했다. 그러나 최고 책임자의 도덕성을 확보하기 위해 아무리 훌륭한 교육 과정을 거치게 한다 해도 최고 책임자가 일단 권력을 손에 쥐고 국정을 전횡할 경우 제어할 방법이 없다. 최고의 교육을 받고 주어진 권력을 남용하지 않도록 최선의 도덕성을 함양한다 해도 철인 역시 인간이라는 근본 한계를 넘어설 수 없기 때문이다. 자연인으로서는 도덕적으로 깨끗하고 훌륭했던 사람도 권력을 잡은 후에는 타락하는 경우가 너무도 흔하다. 아리스토텔레스에게 플라톤의 도덕 정치, 즉 철인 정치는 너무나 불안한 정치 구조였던 것이다.

아리스토텔레스는 정치의 생산성이라는 측면에서 철인 정치의 문제점을 조명하기도 했다. 철인 정치는 통치의 다양성을 살리지 못해 국가 전체의 이익을 저하시키고 정치발전을 지체시킨다는 것이다. 플라톤은 세상에서 가장 현명한 사람을 정부의 최고 책임자로 선발하면 국가의 유용성, 즉 정부 운영의 효율성이 최대로 발휘될 것이라고 가정했다. 그러나 아리스토텔레스는 다수가 함께 국정을 수행하는 쪽이 더 유용하고 효율적임을 강조한다. 한 사람의 지혜가 다수의 지혜에 미칠 수 없을뿐더러, 통치 방법과 기술 면에서는 통치자가 전문가지만 통치의 결과, 즉 어떤 통치가 더 좋은지를 평가하고 판단할 경우 피통치자의 눈이 훨씬 정확하기 때문이다. 지식과 전문성이 떨어지더라도 시민의 다양한 경험과 의견이 통치에 반영되면 시민 각자의 행복이 증진되고, 국가 전체의 이익도 커질 수 있다는 주장이다.

다음으로 그는 능력에 따라 직업을 배분하자는 플라톤의 주장을 비판한다. 플라톤이 제시한 능력별 직업 분배는 명백히 사회 갈등의 원인을 제공한다. 능력에 따라 직업을 나눠 가지면 능력이 뛰어난 사람은 다수가 선망하는 좋은 직업을 독점하고 능력이 부족한 사람은 모두 기피하는 직업을 갖게 되어 직업이 영구적으로 고착될 개연성이 높아지기 때문이다. 이로써 계층 이동이 어려워지고 부익부 빈익빈 현상으로 이어져 사회 갈등을 초래하고 국가를 혼란에 빠뜨린다. 결국 국민들 역시 불행해지고 말 것이다.

또한 아리스토텔레스는 플라톤의 기계론적 사고를 비판했다. 그는 인간은 본질적으로 정치적 동물이라고 정의하고 정치란 기계가 아닌 유기체를 통합하는 것이라고 했다. 기계란 여러 부품 없이는 작동될 수 없는 부품의 집합체이지만, 유기체는 단독으로도 생존할 수 있으며, 다른 유기체와의 관계에서 새로운 질서를 만들어낼 수도 있다고 주장한다. 시민은 유기체이며, 도시는 독립적인 시민이 새로운 질서와 문화를 창조하는 곳이고, 정치는 시민들 간의 통합을 이루어내는 과정인 것이다. 또한 인간이 유기체라는 말은 인간의 변화와 창조성을 강조하는 주장으로, 사회 구성원 개인의 변화에 따라 직업이 역동적으로 바뀌는 것이 국가 발전에 도움이 된다는 주장의 근거가 된다. 따라서 현재의 능력만으로 직업을 분배한다는 것은 인간을 기계적으로 보는 사고에 기초한 행위로, 아리스토텔레스는 이를 반대하는 입장을 취한다.

결론적으로 아리스토텔레스가 지적하는 나쁜 정부는 직접민주주의에 기초한 정부뿐만 아니라 1인 지배 정부, 직업을 고착화하는 정부, 국가 전체의 유용성 및 국가 구성원 개인의 행복도를 떨어뜨리는 정부이다. 이러한 비판은 인간의 현실에서 어느 한 가지 정부 형태가 최선의 선택이 되기는 어렵다는 점을 반영한다. 직접민주주의의 이상이 현실에서는 오히려 인간의 행복을 제한할 수 있다. 인간이란 존재가 애시당초 나약하고 부족하기 때문에, 한 사람의 철인에 의지하기보다는, 모든 국가 구성원이 함께 협력하여 조화롭게 살아가는 방법을 선택하는 쪽이 나을 수 있는 것이다.

: 아리스토텔레스의 좋은 정부
## 다수의 중산층에 기반한 정부

아리스토텔레스가 제시한 좋은 정부는 플라톤 정치철학의 장점을 채택하고 단점을 보완하는, 플라톤적 이상국가의 비판적 계승이라 할 수 있다. 플라톤의 좋은 정부는, 철인이 생각할 수 있는 가장 좋은 정책을 마련하고 국가 구성원은 이에 복종하는 국가 통합을 목표로 한다. 반면 아리스토텔레스는 철인정치의 한계를 극복하기 위해, 국가 구성원 다수가 참여하는 여론정치의 장점을 살리려 했다. 이에 따라 플라톤이 제시한 집단 이익에 추가하여 다수 시민에게 참여의 인센티브를 제공할 수 있는 구성원의 행복을 국가 목표로 제시했다. 국가와 정부의 목표가 공동체의 선을 실현하는 것이라면, 구성원 개인의 이익도 보장되어야 전체의 이익을 실현할 수 있다는 현실적인 통치론이다.

아리스토텔레스는, 좋은 정부란 단순한 삶이 아닌 양질의 삶을 보장하는 정부라고 정의했다. 여기서 단순한 삶이란 아테네 시민사회가 일차적으로 야만의 세계를 벗어나 문명사회로 기능하는 단계까지를 말한다. 플라톤에게는 아테네가 야만의 세계로부터 이성적인 시민사회로 발전하는 것이 일차 목표였다. 이를 위해서는 개인이 욕망과 자유를 절제해야 하고, 시민의 참된 행복을 위해 통합된 국가는 법과 질서를 기반으로 유지될 필요가 있었다. 이에 비해 아리스토텔레스가 말하는 양질의 삶이란 일단 법질서에 의해 국가 통합을 이룬 상태에서 영위하는 절제된 삶에 개인의 자유와 행복이 더해진 것이다. 플라톤이 국가 공통의 목표인 집단적 선이 달성되면 개인의 행복도 달성될 것이라고 본 반면, 아리스토텔레스는 개인이 원하고 가치를 부여하는 삶은 곧 국가뿐 아니라 모든 구성원에게도 유용하다고 보았다. 이런 관점에서 아리스토텔레스는 집단적, 전체적 이익뿐 아니라 개인의 이익을 정부의 목표로 함께 추구함으로써, 집단과 개인의 조화를 제시한다.

아리스토텔레스는 "우리는 지금보다 더 나은 이상적인 정부를 찾아야 한다. 국가와 정부의 통치 형태뿐 아니라, 더욱 발전된 국가 질서까지 모색해야 한다"라고 말했다. 그는 정부가 단순히 국가의 통합과 유지뿐만 아니라 구성원의 행복과 만족 그리고 가치의 증진을 목표로 해야 한다고 강조한다. 국가는 구성원의 통합을 통해 안정된 삶을 보장해야 하고 나아가 한 국가의 시민으로 살아가는 개인의 삶을 질적으로 변화시킬 수 있어야 한다. 여기서 아리스토텔레스는 플라톤과 달리 "좋은 사람"과 "좋은 시민"이 모든 면에서 같지는 않다는 점을 강조한다. "좋은 사람"이란 자신의 역할에 충실하고 국가의 법과 질서를 잘 따르는 사람이다. 이에 비해, "좋은 시민"은 자신의 역할에 충실할 뿐만 아니라 국가 공동체 내에서 다른 사람들과 협력하고 조화로운 삶을 살아가는 시민의 역할에 충실한 사람을 말한다. 동시에, 좋은 시민은 낯선 상황에 적응하여 새로운 문제까지 해결해내는 사람이다. 대부분 좋은 시민과 좋은 사람이 일치할 것이다. 그러나 때로는 좋은 사람이 좋은 시민이 되지 않을 수도 있다. 국가에 새로운 문제가 발생했을 때, 기존의 질서를 지키기만 하는 좋은 사람은 문제를 해결할 수 없을뿐더러 걸림돌이 되기도 한다.

아리스토텔레스는 국가와 정부를 영원불변한 실체로 생각하지 않고 새로운 사회문제에 능동적으로 대처하는 역동적 체제로 보았다. 국가와 정부 체제는 시민들의 자유와 행복을 증진할 수 있도록 상황에 따라 국가의 법과 질서를 바꿀 수 있는 유연성이 필요하다. 아리스토텔레스는 이러한 변화에 능동적으로 대처할 수 있는 유연한 시민을 "좋은 시민"이라고 보았다.

플라톤은 국가 발전을 위해서는 엄격한 노동 분화가 필요하다고 주장한 반면, 아리스토텔레스는 국가가 보유한 인적 자원의 효율적인 관리가 더 중요하다고 했다. 능력에 따라 직업이 주어질 경우 국가 전체의 효율성이 높아진다 하더라도 논리적 모순이 발생하기 때문이다. 우선, 사람을 능력에 따라 통치자, 군인, 생산자(노동자 및 농부) 등으로 획일적으로 구분하기는 사실상 어렵다. 사람에 따라 차이는 있겠지만 누구든 통치 능력과 전투 능력, 노동 능력을 고루 가지고 있다. 나아가, 사람의 능력은 바뀔 수 있다. 통치자도 상황에 따라 정치적 판단력이 흐려질 수 있고, 군인이나 기사도 전투력을 상실할 수 있으며, 노동자의 능력이 통치력과 전투력으로 발전할 수도 있다. 따라서 아리스토텔레스는 국가의 인적 자원을 더욱 효율적으로 활용하기 위해 구성원의 자발적인 능력 개발이 꼭 필요하다고 역설한다. 실제로 사람들은 자신의 이익을 위해 지속적으로 능력을 발전시키려는 경향이 있다. 국가는 구성원의 바람직한 삶을 위해 존재하지만, 시민들은 국가 전체의 집단 이익보다는 개인의 이익을 도모하기 때문이다. 이렇게 개인이 자신을 위해 능력을 발전시키다 보면, 결국은 직업의 변화 및 이동까지 추구하게 될 것이다. 그럴 때마다 국가가 필요한 상황에 맞춰 일일이 직업을 재배치하기는 어려운 일이다. 따라서 아리스토텔레스는 다양한 능력을 가진 구성원들이 국가의 기능을 공동으로 수행하는 대안을 제시한다.

 국가 통치의 문제에 있어서도 아리스토텔레스는 진일보한 관점을 보인다. 국가의 통합과 질서유지가 필요하다는 플라톤의 생각에는 기본적으로 동의하지만, 진정한 집단 이익을 원한다면 철인에 의한 책임 정치에만 의지할 게 아니라, 오히려 시민의 정치 참여를 반드시 끌어내야 한다고 강조한다. 국정 최고 책임자가 일반 국가 구성원보다 훌륭한 정치적·정책적 판단을 한다 해도, 많은 사람의 아이디어가 전문가 한 사람의 견해보다 우수할 때가 많다. 또한 어느 조직을 막론하고 최고 책임자 홀로 모든 책임을 지고 지시를 내릴 때, 구성원들은 지시를 충실히 이행할 뿐 아이디어를 적극적으로 내놓지 않으려 하는 경향이 있다. 이에 반해 최고 책임자가 구성원의 능력을 발전시키고 아이디어를 조직 운영에 적극 반영하는 경우, 조직 전체의 역량이 활짝 피어날 수 있다. 특히 국가 운영에서 국민은 국정의 동반자인 동시에 평가자이다. 국정 평가는 전적으로 피통치자의 마음에 달려 있고, 결국 좋은 통치, 좋은 정부는 피통치자가 좋은 통치, 좋은 정부라고 생각할 때 가능한 것이다. 따라서 시민은 국가에 대해 원하는 바를 표현할 수 있어야 하고, 이는 국정에 반영되어야 한다. 아리스토텔레스는 대중이 정치에 참여하고 여론이 통치 과정에서 정당한 역할을 해야 정부가 건강하게 기능할 수 있다는 점에서 다수에 의한 통치를 정당화한다. 지혜롭지 못한 대중은 정치에 참여해서는 안 된다고 말한 플라톤과 전혀 다른 주장을 하고 있는 것이다.

그렇다고 아리스토텔레스가 플라톤의 통치 방식을 완전히 부정한 것은 아니다. 그가 주장한 정부 형태는 플라톤의 책임 정치에 시민의 정치 참여를 혼합한 민주적 엘리트주의다. 아리스토텔레스도 국가 통치에 전문성이 필요하다는 점을 인정했으며, 국가 유지에 교육이 매우 중요한 요소라는 플라톤의 주장에 동의한다. 하지만 플라톤이 엘리트 교육의 중요성에 초점을 맞춘 반면, 아리스토텔레스는 대중도 교육 받을 필요가 있다고 강조한다. 국정 최고 책임자를 중심으로 하는 국가 운영 시스템을 시민들이 기꺼이 받아들인다 해도 자발적으로 시민정신을 발휘하기 위해서는 법과 질서의 존재 이유를 이해해야 하고, 법을 따르고 실천하는 습관을 들일 수 있도록 의식을 바꾸어야 하기 때문이다. 일반 시민들이 수동적인 입장에서 국가와 정부의 통치와 법질서에 대해 교육을 받는 데서 한 걸음 나아가 법의식의 내재화 과정이 필요하다는 것이다. 아리스토텔레스는 단순히 최고 권력자가 법과 질서를 수립하고 그러한 틀 안에서 시민이 정부의 리더십을 따르는 것만으로는 국가와 정부의 안정을 보장할 수 없으리라고 보았다. 다수의 시민이 적극적으로 국정에 참여해야 하는 것이다. 국정을 안정적으로 수행하기 위해서는 다수의 지지가 필요한데, 이를 위해서는 시민이 참여하여 최고 책임자와 함께 국정을 이끌

**〈아테네 학당〉(1510~1511) 부분, 라파엘로 산치오**

라파엘로가 그린 아테네 학당의 중심에는 손가락으로 하늘을 가리키는 플라톤과 손바닥을 땅을 향해 펼친 아리스토텔레스가 그려져 있다. 두 철학자의 손동작은 관념론자인 플라톤과 현실론자인 아리스토텔레스의 철학적 지향점을 표현한다. 플라톤과 아리스토텔레스는 정치철학에서도 상반되는 경향을 보여준다. 플라톤은 철인이 통치하는 이상 국가를, 아리스토텔레스는 철학적 이상과 구성원의 현실적 이익을 동시에 배려할 수 있는 정부 모델을 제시했다.

어야만 한다는 것이다.

이런 점에서 사회의 불평등 또한 빠뜨릴 수 없는 문제이다. 사회의 불평등은 혼란을 야기하고, 나아가 국가 통합과 안정적 발전을 위협한다. 아리스토텔레스는 능력이 있는 사람은 합당한 대우를 받기를 원하고, 능력이 부족한 사람도 평등한 대우를 받기를 원하는 것이 사람의 기본 속성이라고 했다. 유능한 사람은 사회에 대한 공헌도에 따라 능력을 인정하는 제도를 선호하는 반면, 능력이 부족한 사람은 모든 사람을 공평하게 대우하는 제도를 선호한다. 따라서 능력에 따라 사람을 대우하면 소수 엘리트는 만족하는 반면, 다수 대중은 사회제도에 불만을 갖게 마련이다. 반대로, 제도적으로 능력의 차이를 인정하지 않으면 다수 대중은 만족하는 반면, 소수 엘리트가 불만을 품는다. 다수가 불만을 가지면 정치가 안정될 수 없고, 반대로 소수 엘리트가 인정받지 못하면 이들이 능력 발휘를 포기하게 되어 국가 발전의 동력을 잃어버리게 된다. 따라서 정부는 국가의 기능과 목표를 원활히 수행하기 위해 소수 엘리트에게는 공헌도에 따라 능력을 인정해주고, 다수 대중에게는 공정한 대우를 해주는 양립하기 어려운 제도를 구축해야 한다.

이렇게 쉽지 않은 문제를 해결하기 위해 아리스토텔레스는 소수 엘리트에 의한 국정 운영과 다수 대중의 국정 참여를 제도적으로 확립하려 했다. 정치 체제란 모든 구성원의 자유와 이익을 보호하고, 불만은 최소화함으로써 국가를 통합할 수 있어야 하기 때문이다. 능력 있는 소수 엘리트는 소유한 부를 통해 더 많은 교육 기회를 갖게 되고,

더욱더 능력을 쌓아가게 된다. 반면 다수 대중은 통치자를 선택할 수 있는 투표권을 소유하고, 때에 따라 법과 제도를 넘어 국가의 근본을 바꿀 수 있는 실질적인 힘을 보유한다. 이러한 새로운 정치 체제는 각자의 힘을 국가 통합과 발전에 이용하는 대가로 엘리트와 대중 모두에게 적절히 이익을 제공할 수 있어야 한다. 양대 계층이 국가 체제 안에서 현실적인 이익을 얻을 수 있어야 국가 통합이 유지될 수 있다. 이 방안으로 아리스토텔레스는 다수 대중과 소수 엘리트 간의 역할 조화를 제시했다. 국가 발전의 원동력인 소수의 능력 있는 엘리트에게는 국정을 수행할 권한과 책임, 즉 공직을 부여함으로써 국정을 이끄는 명예를 제공하고, 능력과 부를 소유하지 못한 다수 대중에게는 공정한 기회와 대우를 보장하는 체제를 제시한 것이다.

아리스토텔레스는 대중과 엘리트의 공존을 통해 지나치게 부유한 사람도, 너무 가난한 사람도 없는, 대부분의 사람들이 거대한 중산층을 이룬 체제를 가장 안정적인 국가로 생각했다. 중산층은 엘리트의 능력을 보유하고, 다수 대중의 수적 우세도 확보할 수 있기 때문에 중산층이 다수인 국가는 안정된 발전을 도모할 수 있다. 유능한 사람은 능력에 따른 대우를 원하므로 국가가 자유를 억압하지 않는 한 불만을 가지지 않는다. 또한 중산층은 언제든지 엘리트가 될 수 있으므로 모든 사람이 평등한 대우를 받는 것보다는 기회가 평등하게 주어지기를 원하는 집단이다. 따라서 다수의 중산층이 존재하는 사회에서는 능력에 따른 성취를 기대할 수 있어 국가 발전의 안정성을 확보할 수 있다. 또 사회 내에 중산층이 두터우면 다수가 동일한 삶의 목표에 합의함으로써 상대적으로 시민들 사이의 갈등이 최소화되고 정치 안정도 유지할 수 있다. 따라서 한 국가의 중산층이 두터우면 무능한 대중의 지배로 인한 우매한 의사 결정의 피해도 예방할 수 있고, 소수 엘리트의 지배로 인한 왜곡과 부패도 걱정할 필요가 없는, 실질적인 다수의 지배가 실현되는 것이다.

아리스토텔레스도 플라톤과 같이 이상국가 건설의 꿈을 품었던 듯하다. 하지만 아리스토텔레스는 플라톤과 달리 현실을 인정했다. 국가를 유지하기 위해서는 구성원들이 국가와 정부의 목표에 합의를 해주어야 할 뿐만 아니라 정부 운영을 지속적으로 지지해야만 한다. 그런데 국가 구성원들은 저마다 다른 목표와 관심을 가지고 있어 이를 하나로 묶기란 여간 어렵지 않다. 국가의 목표가 올바르다는 일차 요소만으로는 충분치 않기에 구성원의 현실적 이익을 고려하지 않으면 국가 통합은 어렵다고 본 것이다. 그는 이상적인 국가를 창조하기 위해서는 때로 구성원들이 손해를 볼 수도 있음을 알았다. 그리고 국가 목표가 도덕적으로 설정되어 있다 해도 구성원들이 법과 질서를 따르지 않을 수도 있다는 현실적인 한계를 이해했다.

아리스토텔레스는 모든 구성원이 추구하는 이익을 인정하고 이를 국가 전체의 집단 이익과 연결함으로써 플라톤의 이상국가와는 다른 국가 체제를 제시한 것이다. 즉 아리스토텔레스는 능력과 지식을 갖춘 엘리트에 의한 책임 정치와 다수의 국정 통제라는 혼합된 정치 체제를 제안했다. 안정된 국가 운영을 위해 엘리트와 대중이라는 두 축의 힘을 현실적으로 인정하여 국정에 반영하자는 것이다. 이는 능력과 부를 소유한 엘리트가 정부를 운영하고 국가 구성원 다수가 정치에 적극 참여하는, 행정부와 의회 체제의 필요성을 제안했다고 볼 수 있다.

## 개인의 이익 추구 앞에 무너지는 이상론

아리스토텔레스의 좋은 정부는, 플라톤의 이상과 아리스토텔레스가 생각하는 국가 구성원의 현실적 이익을 동시에 배려하여 다양성에 기초한 균형과 견제의 모델을 제시했다. 국가 목표와 정부 운영 방식이 아무리 정의롭다고 해도 구성원의 현실적인 이익을 충족시키지 못하면 사회가 혼란해지기 때문이다. 아리스토텔레스는 플라톤과 비교했을 때 최선보다는 차선을, 이상주의보다는 현실주의를 선택한 것으로 볼 수 있다.

그러나 아리스토텔레스 역시 국가 및 정부 운영에 있어서 도덕적 원칙을 앞세우고 현실을 이상적으로 판단하고 있다는 점에서 후기 이론가들의 비판을 받았다. 아리스토텔레스도 국가 목표는 개인의 목표나 이해보다 앞서고, 국가 통합과 발전을 모든 구성원이 인정할 것이라는 도덕적 관점을 전제하고 있다. 후에 마키아벨리가 지적하듯이 사회의 개별 구성원들은 생존이라는 절대적 목표뿐만 아니라 자신의 사소한 이익마저도 국가 전체 또는 구성원 모두의 이익보다 앞세울 때가 많다. 이러한 구성원이 많아지면 국가 통합과 발전이라는 거대한 목표는 순식간에 물거품이 되고 만다.

경제 능력을 보유한 엘리트와 정치 권한을 보유한 대중의 합의에 있어서도 아리스토텔레스는 순진하게 접근하고 있다. 아리스토텔레스는 양자의 장점이 서로 받아들여져 상승 작용을 일으키리라고 보았으나 현실은 너무도 다르다. 경제력을 보유한 엘리트는 정치권력까지 행사하는 것을 당연하게 생각하며, 대중은 극단적으로는 혁명을 일으켜 정권을 장악하고 소수의 사유재산을 몰수할 수 있는 현실적인 힘을 보유하고 있다. 국가 발전과 개인의 행복을 불러오는 위대한 합의는 현실에서 찾아보기 어렵다.

아리스토텔레스는 플라톤과 마찬가지로 국가가 가족보다 앞서고, 가족은 개인보다 앞선다고 생각했지만, 현실은 개인이 가족보다 앞서고, 가족이 국가보다 앞선다. 국가가 통합되었을 때라야 개인의 이익이 보호될 수 있지만, 개인은 국가 통합보다 개인의 이익을 먼저 추구한다. 국가의 통합과 발전이라는 장기 비전보다 항상 눈앞의 단기 이익이 우선시되는 것이 현실이다. 집단의 이익과 개인의 이익이 서로 맞서지 않는다면 아리스토텔레스가 말한 조화가 이루어질 것이다. 그러나 아리스토텔레스도 인정하듯 인간의 이기주의는 실제로 인간의 행동에 반영된다. 개인의 이익이 집단의 이익에 앞서게 되어, 두 이익 간의 조화는 위태로워진다. 이것이 마키아벨리를 비롯한 후세 현실주의자들이 제기하는 아리스토텔레스 정부론의 궁극적인 문제점이다.

아리스토텔레스가 현실의 상황과 구성원의 이익이라는 측면을 고려했다고 하지만, 개인은 도덕적이지 않고 국가나 타인의 이익을 고려하지도 않으며, 장기 이익을 보는 안목이 부족하다는 점을 간과하고 있다. 그가 제시한 국가와 정부 체제는 현실성이 부족한 이상적 전제에 기초한 것으로 실제 구현하기 어렵고, 구체적인 매뉴얼이 부족할 수밖에 없다.

## 개인과 집단 모두의 행복을 추구하다

아리스토텔레스의 정부론은 플라톤의 유토피아에 비해 현실 국가의 문제에 한 걸음 다가섰다. 플라톤이 이상국가의 목적을 공동체의 이익을 위한 국가 구성원의 단합으로 정의한 반면, 아리스토텔레스는 집단의 이익과 개인의 이익을 동시에 추구하는 현실적인 목표를 설정했다. 국가 안정도 중요하지만, 지속적인 국가 발전을 위해서는 구성원의 삶의 질 향상이 핵심 요소라고 인식한 것이다. 플라톤은 국가 통치 과정에서 개인이 사욕을 앞세우면 국가의 목표인 미덕virtue, 즉 국가의 보호 아래 구성원 모두가 공평하게 사는 민주적인 삶을 훼손할 수 있다고 경고한다. 결국 개인이 사욕을 부리지 말아야 국가 통합이 이루어질 수 있다. 그러나 아리스토텔레스는 개인이 도덕적 삶을 추구할 때도 있지만 사욕을 부리기도 한다는 현실을 받아들인 가운데 국가와 정부를 설계했다.

그는 국가 안정이라는 목표가 궁극적으로는 구성원의 행복을 위한 필요조건인 만큼, 구성원 개인의 이익을 고려할 수밖에 없으며, 국가의 주권자인 시민을 위해 존재하는 정부야말로 좋은 정부라는 인식을 확실히 했다. 또 시민의 이익을 위한 정부는 상황에 따라 역할과 기능을 개혁해야 한다고 했다. 사회 변화에 따라 개인이 추구하는 목표 혹은 이익의 형태도 변하기 때문에 정부가 추구하는 국가 목표 역시 조정해야만 한다는 것이다.

이렇게 아리스토텔레스가 모든 국가 구성원의 현실적인 힘, 특히 다수 대중의 물리적 힘을 인정했다는 점은 많은 것을 시사한다. 그는 시민의 뜻이 정부 운영에 반영되어야 하는 이유를 설명하며 시민이 주권자라는 도덕적 측면뿐만 아니라 정치적 유용성까지도 강조한다. 특히 다수 대중이 정부 운영에서 배제되었을 때, 혁명이라는 최악의 상황이 연출될 수 있다는 점을 경고했다. 이는 국민주권에 대한 분명한 선언이다. 플라톤은 대중이 정치에 참여하는 여론정치가 혼란을 가중시킨다는 이유로 직접민주주의를 비판했지만, 아리스토텔레스가 보기에 여론정치의 혼란은 정부가 해결하고 극복해야 할 과제이다. 그는 직접민주주의에 반대한다는 측면에서는 플라톤과 의견을 같이하지만 여론이 국정에 반영되어야 국가가 더욱 통합되고 안정될 수 있다는 점을 강조한다. 이에 더하여 전문성 측면에서도 다수에 의한 합의가 소수 전문가의 전횡보다 우수하다는 합리적인 판단을 한다. 각 분야가 고도로 전문화된 오늘날에도 국가적 문제의 해결은 전문가들의 협력뿐 아니라, 사회 구성원 전체의 노력과 협력이 필요하다는 점을 시사하는 것이다.

그는 국가 구성원의 장점이 서로 조화를 이루면 국가의 통합, 안정, 발전이라는 목표를 상당 부분 달성할 수 있다고 본다. 부와 지식을 소유한 엘리트들이 자신의 능력을 살려서 국가를 통치하고 경제 발전을 도모하는 한편, 다수 대중은 정부를 운영할 엘리트를 선택하고 정부를 견제하는 민주적 정치 체제 수립을 목표로 한다. 아리스토텔레스는 계층별·개인별 이익의 차이를 인정하면서도, 이러한 차이를 통합하여 집단과 개인의 이익을 조화롭게 증진할 수 있는 방안을 제시하고자 했다.

특히 국가 통합을 이루면서 개인의 행복을 달성하기 위해서는 다수의 중산층을 확보하는 것이 핵심이라는 지적에서 아리스토텔레스의 진면목을 볼 수 있다. 원래 소수 엘리트와 다수 대중의 조화란 쉽지 않은 문제이고, 역사적으로 이들 간의 반목이 사회 갈등의 주원인이었다. 현실적으로 국가 구성원 다수가 전체의 목표를 이해하고 수행한다면, 즉 다수가 플라톤이 말하는 철인의 행동을 한다면 굳이 엘리트에게 책임정치를 맡길 필요도 없을 것이다. 능력 있는 다수가 자신의 문제를 스스로 해결하고, 국가 통합 역시 대화로 해결하면 되기 때문이다. 또한 다수가 중산층이라면 다수 대중의 장점인 정치적 합법성을 어렵지 않게 획득할 수 있다. 다수가 중산층이 되기가 쉽지는 않지만, 그렇게만 된다면 허다한 국가와 정부 문제를 손쉽게 해결할 수 있을 것이다. 아리스토텔레스는 과거와 현재의 시공을 뛰어넘어 정부가 궁극적으로 추구해야 하는 목표를 분명히 제시하고 있다.

: 2부 :

# 개인의 자유와 권리를 담은 정부

# 03 / 마키아벨리의 현실 정부, 도덕성보다 정치적 효용성을 우선하다

> 통치자는 국가의 독립과 시민의 행복을 위해
> 때로는 비도덕적 행동도 할 수 있어야 한다.
> 통치자는 사자의 용맹함과 여우의 지혜를 모두 지녀야 한다.
> – 니콜로 마키아벨리

## 혼란의 시대가 낳은 현실주의 정부론

니콜로 마키아벨리Niccoló Machiavelli는 르네상스 시대가 열리던 무렵인 1469년 5월 3일 이탈리아 피렌체공화국에서 태어났다. 1494년 피렌체공화국 10인위원회 서기장을 지냈고, 1498년부터 1512년까지 공화국 제2재무성 장관을 역임하는 등 공직 생활을 했다. 전쟁터에서 군대를 지휘하기도 하고, 외교 사절로 신성로마제국을 비롯한 여러 군주국에 파견되는 등 다양한 이력을 쌓으면서 독자적인 정치적 견해를 구축했다. 1512년 스페인의 침공으로 피렌체 공화정이 무너지고 메디치 가문이 피렌체 지배권을 회복하는 과정에서 공직을 박탈당한 마키아벨리는, 이후 독서와 저술에 집중한다.《군주론》을 비롯하여 《로마사》,《정략론》 등 국가와 정부에 관한 다양한 저술을 남긴 그는

1527년 58세를 일기로 고향 땅에서 사망했다.

마키아벨리가 활동하던 시기의 국제 정치 지형은 매우 혼란스러웠다. 당시 이탈리아는 수많은 도시국가로 분열되어 있었고, 정치적·경제적·군사적으로 외세의 입김에 좌우되고 있었다. 피렌체공화국, 베네치아공화국 등 소수의 도시국가들이 어느 정도 영향력을 행사하긴 했지만, 이들 역시 교황청과 프랑스, 스페인, 신성로마제국, 스위스를 비롯한 외세의 간섭을 피하기 어려웠다. 당시의 이탈리아 도시국가들은 정규군 없이 용병에 의존하고 있었기 때문에 위기가 발생했을 경우 국가의 존립 자체가 위태로웠다. 국가 지도자가 국가의 장래나 시민의 안전은 도외시한 채 자신의 이익에 따라 외세와 정치적·군사적 동맹을 맺었는데, 이러한 동맹도 국제 정세의 변화에 따라 수시로 바뀌었다. 교황마저도 이탈리아 도시국가들을 상대로 약탈을 일삼았던 시대였다. 도시국가의 정권을 잡고 있는 지도자와 정부는 수명을 예측할 수 없었으며, 언제든 국가 자체가 소멸할 수 있는 형편이었다. 마키아벨리의 《군주론》은 이러한 시대 상황에 대한 인식을 바탕으로 쓰였다.

마키아벨리의 정부에 대한 견해는 국제정치에 대한 불신에서 출발한다. 국가의 생존과 독립을 위해 동맹을 맺은 교황과 프랑스를 비롯한 주변 국가들은 언제든 자신들의 이익에 따라 동맹을 파기했다. 국가 통치자마저도 자신의 이익을 위해 국민의 안전을 외세에 맡겼으며, 힘 있는 귀족들은 호시탐탐 정부 권력을 넘보았다. 마키아벨리가 생존했던 시대의 정치적·사회적 상황에서 기존의 위약한 정부 체제로는 시민의 기본 권리조차 유지하기 어려웠다. 이러한 상황에서는 국가의 독립과 안전, 발전을 바랄 수 없을 뿐만 아니라 시민의 자유와 행복이 언제든지 박탈될 수 있기 때문이다. 마키아벨리가 대안적 정부 체제에 관심을 기울인 이유는 냉혹한 국제 현실에서 국가의 독립과 시민의 자유를 지킬 수 있는 강력한 정부의 필요성을 절감했기 때문이다.

마키아벨리의 정부에 대한 관점은 플라톤과 아리스토텔레스와는 분명한 차이를 보인다. 앞에서 살펴본 바와 같이 플라톤과 아리스토텔레스는 기본적으로 국가와 정부가 다수의 이익을 위한, 즉 정의를 수호하기 위한 도덕적 창조물이라는 관점을 보인다. 그러나 마키아벨리는 이런 관점을 정면으로 반박한다. 국가와 정부는 도덕성이 아니라 현실적으로 시민의 자유와 행복을 지킬 힘이 있느냐 없느냐라는 기준에 따라 평가되어야 한다고 주장했다. 그는 도덕적이고 관념적인 약한 정부로는 국가 전체의 안전과 발전, 시민의 자유와 행복을 지킬 수 없다고 인식하고, 외세를 물리치고 국내의 혼란을 수습할 수 있는 강한 정부만이 국가의 목표를 수행할 수 있다고 주장한다.

: 마키아벨리의 나쁜 정부
## 힘없는 정부는 왜 위험한가

마키아벨리의 정부와 국가에 대한 논의는, 피렌체공화국을 비롯한 이탈리아 도시국가들이 국방력 부재로 국가의 독립성에 심각한 위협을 받고 있다는 인식에서 출발한다. 16세기 이탈리아의 도시국가들은 군대를 직접 보유하지 않았고 외세와 용병에 의지했기 때문에 분쟁이 일어났을 때 독립을 보장할 수 있는 방어력이 부재했다. 1512년 당시 피렌체도 스페인의 침략을 받아 공화제가 붕괴된 바 있다. 그가 국가의 독립을 가장 중요한 문제로 인식한 이유는 외세의 침략에 의해 국가가 무너지고, 시민의 자유와 권리가 박탈되는 사태를 직접 목격했기 때문이다. 따라서 이상적 국가를 고민하기보다는 국방력 부재로 인한 국가의 위기를 극복하는 것을 최우선 과제로 삼았다. 마키아벨리는 외세의 침략에 맞서 국가의 독립과 시민의 안전을 책임지지 못하는 정부는 누구도 믿고 따르지 않을 것이라고 생각했다.

마키아벨리는 플라톤과 아리스토텔레스를 비롯한 고대 그리스 철학자들이 사유한 이상적이고 도덕적인 정부론에 대해 비판적이었다. 아무리 도덕적인 정부라고 해도 국가의 독립을 유지하지 못해 시민의 자유와 행복을 지킬 수 없다면 현실적으로 의미가 없기 때문이다. 마키아벨리는 이기적이고 경쟁적인 국제 관계의 냉혹한 현실을 바탕으로 정부에 대한 견해를 제시했다. 당시의 국제 관계에서는 강한 국방력을 키우지 못하면 결코 좋은 정부가 될 수 없었다. 이런 상황에서 좋은 정부라면 냉혹한 현실에 맞설 수 있는 힘을 기르고 국가의 궁극적인 목표를 실현할 수 있어야 했다.

국제 환경뿐만 아니라 국내 정치에서도 국가 목표를 실현하기 위해서는 정부의 강력한 힘이 필요하다. 마키아벨리는 인간이란 원래 정복욕에 따라 끊임없이 권력을 추구하는 냉혹한 존재라고 가정했다.

〈1494년 11월, 샤를 8세의 피렌체 입성〉(1518), 프란체스코 그라나치

마키아벨리가 활동하던 시기의 이탈리아는 수많은 도시국가로 분열되어 있었고, 정치적, 경제적, 군사적으로 외세의 입김에 좌우되고 있었다. 당시의 이탈리아 도시국가들은 정규군이 없이 용병에 의존하고 있었기 때문에 위기가 발생했을 경우 국가의 존립 자체가 위태로웠다. 이런 상황 속에서 1494년 나폴리 왕국의 소유권을 주장하기 위해 이탈리아를 침공한 프랑스 왕 샤를 8세는 아무런 저항도 받지 않고 피렌체와 나폴리를 점령한다. 20대에 프랑스 침략의 혼란을 경험한 마키아벨리는 냉혹한 국제 현실에서 국가의 독립과 시민의 자유를 지킬 수 있는 강력한 정부의 필요성을 절감했다.

지도층은 본질적으로 자신의 이익을 추구하는 것을 당연시하는 성향이 있기 때문이다. 능력 있는 귀족 또한 권력을 손에 쥐기 위해 언제든지 무력을 동원할 수 있는 위험한 존재였다. 정부가 이들을 무력으로 제압할 능력이 없다고 판단되면, 이들은 언제든지 정부의 명령을 어기고 법의 집행을 방해하며, 통치권을 행사하려 들 것이다. 당연히 시민의 자유와 행복은 위기에 처한다. 그러므로 통치자는 국내의 대항 세력을 제압할 수 있는 충분한 권력과 무력을 유지할 수 있어야만 시민을 보호할 수 있다.

아울러 통치자의 강력한 힘은 시민의 협력과 충성심을 드높이는 중요한 원천이다. 그러나 일반 시민까지 힘으로 통치할 필요는 없다. 국경 밖의 경쟁국이나 국내 정치의 잠재적 경쟁자들이 무력을 보유한 반면, 일반 시민은 정부에 도전할 수 있는 힘을 소유하지 못했기 때문이다. 그들은 정부와 통치자의 명령을 고분고분 따를 뿐만 아니라 국가의 위기 상황에서는 협력을 아끼지 않는다. 정부의 통제 아래 있는 시민들은 국가의 목표, 즉 국가의 독립 및 시민의 자유와 행복을 달성하기 위해 함께 노력하고 통치자에게 자발적으로 협력한다. 대부분의 시민은 아무리 불만이 있더라도 심각하게 공격적이지는 않으며, 소유욕과 점유욕도 그리 크지 않다. 오히려 피렌체공화국의 국방력 강화를 위해서는 시민군의 힘이 절실하게 필요했다. 따라서 일반 시민에 대해서는 가능한 한 관대하게 통치하고, 무력을 사용할 필요가 있을지라도 가급적 절제할 필요가 있다. 힘 있는 귀족은 유사시에도 국가에 협력하지 않을 뿐만 아니라 적대국과 내통하는 등 위기를 가중시키는 반면, 일반 시민은 국가의 독립을 위해 전쟁터에서 자발적으로 목숨을 바치기 때문이다.

이러한 측면에서 마키아벨리는 인간 본성을 두 가지 시각으로 이해하고 있음을 알 수 있다. 하나는 주변의 경쟁국 및 국내의 귀족 세력을 포함한 무력을 보유한 세력을 바라보는 시각이고, 다른 하나는 정부 통제 아래에 있는 일반 시민을 바라보는 시각이다. 무력을 보유한 세력은 나라 안팎에서 정부에 도전하여 국가의 안전을 위협하는 세력이다. 마키아벨리는 국가의 안정을 위협하는 이들 세력과의 관계에서는 강한 자만이 살아남고 무력이 지배한다고 했다. 반면 일반 시민들에 대해서는 도덕성에 기초해 통치할 수 있다고 보았다. 하지만 그는 통치자와 일반 시민의 관계보다는 국제 관계와 국내 정치 무대에서 대적해야 하는 경쟁자들과의 역동적인 관계에 초점을 맞추었다. 그들은 항상 국가의 독립과 국민의 자유를 위협할 수 있기 때문이다.

마키아벨리 사상의 본질은 냉엄한 현실을 직시하고 국가의 독립과 시민의 자유 보장이라는 정치적 목표를 달성하려는 데서 찾을 수 있다. 그는 무력 경쟁에서 밀려나 국가를 지켜내지 못하는 정부는 용납할 수 없다는 관점을 보였다. 마키아벨리에게는 약한 정부, 그래서 다른 국가의 힘에 의존하는 정부, 다시 말해 국제정치의 역학 관계에 무지했던 16세기 이탈리아 도시국가의 정부야말로 극복해야 할 나쁜 정부였던 것이다.

: 마키아벨리의 좋은 정부
## 탈도덕적 정부

마키아벨리 역시 국가의 목적이 무엇이며, 국제 현실 속에서 바람직한 정부의 모습이 무엇인가를 고민했다. 마키아벨리가 생각한 국가의 근본 목적은 구성원인 시민의 자유와 행복의 실현이다. 플라톤과 아리스토텔레스가 시민의 자유와 행복을 지속시키기 위해 구성원 전체의 행복을 보장하는 도덕적 정부를 제시한 까닭은 사익을 추구하는 행동은 전체의 이익을 보장하기 어렵고, 도리어 해가 된다고 보았기 때문이다.

그러나 마키아벨리가 직면한 정치 환경은 그리스 시대와 달랐다. 플라톤과 아리스토텔레스 시대에는 국제 관계가 위협적이지 않았고 경쟁국도 없었다. 그러나 마키아벨리의 시대는 호시탐탐 침략 기회를 엿보고 위협하는 경쟁국과, 국가의 단결과 안전을 해치면서까지 자신의 이익을 추구하는 귀족 세력이 발호하던 혼란기였다. 시민의 행복을 지키기 위해서는 국가의 독립이 전제되어야 하고, 독립을 유지하기 위해서는 강력한 통치자의 힘이 필요했다. 마키아벨리는 국가의 독립과 국민의 자유를 관념적으로 사유하지 않았다. 그가 강한 정부의 필요성을 적극 지지한 이유는 국가와 국민의 평화를 보장하기 위해서다. 마키아벨리즘의 탄생은 당대의 정치적·사회적 상황의 결과로 볼 수 있다.

마키아벨리는 비록 도덕적으로 사악할지라도 강한 통치자가 국가를 지켜낼 수 있다는 현실을 인식했다. 국가와 정부의 최종 목적이 국가의 독립과 시민의 행복이라면, 도덕적이지만 약한 정부보다는 사악하더라도 강한 힘을 가진 통치자가 필요했던 것이다. 속임수와 배반, 잔인함이 지배하던 상황에서 국가가 존립하기 위해서는 통치자가 다른 국가의 지배자와 경쟁할 수 있는 능력을 보유해야 한다. "사자의 힘과 여우의 꾀"라는 말을 했던 이유는 강력한 경쟁국에 대항하기 위해서는 강력한 무력이 필요하고 때로 내부의 시민들을 속여서라도 국가의 독립을 지켜야만 한다고 보았기 때문이다.

　마키아벨리도 자신이 제시한 국가 목표가 때로는 비도덕적인 수단을 동반할 수 있다는 점을 인정했다. 그는 도덕적으로만 행동하기를 원하는 사람은 필연적으로 비도덕적인 사람들 앞에서 비참한 처지에 놓일 수밖에 없다고 말했다. 따라서 국가를 제대로 통치하길 원한다면, 통치자는 탈도덕적인 방법도 사용할 수 있어야 하고 필요에 따라서는 비도덕적으로 행동해야 한다. 여기에서 통치자가 비도덕적 또는 탈도덕적이어야 한다는 마키아벨리의 충고는 국가의 독립과 시민의 자유 보장이라는 국가 목표는 도덕적 판단보다 앞서는 문제라는 생각에서 비롯된 것이다. 국가를 강력하게 하는 것은 결국 힘이다. 또한 시민의 안전이 통치자의 잔인성에 의해서만 유지되는 상황이라면 잔인성이 지속될 필요가 있다. 잔인한 행위의 대상이 경쟁국이든, 국내 엘리트이든, 심지어는 일반 시민이든 말이다. 국가의 독립과 국민의 자유와 행복을 수호하기 위해서 정부는 강력한 힘을 보유해야 하고, 정부의 힘을 행사하는 과정에서 어떤 수단도 정당화될 수 있다는 말이

**마키아벨리즘에 대한 오해와 진실**

마키아벨리즘을 사전적 정의에 기초하여 바라보면 많은 오해가 생길 수 있다. 마키아벨리 철학의 어느 한 면만을 강조하여 마키아벨리즘으로 명명했기 때문이다. 당시 가톨릭교회는 《군주론》에 대해 매우 비판적이었기 때문에 당연히 금서로 지정했다. 가톨릭교회로서는 비도덕적 측면까지 옹호하는 그의 정치사상을 수용하기 어려웠다. 일반 시민의 자유와 행복이 국가의 최우선 목표라고 주장하는 마키아벨리의 현실적인 정치관이 일반화될 경우 교회의 종교적 권위가 훼손될 수 있다고 생각했기 때문이다.

---

다. 정부는 수단이나 과정이 아니라 결과에 의해 평가를 받는다. 이는 선善과 악惡이 상대적이라는 것을 의미한다. 힘을 정치적 목적을 달성하는 수단으로 가정한다면, 선과 악의 평가는 국가 목표를 효율적으로 달성했느냐 못 했느냐에 따라 달라진다.

마키아벨리 역시 도덕적 가치를 부정하지는 않는다. 국가 목표 달성에 위협이 되지 않고, 도덕적으로 통치할 수 있는 일반 시민까지 탈도덕적 또는 비도덕적 수단으로 다스리는 것은 정당화될 수 없다. 안정성이 요구되는 특정한 상황에서만 힘의 법칙을 일반적인 도덕성보다 앞세울 수 있다. 그러나 경쟁적인 국제 환경에서는 이러한 특정한 상황이 일반적이었기 때문에 목표가 수단을 정당화한다는 점을 강조한 것이다.

경쟁적인 국제 관계와 달리 평화 시의 국내 정치에서는 마키아벨리도 도덕성을 중요시했다. 이 경우 최대한 관대하게 통치해야 하고 엄격한 통치가 필요한 경우라도 절제할 것을 당부했다. 정부가 다수에게 이익을 가져다줄 수 있을 때 정부의 안정성이 높아지기 때문이다.

마키아벨리즘은 1626년 옥스퍼드 영어사전에 등재되면서 보통명사로 널리 알려지게 되었다. 이후 일부 사회심리학자들이 마키아벨리즘을 인간의 심리적 성향 중 어두운 면을 상징하는 심리 상태로 유형화함으로써 마키아벨리즘은 부정적인 인간 속성을 나타내는 용어로 굳어졌다. 그 밖에도 여러 정치인들이 각종 연설에서 마키아벨리즘을 교활하고 속임수를 일삼는 행태로 묘사하면서 원래의 개념과 달리 좋지 않은 의미로 인식되어왔다.

---

그는 국가의 독립과 국민의 자유가 보장된 평화 시에는 시민들로부터 정의와 도덕성, 국가에 대한 충성심이 일어난다고 했다. 정부가 안정되지 않을 경우에 사람들은 일단 생존에 필요한 수단을 선택할 수밖에 없다. 도덕적이든, 탈도덕적이든, 비도덕적이든 간에 자기가 처한 문제를 해결하기에 가장 효과적인 방법을 택할 것이다. 하지만 국가가 안정돼 있을 때에는 안정된 삶을 갈구하고, 경쟁보다는 도덕성을 지키려고 노력한다고 보았다. 따라서 통치자와 일반 시민의 관계에서는 도덕적 수단이 더 효율적인 통치 수단이 될 수 있다. 일반 시민은 통치욕과 점유욕이 없기 때문에 국가 안정을 위협하지 않을뿐더러 정부의 리더십을 따르고 때로는 헌신적인 노력도 마다하지 않기 때문이다. 안정된 상황에서 통치자가 굳이 잔인성을 발휘할 필요는 없다.

마키아벨리는 통치자가 비도덕적, 탈도덕적 수단과 더불어 도덕적인 수단까지 모두 사용할 것을 주장한 인물이다. 통치자의 덕목으로 속임수와 잔인성까지도 정당화한 것을 보면 비도덕적이라고 할 수 있다. 하지만 마키아벨리가 일반 시민의 희생정신과 충성심을 국가를 지탱하는 힘으로 보면서 도덕적 통치론도 옹호한다는 점과, 목표 달성에 있어서 통치 수단을 가치중립적으로 본다는 점을 고려한다면 오히려 탈도덕적이라고 할 수 있다. 그는 국가 목표를 수행하기 위해 상황에 따라 도덕적 판단을 뛰어넘는 효과적인 수단을 강구할 필요성을 강조했다.

마키아벨리는 강력한 국가와 정부를 유지하는 데 필요한 일반 시민의 의무를 밝히고 있다. 통치자는 국가의 독립과 시민의 자유 및 번영을 위해 강력한 힘을 보유해야 하고, 국민은 통치자와 정부의 법과 명령에 따라야 하며, 국방에 일조해야 한다. 마키아벨리가 특히 시민으로 조직된 군대를 강조한 이유는 피렌체공화국이 위기 때마다 용병을 동원했지만 매번 참담한 결과를 가져왔기 때문이다.

마키아벨리는 통치자와 일반 시민의 관계도 각자의 현실적인 이익을 고려한 상태에서 형성된 것으로 보았다. 직접 언급하지는 않았지만, 일반 시민의 충성을 절대적인 주종 관계의 소산이라기보다는 통치자가 안전을 보장하는 대가로 맺은, 무언의 계약 결과로 보았던 것이다. 국가의 독립과 시민의 자유를 지키는 통치력과 무력은 국가 목표 달성을 위한 하위 수단이다. 따라서 군주가 국가와 시민을 보호할 수 없는 상황에 이르면 계약은 파기되며, 시민은 다른 보호자를 찾을 수 있다. 마키아벨리가 이러한 내용을 언급하지 않은 까닭은 16세기 이탈리아가 처한 상황에서 우선 급한 과제는 시민의 번영을 책임질 강력한 정부의 출현이었기 때문일 것이다. 일반 시민의 입장까지 고려할 상황이 아니라고 판단한 것으로 이해된다.

### 절대 권력의 절대 부패라는 문제

마키아벨리가 제안한 정부 체제는 혼돈의 국제정치 속에서 국내 정치의 안정과 독립, 그리고 시민의 자유, 안전, 그리고 행복을 도모하는 체제이다. 인간 삶의 유지가 국가 목표이고, 이를 달성하는 것이 정부의 존립 이유이며, 이러한 절대적인 국가 목표를 달성하지 못하는 정부는 존립할 이유가 없다. 바로 이것이 마키아벨리의 선언이다. 한발 더 나아가 국가 목표를 달성하는 것이 바로 정의요, 선이며, 도덕성의 실현이라고 말한다. 국가 목표를 달성하기 위한 모든 수단과 방법은 도덕성의 평가 대상이 될 수 없으며, 결과에 따라 수단과 방법의 도덕성이 평가될 수 있다는 것이 핵심이다.

당시 마키아벨리는 국가를 지켜내지 못하는 통치자 때문에 수많은 시민들이 고통받고 죽어가는 현장을 생생히 목격했다. 통치자의 능력이 곧 한 국가의 독립뿐만 아니라 구성원의 행복을 지키는 관건이라는 사실을 절감한 것이다. 국가 위기 상황에서 통치자의 도덕적 관념은 때로는 국가 목표 달성을 방해하기도 한다. 오히려 권모술수와 잔인성이 국가 목표 달성에 도움이 되기도 한다. 위기 상황뿐만 아니라 평화 시에도 통치자의 능력이 국가 발전을 좌우한다. 마키아벨리는 예리한 현실 진단에 기초하여 그때까지 옹호되던 도덕성을 단호히 폐기하고 정치적 효용성을 선택했다.

마키아벨리의 이러한 견해는 거센 반향을 몰고 왔다.

첫째, 소위 '마키아벨리즘'으로 명명된 도덕성의 관점에 대해서는 후세의 비판이 끊이지 않고 있다. 국가의 독립과 시민의 자유를 보장하기 위해서라고 하지만 통치자에게 절대 권력을 부여하는 것으로도 모자라 잔인성과 부도덕성까지 합리화하는 것은 사실 위험한 발상이다. 플라톤의 철인 통치자에게 부도덕한 통치 수단까지 맡기는 격이기 때문이다. 국가 위기 상황에서 통치자에게 한시적으로 절대 권력을 양도할 필요가 있다고는 해도, 평화 시에까지 부도덕한 수단을 정당화한다면, 통치자가 시민의 자유를 박탈하기 위해 권력을 악용하는 사태를 막을 방법이 없다. 마키아벨리는 시민의 자유와 행복이라는 최상의 국가 목표가, 오히려 통치자에 의해 훼손될 수 있다는 점을 간과한 것이다.

둘째, 후세 정치학에서 중요하게 제기하는 권력의 통제와 균형을 간과했다는 비판이다. 절대 권력은 절대적으로 부패하게 되어 있다. 국가가 위기에 직면했을 때 절대 권력이 나타나 효율적으로 정부를 운영하여 위기를 극복한 역사적 사례는 얼마든지 있다. 그러나 장기적으로는 권력이 통치자 개인의 안위를 위해 작동되는 경우를 더 많이 볼 수 있다. 통제되지 않은 절대 권력은 시대와 지역을 막론하고 예외 없이 시민의 자유와 행복을 억압한다는 것이 역사의 교훈이다. 따라서 일시적이라고는 해도 통제되지 않는 권력의 출현은 상당히 위험하다.

셋째, 국가 목표 달성을 위한 정부의 대안을 바라보는 시각이 개인의 역량에 치우쳐 있다는 것이다. 마키아벨리는 국가 목표 달성이라는 공적 문제 해결을 군주라는 특정 개인에게 의존하고 있다. 실제로 피렌체공화국의 부흥을 위해 메디치에게 기대를 걸었지만, 실망스럽게도 메디치는 피렌체 부흥에 일조하지 못했다. 특정한 개인에게 국가 목표 달성을 기대하는 경우, 개인의 성향과 능력에 따라 국가의 흥망성쇠가 좌우되는 결과를 맞게 된다. 능력 있고 사명감이 투철한 통치자를 만났을 경우에는 문제가 되지 않겠지만, 무능한 통치자는 국정을 혼란에 빠뜨릴 수 있고, 국가는 불행해질 수밖에 없다. 국가의 독립과 시민의 자유와 행복이라는 공적 목표를 달성하기 위해 국가 체제는 제도로 확립되었을 때 장기적으로 유지·발전할 수 있다는 점을 간과한 것이다.

### 현실 인식을 바탕으로 한 근대 정치론

마키아벨리와 마키아벨리즘에 대해 많은 비판이 따름에도 불구하고 그가 제시한 대안은 철저한 현실 인식을 바탕으로 한 근대 정치론의 출발이라는 점에서 그 가치를 인정받는다. 그는 르네상스 이전까지 추구해오던 도덕적 삶과 이상국가론이 실제 삶의 질을 향상시키지 못하고, 국가의 유지·발전에도 도움이 안 된다는 사실을 통찰했다. 그리하여 현실 인식에서 재출발하여 정부의 역할을 논의함으로써 현실 정치와 사회과학의 르네상스 시대를 열었다.

마키아벨리 시대 이전, 즉 르네상스 이전의 국가와 정부에 대한 논의의 주된 주제는 개인의 도덕적 삶과 이에 따른 이상국가 건설이었다. 그러나 현실에서는 많은 사람들이 자유를 짓밟히고, 외세의 침략으로 전쟁터에서 죽어갔으며, 국가와 정부가 무너진 후에는 다른 나라의 노예로 전락하는 일이 비일비재했다. 독립국가에서 평화롭게 생활하는 시민들 역시 언제 있을지 모르는 침략에 대한 걱정으로 진정한 행복을 누리지 못하고 있었다. 현실이 이러한데도 관념적인 철학자들은 개인과 국가의 도덕성만을 논하고 있었던 것이다. 마키아벨리는 도덕적 삶이 국가 유지와 구성원의 행복을 보장할 수 없다는 점을 냉철하게 지적한 최초의 인물이다. 그때까지 대부분의 이론가와 철학자들이 직시하지 못했던 현실을 역사적 검증을 통해 보여주면서 이를 통해 더 나은 삶을 추구할 수 있다고 설파했다.

이런 이유로 마키아벨리는 근대 정치학 또는 경험주의 사회과학의 창시자라는 평가를 받는다. 사회현상을 이론가의 상상력에 따라 주관적으로 설명하면 논리적 가설은 세울 수 있지만 현실적 타당성은 결여된다. 외견상 옳은 듯하지만 이상적·도덕적 이론은 현실에서 검증할 수 없기 때문에 논의만 무성하고 다수의 합의를 찾기 어려워 소모적인 논쟁만 이어질 뿐이다. 마키아벨리는 자신이 주장하는 논의와 이론을 역사적, 경험적 사실에 입각하여 검증해 보임으로써 개인과 국가가 나아가야 할 방향을 객관적으로 제시했다. 그는 정치 현상을 보는 관점을 신학과 도덕철학에서 분리해 불필요한 도덕적 논쟁을 가라앉히고 무엇이 일반 시민의 행복을 위하는 길인지, 통치자는 어떤 역할을 해야 하는지 구체적으로 보여주었다.

마키아벨리는 전통적인 이론가들이 제시한 이상국가의 틀을 벗어나 경험적 세계관으로 현실을 진단하고 국가와 정부의 역할을 제시했다. 정부의 권력은 개인의 도덕성만으로 유지할 수 없다. 그는 국가 구성원의 자유와 안전, 행복을 책임지고 강력한 국가를 건설해야 한다는 명백한 임무를 통치자에게 부여했다. 궁극적으로 시민의 자유와 행복을 고려한 정치적·사회적 제도 발전의 필요성을 인식한 것으로 볼 수 있다. 단지 군주에게 국가 이익의 수호자 역할을 기대한 이유는 15세기 후반 피렌체공화국의 일반 시민의 교육 수준이 문맹을 벗어나지 못했고, 경제적으로도 근대 부르주아 중산층이 형성되기 훨씬 전이었기 때문이다. 이러한 시대에는 국가와 정부 구조의 정치·사회적 제도화가 기본적으로 불가능했다. 후세 이탈리아 정치 이론가인 안토니오 그람시Antonio Gramsci는 "마키아벨리의 저서는 통치자뿐만 아니라 보통 사람들도 읽을 필요가 있다"라고 말했다. 마키아벨리의 저술에는 통치자에게 필요한 조언뿐 아니라, 국가 통치에 필요한 민주적·정치적·사회적 제도를 마련하는 데 있어서 일반 시민들에게 필요한 지식이 담겨 있기 때문이다. 그람시는 마키아벨리의 저술을 단지 통치자를 위한 정치 교과서라기보다 통치를 위한 정치·사회적 제도화의 초석이라고 본 것이다.

 마키아벨리의 사상은 인간의 불완전함과 사악함을 전제로 국가와 정부의 구조화를 시사했기 때문에 근대 민주주의의 토대로 평가된다. 인간의 완전성과 도덕성을 전제로 한 도덕적 이상향을 국가와 정부의 모델로 제시할 경우, 외형은 아름다워 보이지만 현실 세계에는 맞지 않을뿐더러 구성원들을 현실적인 고통 속에 빠뜨릴 수 있다. 어떤 국가든 완전한 도덕성을 추구할 수 없음에도 불구하고 이상국가가 존재한다고 믿고 무조건 통치자의 말만 따르다가 외국의 침략에 유린당해 시민들이 노예 상태에 빠져버린 역사적 사례가 이를 예증한다.

아울러 인간이 사악하고 탐욕스러운 존재라는 사실을 전제로 국가와 정부의 역할과 기능을 제시한 마키아벨리의 이론은 근대 민주주의 이론가들에게 확실한 전환점을 제공했다. 미국 헌법의 기초가 된 《연방주의론Federalist Paper》의 공동 저술가인 제임스 매디슨James Madison의 명제, "인간은 천사가 아니다"라는 말은 마키아벨리의 사상과 직결된다. 국가와 정부 구조는 개인과 집단이 불완전하고, 이기적이며, 사악하다는 사실을 전제로 한 회의주의skepticism를 기초로 삼아야 그 제도가 온전히 기능할 수 있다는 것이다. 진정한 휴머니즘을 추구하는 제도는 불완전하고 이기적인 인간의 현실을 전제한다는 것이 마키아벨리 사상의 핵심이다.

국가와 정부의 존재 이유는 구성원의 자유와 행복을 보장하는 데 있다. 마키아벨리는 국가와 정부가 강력한 힘을 보유하여 독립을 유지함으로써 구성원의 자유와 행복을 지켜야 한다는 분명한 명제를 제시했다. 마키아벨리가 경쟁적인 국제정치 상황에서 강력한 통치자가 필요하다고 강조한 것은 국가가 처한 상황에 따라 국가와 정부의 역할이 달라야 한다는 의미를 내포한다. 다른 시대, 다른 상황에서 시민의 자유와 행복을 지키기 위해서는 또 다른 차원의 처방이 필요하다. 현대사회에서 개인이 해결할 수 없는 문제는 결국 국가와 정부가 해결해야 하고, 이는 통치자의 의무와 책임이라는 뜻이다. 당시의 무능한 국가와 정부·통치자를 혐오했듯이, 마키아벨리는 오늘날 산적한 문제를 해결하지 못하고 방치하는 통치자에 대해서도 자격이 없다고 일갈할 것이다.

일부는 《군주론》을 마키아벨리가 출세를 위해 당시 통치자인 메디치에게 바친 것으로 폄훼하기도 한다. 그러나 《군주론》이 국가의 독립과 일반 시민의 행복 추구를 위해 국가를 지키는 강력한 힘의 필요성을 주창하고 국력을 키우는 현실적인 방안을 객관적으로 제시했다는 점에서 그가 사적 욕망을 위해 글을 썼다고 보기는 어렵다. 또한 마키아벨리가 서술한 군주는 특정 인물이라기보다 누구든 통치자의 위치에 있는 인물을 가리킨다고 볼 수 있다. 마키아벨리는 개인적인 친분이 있거나 자신에게 도움이 되는 통치자를 위해 《군주론》을 주관적인 측면에서 저술한 것이 아니다. 그는 조국을 강하게 만들 수 있는 통치자에게 자신의 저술을 바치려고 했으며, 조국의 실질적인 독립과 시민의 영원한 행복을 염원한 것이다. 메디치에게 《군주론》을 바치려 했던 이유는 메디치의 역량을 보았기 때문이라고 할 수 있다. 사실 마키아벨리는 오히려 메디치로부터 많은 박해를 받았다. 다만 조국을 지킬 수 있는 유능한 통치자를 찾으려 했을 따름이다. 그는 이탈리아 시민의 행복을 추구하는 따뜻한 휴머니스트로서 자신의 통찰력을 현실 정치에 반영하려 했던 열정적인 인간으로 평가받고 있다.

# 04 / 홉스의 계약 정부, 근대 민주주의가 발아하다

*강제력 없는 계약, 강제력 없는 정부의 명령은
누구도 이행하지 않을 것이다.*
*- 토머스 홉스*

## 인간은 이기적이고 합리적인 선택을 추구한다

토머스 홉스Thomas Hobbes는 1588년 영국의 웨스트포트에서 태어났다. 스페인 무적함대 아르마다Armada가 영국 해군과 격돌했던 바로 그해이다. 당시 영국은 외국과의 전쟁이 지속되고 있었으며, 급격한 정치적·사회적 변화와 갈등에 직면해 있었다. 국왕과 경쟁하는 의회파의 세력이 커지고 있었고, 1642년부터 10년 동안 세 차례에 걸친 시민전쟁의 와중에 국왕인 찰스 1세가 형장의 이슬로 사라졌을 정도였다. 전쟁의 혼란 속에서 의회민주주의의 정착을 요구하는 중산층이 성장하면서 시민의 권리 의식이 형성되었지만, 동시에 인간의 기본권이 짓밟히던 시기였다. 이런 혼란 속에 일반 시민들은 어느 때보다 평화를 갈망했다.

홉스는 자신이 생존했던 시대 상황에 비추어 국가와 정부에 대한 사고를 체계화하여 《리바이어던Leviathan》을 내놓았다. 마키아벨리와 비교한다면, 홉스는 마키아벨리보다도 도덕성의 가치를 낮추고 국가 통치의 현실적이고 실질적인 이익에 초점을 두었다. 그래서 합리적 철학의 창시자로 평가받기도 한다. 홉스는 또한 정부와 시민의 관계를 사회계약에 기초해서 설명한 최초의 근대 사회철학자였다.

홉스는 근본적으로 인간을 생명이 없는 자연물 또는 동물과 차이가 없는 존재라고 생각했다. 자연에 있는 모든 사물이 서로 다른 사물과 영향을 주고받듯이 인간 역시 본인의 도덕성이나 개인적인 특성보다는 주변 환경의 영향을 받는다는 것이다. 앞서 살펴본 마키아벨리는 인간의 도덕성을 일부 인정한 데 반해, 홉스는 사람을 동물과 다를 바 없는 존재라고 선언했다. 즉 사람도 동물과 똑같이 이기심에 따라 행동한다는 것이다. 또한 인간의 본성은 자신의 이익을 추구하는 것이고, 인간이 다른 사람과 협력하는 이유도 자신의 이익과 안전을 얻기 위해서라고 본다. 다른 사람의 이익을 고려하지 않고는 자신의 이익도 보장받을 수 없음을 터득하게 됨에 따라 인간은 비로소 다른 사람들과 협력한다는 것이다.

인간을 이기적이고, 합리적인 선택을 추구하는 존재로 보는 홉스의 사상은 근대 자유주의 사상의 기초가 된다. 개인의 권리, 인간의 평등, 합리적 사고, 사회계약론, 법치주의 등 근대 서양철학의 기초가 홉스에 의해 확립되었다고 해도 과언이 아니다. 홉스는 인간이 이기적으로 행동하기 때문에 다른 사람과 평화롭게 살기 위해 시민사회를 형

**서양 합리성rationality과 동양 합리성合理性의 의미 차이**

우리는 서양인들이 사용하는 'rationality'라는 단어를 합리성이라고 번역하여 사용하고 있다. 그러나 서양인과 동양인이 생각하는 합리성의 차이로 인해 오해가 발생할 수 있다.

서양인은 합리성을 자기 이익의 극대화로 정의한다. 좀 더 자세히 표현하면, 다른 사람에게 손해가 발생하더라도 법에 저촉되지 않는 범위 내에서 자신에게 가장 큰 이익을 가져올 수 있다면 이를 합리적 행동으로 받아들인다. 예를 들어, 주식투자 또는 부동산 단기 매매로 큰돈을 벌 경우, 그로 인해

---

성하고, 법과 국가, 정부도 만들었다고 보았다. 이기주의라는 자연발생적인 인간의 특질에 기초하여 정치 현상을 과학적으로 탐구하고 정부 구조까지 설계한 것이다.

홉스는 마키아벨리가 말한 국제정치에서의 경쟁적인 국가 관계를 개인의 관계에까지 확장하여 대입했다. 또한 마키아벨리가 시민의 자유와 행복을 보장하는 수단으로서의 강력한 군주제를 상정한 반면, 홉스는 개인 간의 사회계약을 통한 정부의 제도화 이론을 발전시켰다. 홉스는 극단적으로 개인의 이기적 행위를 방치할 경우 영원히 전쟁 상태에서 벗어날 수 없다는 사실을 모든 구성원이 깨달으면, 이기적인 개인은 자신의 이익과 행복을 지키기 위해 기꺼이 다른 사람들과 협력하고, 정부 체제를 구조화하여 평화와 번영을 누리려 할 거라고 전망했다.

다른 사람이 큰 손실을 입었을지라도 비난은커녕 합리적인 행위를 한 사람이라는 평을 받고 능력을 인정받기도 한다. 심지어 법의 허점, 또는 계약상의 허점을 이용해 돈을 버는 경우에도 합리적 행동이라는 평가를 받는다.

반면, 동양에서는 합리성을 더 포괄적 의미로 사용하고 있다. 즉 누군가를 평가할 때 합리적인 사람이라고 한다면, 자신의 이익에만 충실한 것이 아니라, 다른 사람의 이익까지 배려하는 사람을 말한다. 즉 동양에서의 합리성은 서양과 달리 공동체 내의 다른 사람과 이익을 공유하는 것까지 포괄하는 경향이 있다.

: 홉스의 나쁜 정부
## 무정부 상태는 왜 위험한가

홉스는 인간 본성이 합리적이라고 가정한다. 여기에서 합리적 본성이란 모든 수단과 방법을 동원하여 자신의 이기심을 충족시키려는 것을 의미한다. 사람은 원하는 것이 있으면 자신의 손에 넣기 위해 무슨 짓이든 하는 존재라는 것이다. 따라서 두 사람이 동시에 같은 것을 원할 경우 이 둘은 상대방을 굴복시켜서라도 자신의 욕망을 충족하려 한다는 말이다. 따라서 홉스는 사람들이 자연 상태에서는 전쟁 상태에 놓여 있다고 가정한다. 홉스의 "만인에 대한 만인의 투쟁 war of all against all"이란 이기적인 인간이 자신만의 이기심을 충족시키기 위해 다른 사람과 경쟁하는 상황을 표현한 것이다. 인간의 이기심이 아무런 통제장치 없이 마구 발휘될 수 있다면 누구나 자신의 이익을 충족하기 위해 어떤 행동이든 할 수 있기 때문에 인간은 결국 전쟁 상태에 놓여 있는 것이나 다름없다는 뜻이다.

홉스는 또한 인간이 평등한 존재라고 가정한다. 모든 인간의 능력이 같다는 말은 아니다. 사람마다 능력의 차이는 있지만 근본적으로 큰 차이가 없고 인간이라면 누구나 수행할 수 있는 기본 능력을 다들 가지고 있다는 의미이다. 이를 알기 쉽게 설명하자면, 육체 능력이 우월하든 그렇지 않든 사람은 다른 사람을 죽일 수 있는 능력을 보유하고 있다. 육체적으로 힘이 센 사람과 약한 사람이 있기는 하지만, 아무리 힘이 센 사람이라도 잠을 자고 있을 때에는 힘이 약한 사람의 칼에 찔려 죽임을 당할 수 있기 때문이다. 따라서 아무리 힘이 센 사람이라고 하더라도 인간은 모두 언제 어디서 죽음을 당할지 모르는 공포에 휩싸여 있다고 한다. 이러한 죽음에 대한 공포는 예외 없이 누구에게나 해당된다. 물론 인간이 항상 전쟁 상태에 있고, 자신의 이익을 위해 다른 사람을 죽이고, 다른 사람의 물건을 훔친다는 뜻은 아니다. 단, 언제든 누구에게나 그런 일이 발생할 수 있다는 것이다. 인간은 항상 자신의 욕망과 이기심을 통제할 수 없는 존재이기 때문에 인간이 사는 세상은 누구에게나 위험하다는 뜻이다.

홉스의 또 다른 가정은, 사람은 누구나 이기심이 있음을 알고, 이에 따라 죽음의 공포에서 탈출하여 평화를 찾으려는 이성을 가지고 있다. 다시 말해, 인간은 혼자만의 힘으로는 죽음의 공포에서 탈출할 길이 없음을 깨달을 만한 이성을 가지고 있어서 서로의 합의 여하에 따라 공존할 방안을 찾을 수 있다는 것이다. 그러나 모든 국가의 모든 사람이 현명하게 이런 방안을 찾아서 행복을 누릴 수 있는 것은 아니다.

따라서 홉스가 말하는 나쁜 정부는 기본적으로 무정부 상태를 의미한다. 누구나 전쟁과 죽음, 파괴의 괴로움과 공포를 알면서도 구성원의 합의를 통해 여기에서 탈출하지 못하는 상태, 즉 구성원의 합의를 통해 정부를 탄생시켜 정부의 권위로 혼란을 극복하지 못하는 무정부 상태를 홉스는 가장 나쁘게 생각했다. 인간은 모두 이기적이기 때문에 이기심을 방치하면 극단적인 혼란에 빠진다는 사실을 알면서도 합의를 통해 이기심을 새로운 평화의 상태로 승화시키지 못하는, 이성 부재의 상태를 방치하는 정부가 나쁜 정부인 것이다.

다음으로 홉스가 말하는 나쁜 정부는 힘없는 정부, 무능한 정부이다. 홉스는 사람이라면 누구나 이기심을 가지고 있으며, 개인의 이성과 도덕성만으로는 이기심을 억제할 수 없다고 보기 때문에 사회계약이 필요하다고 봤다. 따라서 사회계약으로 탄생한 정부는 인간의 이기적 속성을 힘과 권위, 법으로 누를 수 있는 힘이 있어야 한다. 또한 정부는 다양한 사회문제를 해결할 능력이 있어야 한다. 만일 정부가 사회문제를 해결하지 못하면 개인은 정부를 불신하게 되고, 자신을 보호하기 위한 장치를 찾게 된다. 결국 정부가 탄생하기 이전의 상태, 즉 무정부 상태로 돌아가게 되는 것이다.

한 걸음 더 나아가 홉스가 결국 말하고자 한 나쁜 정부는 사회 구성원의 안전과 행복을 지키지 못하는 정부이다. 정부는 사회 변화에 따라 발생한 새로운 사회문제까지 자신의 권위로 해결할 수 있어야 한다. 홉스는 전쟁 상태에서 개인의 이기심을 표출하던 극단적인 인간의 모습을 보았다. 인간은 언제든지 전쟁 상태로 돌아갈 수 있고, 꼭 전쟁 상태가 아니더라도 각자의 이익을 위해 치열하게 투쟁하기 때문에 평화를 유지하기 어려운 것이 현실이다. 따라서 홉스는 전쟁 상태 여부를 떠나 사람들 사이에는 이성에 의한 합의로 평화로운 사회를 건설할 수 있는 여지가 있다는 점을 지적한다. 또한 시대에 따라 인간의 이기심이 다른 모습으로 나타나지만 결국은 전쟁과 공포, 가난, 파괴 등의 모습으로 나타날 것이라고 경고한다. 시대와 사회문제의 변화에 따라 인간의 합의, 사회계약, 정부 역할 역시 달라질 수 있고, 인간의 이기심을 방치할 경우 사회가 위태로워질 수 있지만, 이 또한 이성적 합의를 통해 얼마든지 극복할 수 있다고 역설한다. 이것이 바로 홉스가 바라보는 합리적이고, 평등하며, 이성적인 인간의 모습이다.

: 홉스의 좋은 정부
## 공익을 실현하는 정부

홉스가 생각한 좋은 정부란 개인이 추구하는 행복을 극대화하는 정부이다. 다만 좋은 정부를 정착시키기 위해서는 사회 구성원 모두의 이성이 향상되어야 하고, 이를 바탕으로 관련 제도를 구비해야 한다. 홉스는 사회 구성원의 이성이 자연스럽게 향상된다고 보았다. 인간이 처한 경쟁적인 자연 상태에서 벗어나 안전하고 행복한 생활을 영위하기 위해서 인간은 자연스럽게 계약의 필요성을 인식한다는 것이다. 안전하게 살고 싶은 욕구, 자신의 생명을 유지하려는 욕구, 평화를 갈망하는 욕구는 모든 사람에게서 똑같이 발현된다. 홉스는 강한 사람이든 약한 사람이든 언제든지 죽임을 당할 수 있는 것이 자연 상태이기 때문에 전체의 안전을 위해 사회계약의 필요성은 누구 할 것 없이 공감한다고 말한다.

이처럼 안전과 평화를 갈구하기에 사회 구성원은 모두 자신을 지키기 위한 수단을 찾아 나서고 결국 정부를 발견한다. 즉 개인의 이기심 충족이 경쟁과 갈등, 전쟁을 낳기도 하지만, 안전하고 평화롭게 살려는 다른 차원의 이기심에 의해 다른 사람과의 합의, 즉 사회계약을 통한 시민사회와 법치주의, 정부를 탄생시키기도 하는 것이다. 경쟁적인 자연 상태에서 혼자 생명을 보존할 수 없음을 인식함으로써 공존의 길을 찾게 되는 것이다.

홉스가 제시한 사회계약은 사회 구성원들이 자발적으로 체결한 것이다. 이러한 계약에 의해 국가와 정부가 탄생한다. 계약의 주체인 사회 구성원들은 사회계약 이전에 보유했던 인간의 기본권을 정부에 양도하게 된다. 시민의 기본권 양도는 정부의 목표를 수행하기 위해 반드시 필요하다. 만일 사회 구성원의 기본권이 정부에 양도되지 않는다면, 시민의 안전을 해치는 법률 위반자까지도 처벌할 수 없게 된다. 법률을 위반한 사람도 기본권을 보유한 시민이기 때문이다. 하지만 홉스는 비록 정부가 사회 구성원의 계약에 의해 탄생했지만 일단 만들어진 정부는 사회 구성원의 합의에 의해 쉽게 해체될 수는 없다고 설명한다. 정부는 사회 구성원의 안전보장을 위해 사회계약에 의거하여 탄생했기 때문에 일반 시민의 안전보장, 법과 질서의 유지를 위해서는 강제력을 보유해야 한다. 침략을 당하거나 대재난이 발생하는 등 위급한 경우에는 국가 전체의 목적을 달성하기 위해 정부는 개인의 자유를 일부 제한할 수 있는 권한을 지녀야 한다.

홉스는 "칼 없는 계약"은 누구에게도 통하지 않는다고 했다. 인간은 원래 이기적이기 때문에 언제든지 사익을 추구하기 위해 자신이 맺은 합의까지 어길 수 있고, 사회는 결국 혼란에 빠질 것이다. 정부는 기본적으로 개인의 안전을 보장하고 혼란을 방지하기 위해 탄생한 만큼 이러한 평화를 보장할 수 있도록 강력한 힘을 가져야 한다는 것이다. 정부의 절대 권력은 개인의 반사회적인 행동을 억제할 수 있는, 즉 사회계약을 어긴 사람의 경우 자유를 구속하고 사회로부터 영원히 추방할 수 있는 강제력을 의미한다. 홉스는 사람들이 서로 협력하게 하기 위해서는 싫어하는 일까지도 강제력에 의해 수행할 수 있도록 해야 한다고 역설한다. 정부는 사람들이 자발적으로 계약한 합의를 해석하고 집행할 최종 판단자가 되어야 한다는 것이다. 정부가 강력한 권력을 보유하지 않을 경우, 사람들은 법의 형태로 표시된 사회계약을 자신의 이해에 따라 자의적으로 해석함으로써 사회 갈등과 혼란을 야기할 수 있기 때문이다.

이상의 논의로부터 홉스가 제시한 좋은 정부란 무엇인지 분명히 알 수 있다. 좋은 정부는 우선 정부의 존립 목표를 달성하는 정부이다. 정부의 존립 목표는 주권자의 사회계약 준수, 즉 법과 질서를 효과적으로 구현하는 것이다. 여기에서 법과 질서란 개인의 안전과 행복을 위한 구성원 간의 합의이다. 하지만 홉스가 제시한 개인의 안전과 행복은, 개인 차원의 이기적·합리적 안전과 행복을 넘어선 국가사회 전체 구성원이 합의한 공동의 안전과 행복이다. 또한 일단 인간이 국가를 형성하고, 국가 목표를 달성하기 위해 정부를 창조한 이상, 전체 구성원의 이익이 개인의 이익에 앞선다는 것이다. 따라서 전체 구성원의 안전과 행복이라는 공적 목표가 개인의 안전과 행복이라는 사적 목표에 앞선다고 말한다. 즉 홉스의 좋은 정부는 무엇보다 전체 구성원의 안전과 행복을 달성하는 정부이다.

다음으로 홉스가 말하는 좋은 정부는 강력한 힘을 가진 정부이다. 정부는 사회 구성원이 자신의 안전과 행복을 지키기 위해 자발적으로 정통성을 부여한 실체로서, 국가 유지와 공익 달성, 국가 통합을 유지하기 위해 강력한 힘을 보유하고 있어야 한다. 절대권을 부여받은 정부는 당연히 공익에 위협이 되는 어떤 세력도 단호히 물리칠 수 있는 강력한 힘을 행사해야 한다. 나라 안팎의 갈등과 혼란을 미연에 방지하고, 절대적 권위로 개인 간의 갈등을 해결할 수도 있어야 한다. 공익 수호를 위해 이와 관련된 문제를 해석하고 판단하고 집행하는 모든 권력을 부여받은 실체가 곧 정부이다.

또한 홉스의 좋은 정부는 국가 통합을 달성하는 정부이다. 홉스는 국가 전체의 공적 안전과 행복을 저해하는 개인의 이기적 행위가 언제든지 발생할 수 있음을 우려한다. 자신의 안전과 행복을 지키기 위해 정부를 탄생시키고, 주권의 일부를 정부에 양도한 이후에도 개인은 사사로운 이익을 위해 언제든 공익을 침범할 수 있기 때문이다. 공익을 수호하기 위해 합의된 공적 권위가 흔들리면 사회계약 이전의 상태, 즉 갈등과 혼란의 자연 상태로 회귀할 수 있다. 국가 통합이 항상 유지되어야 사회 변화에 따른 새로운 사회문제가 발생할 경우 구성원들이 또 다른 합의를 통해 새로운 공적 행위를 정의하고 정부에 임무를 부여할 수 있다.

홉스의 좋은 정부는 이러한 공적 사회문제, 즉 공공의 이익을 달성하는 정부이다. 사회에서는 구성원 모두에게 관련된 문제가 종종 발생한다. 이러한 사회문제는 개인이 해결할 수 없는 경우가 대부분이다. 또한 개인이 사회문제를 해결하려 할 경우 사적 이해관계에 얽매이기 때문에 갈등이 발생하고, 필연적으로 불공정한 결과를 초래한다. 정부는 이런 공적 활동을 공정하게 해결하기 위해 탄생한 실체이다. 홉스는, 정부는 공적 행위를 한다는 점에서 사적 행위를 하는 개인과 다르다는 점을 분명히 밝힌다.

마지막으로 홉스의 좋은 정부는 모든 사회 구성원을 평등하게 대우하는 정부이다. 정부 권력은 국가사회 모든 구성원의 자발적인 주권 양도에 의해 탄생했다. 모든 구성원의 권리가 공정하게 양도되었기 때문에 홉스의 사회계약에 의한 정부에는 특정한 사람에게 특권을 부여할 여지가 전혀 없다. 따라서 정부의 권한은 모두에게 평등하게 행사되어야 하고, 정부 운영 및 집행 결과 역시 평등하게 배분되어야 한다. 국가사회 전체의 안전과 행복, 통합, 발전 등 모든 공익의 혜택은 구성원 모두에게 공평하게 돌아가야 한다. 이런 의미에서 홉스의 좋은 정부는 강력한 권위를 보유한 정부, 공평한 정부이다.

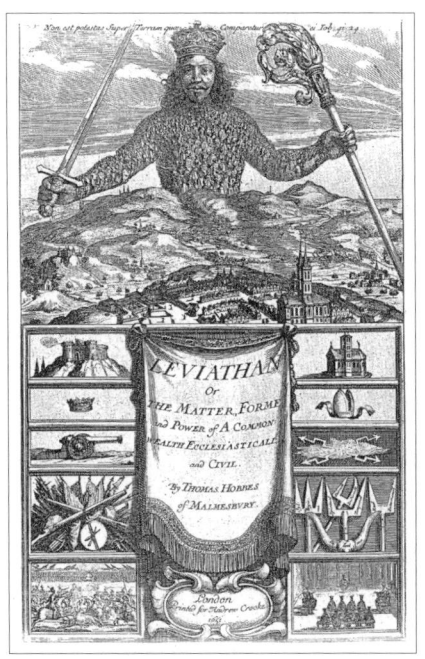

**《리바이어던, 혹은 교회 및 세속적 공동체의 질료와 형상 및 권력》(1651)의 표지 이미지**

홉스에 의하면 자연 상태에서 인간은 한정된 재화를 가지고 만인이 만인에 대한 투쟁을 벌이는 상태에 있다. 이러한 상태에서 벗어나기 위해 인간은 사회계약을 통해 자신의 자연권을 위임하는 별도의 주체를 만들게 된다. 홉스의 《리바이어던》 초판 표지에는 수많은 사람들이 모여서 만들어진 거대한 인간의 형상이 그려져 있다. 홉스가 리바이어던이라고 부른 이 거대 인간은 왕관을 쓰고 칼과 왕홀을 쥔 절대 권력자의 모습을 하고 있는데, 이는 인간들의 집합체와는 구분되는 강력한 국가 권력을 상징한다.

## 견제 장치 없는 무소불위의 권력

홉스는 정부가 왜 필요한지, 정부가 어떻게 탄생하고 어떤 능력을 보유해야 하는지, 그리고 어떤 일을 수행해야 하는지를 분명히 밝히고 있다. 개인은 자기 이익을 추구하기 때문에 전체 구성원의 이익, 즉 공익을 보장할 수 없다. 홉스는 개인과 정부, 사익과 공익의 차이를 분명히 밝혔다. 정부는 인간의 기본적이며 절대적인 가치인 생존과 사회 구성원 전체의 공익을 달성하기 위해 필요하다. 정부가 없다면 인간의 기본권, 자유, 평화, 행복 등을 보장할 수 없다. 홉스는 자신이 살던 시대의 무정부 상태에서 탈피하려 했으며, 시민의 안전과 행복을 위해서는 정부의 권한이 강력해야 한다는 점을 주장한 것이다.

홉스는 자신이 어머니로부터 생명과 공포를 동시에 받고 태어났다고 말했다. 그가 태어날 당시 세계는 전쟁 상태에 빠져 있어 모든 사람들이 죽음의 두려움에 휩싸여 있었다. 따라서 홉스는 16세기 말부터 17세기 초까지 지속된 전쟁과 혼돈, 급격한 사회 변화의 시대에 모든 사람들이 죽음의 공포로부터 탈출하기 위해서는 제도화된 정부가 필요하다는 점을 역설했다. 홉스는 모든 개인은 자신의 이익을 위해 최선을 다해 살아간다는 점을 근거로 사회 구성원 모두의 안전과 행복을 지키기 위해서는 마키아벨리가 주장한 강력한 통치가 제도화되어야 한다고 주장했다. 즉 공익을 수호하기 위해서는 개인 인격에 의지할 것이 아니라 정부의 제도화가 필요하다는 말이다.

오늘날 홉스의 견해를 고스란히 받아들이기에는 여러 가지 문제가 있다. 가장 큰 문제점은 그가 주장한 정부는 한번 탄생한 이후에는 통제할 방법이 없다는 것이다. 공익을 위한 업무 수행 과정에서 개인과 집단의 공무 수행 방해를 허용한다면 혼란과 갈등이 빚어지게 마련이라 정부는 강력한 권력을 보유할 필요가 있다. 그러나 정부가 공익을 위해 존재하고, 공익이 사익에 우선한다는 점을 인정한다 하더라도 정부가 무소불위의 절대권을 보유하여 일반 시민을 억압하는 것까지 허용할 수는 없다. 특히 홉스는 정부에 법 제정권, 법률 해석권, 법 집행권 등 입법, 사법, 행정권 모두를 부여할 뿐만 아니라 국가사회 구성원의 주권 전체를 양도해야 한다고 했다. 그러나 절대 권력의 위험성은 역사적으로 충분히 검증된 바 있다. 정부가 항상 공익을 위해 일하여, 시민의 자유와 행복을 증진시킨다 하더라도 정부의 절대권을 쉽게 인정할 수는 없다.

다음은 정부 주도의 한계이다. 홉스가 말했듯이 정부는 사회 구성원 사이의 사회계약의 산물이다. 그리고 사회 구성원들이 사회계약을 하는 이유는 생명 보전이라는 목표를 달성하기 위해서다. 사회계약에 의해 정부가 성립되었다는 것은 정부가 사회계약 사항을 준수해야 한다는 사실을 의미한다. 그러나 홉스의 논리로는 정부가 일단 성립된 이후에는 사회계약에 의해 모든 사회 구성원의 권리가 양도된 만큼 새로운 사회문제가 발생했을 경우 문제 해결의 주체는 정부이다. 물론 홉스는 강력한 힘을 가진 정부가 사회문제를 해결하고 공익을 촉진시킬 것이라고 보았다. 그런데 이러한 정부는 정부가 형성될 당시의 목표를 위해 제도화되었다는 점에 유념할 필요가 있다. 정부는 제도화된 무생물이고, 스스로 진화하는 생명체는 아니다. 제도화 당시의 문제를 해결하도록 설계되어 있기 때문에 새로운 문제에 대처하기 힘들다는 비판이 따른다.

정부는 규정된 공익을 수호할 수는 있어도 새로운 개념의 공익을 스스로 만들 수 없으며, 만들어서도 안 된다. 정부가 급격히 변화하는 현대의 사회문제에 적극 대처하여 해결책과 대안을 제시하기는 쉽지 않다. 정부는 외부의 자극이 없을 경우 안주하는 성향이 강하다. 누구도 알지 못하는 상황에서 정부가 주도하여 문제를 해결하는 경우는 역사에서 찾아보기 어렵다. 또한 정부 스스로 자신의 목표를 규정할 경우, 너무나 큰 위험이 따른다. 정부에 새로운 문제를 해결할 권한을 부여한 경우, 시민이 아닌 정부 권력을 쥐고 있는 실력자를 위해 힘을 사용하는 경우가 대부분이다.

따라서 새로운 사회문제에 대처하기 위해서는 주권자인 사회 구성원이 새로운 사회계약을 맺고, 정부의 목표와 업무 수행 방식을 새로 지정해주어야 한다. 정부가 탄생한 이후에 정부가 절대권을 갖는다고 해서 공익이 보호되는 것은 아니다. 홉스가 염려한 갈등과 혼란이 발생할 경우 사회 구성원들이 주권을 분명히 인식하고, 새로운 사회문제에 대처할 수 있도록 지속적으로 정부를 개혁해야만 정부가 주권자의 뜻, 즉 공익 달성을 위해 노력하게 된다. 시민의 기본권이 정부에 완전히 양도되는 경우 일반 시민은 정부의 노예가 될 개연성이 높을 뿐만 아니라 일반 시민들이 원하는 안전과 행복을 효율적으로 달성할 수도 없다.

평등에 대한 문제는 후세에 가장 크게 논란이 되었다. 홉스는 인간은 모두 자신의 안전과 정부의 필요성에 대해 똑같이 생각할 것이라고 전제한다. 하지만 설사 그렇다 해도, 정부의 역할을 부여하는 문제에 있어서는 생각을 달리할 수 있다. 정부가 더욱 큰 역할을 수행할 필요가 있다고 생각하는 사람들이 있는가 하면, 정부가 필요하기는 하지만 정부의 역할을 최소화하는 쪽이 바람직하다고 생각하는 사람들도 많다. 공익을 정의할 때도 공익의 범위를 국방과 치안 등 공동체 유지에 필요한 기능만으로 최소화하는 사람들이 있고, 행복 추구와 같은 개인적인 가치를 포함한 부분까지 확대하여 정의하는 사람들도 있다. 후세에 자유주의와 사회주의로 분리되는 치열한 이데올로기 논쟁은 바로 이러한 논점에서 출발한다.

과연 홉스의 정부가 모든 구성원을 평등하게 대하는가에 대한 지적도 나온다. 홉스는, 정부가 기본적으로 시민의 안전과 행복을 보장한다고 말했다. 특정한 개인의 사익이 아니라 모든 사회 구성원의 공익을 위해 정부가 기능한다는 것이다. 그러나 정부는 공익을 수행하는 과정에서 공정하지 않을 수도 있고, 업무를 수행할 때도 항상 모든 사회 구성원의 복리를 보장할 수도 없다. 따라서 정부가 모든 사회 구성원을 평등하게 대우하고, 공익을 위해 업무를 수행하기 때문에 정부에 절대권을 양도해야 한다는 주장은 문제가 있다. 정부가 보편적인 공익을 위해 평등하게 업무를 수행하지 않는다면 정부는 견제와 통제의 대상이 된다. 정부에 무조건 절대권을 부여해서는 안 된다.

## 제도로서의 정부를 말하다

홉스는 마키아벨리가 제시한 국가 간의 경쟁 관계를 개인 간의 관계로 확대 적용했고 통치자의 인격에 의지했던 정부 체제를 제도 차원으로 승화시켰다. 홉스의 대안 역시 비판의 여지가 있지만, 극심한 경쟁과 갈등이 벌어졌던 당시의 시대 상황을 우선 고려한 결과라는 점을 감안하면 오늘날에도 빛을 잃지 않는다. 특히 그는 합리적 인간관을 바탕으로 인간 행동을 과학적으로 분석했고, 주권이 일반 시민에게서 발생한다는 사실을 처음 제기했으며, 만민 평등을 근본으로 한 법치주의의 기초를 닦았다. 또한 개인과 정부, 사익과 공익을 구분하여 정부의 역할과 한계를 분명히 제시하는 등 현대 자유민주주의 국가의 토대가 되었다.

홉스가 현대 민주주의 발전에 가장 크게 영향을 미친 부분은 무엇인가.

첫째, 그는 개인의 합리성을 중심으로 정부 제도화의 필요성을 분석했다. 그는 무엇보다 무한 경쟁과 반목, 전쟁 상태의 불행에 빠진 인간 사회를 협력과 조화, 평화의 상태로 전환시키는 데 관심을 기울였다. 이 주된 힘의 원천은 바로 인간의 이기심, 인간 자체에 있다는 점을 지적했다. 인간의 이기심이 개별적으로 표출될 때 대립과 경쟁이 심화되는데 홉스는 살아생전 이를 생생히 목격했다. 홉스는 이기심을 버리라는 도덕적 충고 대신, 이기심을 승화시킬 것을 제안했다. 인간의 근원적인 이기심을 상호 인정하는 동시에 사람이라면 누구나 희구하는 안전과 평화, 행복 역시 이기심의 발현의 결과인 상호 협력에 의해 실현할 수 있다는 점을 일깨운 것이다. 정부는 이러한 인간의 이기심을 승화시킨 결과로 탄생한 제도적 장치인 것이다.

둘째, 홉스는 사회 구성원 모두가 국가의 주권자임을 처음으로 인정했다. 홉스 이전의 모든 철학자는 국가의 통합과 발전, 개인의 안전과 행복을 지켜줄 주된 행위자를 사회를 구성하는 일반 시민이 아닌 외부에서 찾았다. 플라톤은 당대에 가장 완성된 지식을 소유한 철인에게, 아리스토텔레스는 유능한 엘리트에게, 마키아벨리는 군주에게 기대를 걸었다. 이에 반해, 홉스는 개인의 안전과 행복을 위한 근원적인 행위자는 바로 개인 자신이라는 점을 분명히 하고 있다. 무한한 경쟁과 반목, 전쟁 상태를 종식시킬 수 있는가의 여부는 사회 구성원이 어떻게 합의하느냐에 달려 있다고 했다. 사회계약을 맺는 행위의 주체, 즉 주권자는 바로 사회 구성원 모두라고 선언한 것이다. 주권자가 어떻게 사회계약을 맺느냐에 따라 전쟁을 종식하고 자신의 생명을 보호하고 지속적인 행복을 찾을 수 있음을 지적한 것이다.

셋째, 홉스는 국가와 정부 체제에 대해 만민 평등의 법치주의의 당위성을 역설했다. 이기적인 인간이 사회계약을 맺을 수밖에 없게 된 배경에는 만민 평등이라는 사상이 있다. 육체적, 정신적으로 힘이 강한 사람이든, 약한 사람이든 전쟁과 평화를 선택하기 위한 실질적인 힘은 동등하다. 인간은 혼자 존립할 수 없기 때문에, 결국 사회 구성원 모두 동등한 입장에서 합의한 정부 체제 없이는 누구도 생명의 안전과 지속적인 행복을 추구할 수 없다는 점을 홉스는 논리적으로 제시했다. 사람 누구나 만민 평등을 인정해야 생명과 행복을 보장할 수 있는 사회계약을 체결할 수 있으며 평등한 법치주의의 보호를 받을 수 있다는 것이다.

넷째, 홉스는 개인과 정부의 차이, 사익private interest과 공익public interest의 차이를 분명히 함으로써 정부의 존립 이유뿐만 아니라 정부의 역할도 분명히 제시한다. 사회 구성원의 사익 모두를 합한다고 해서 공익이 되는 것은 아니다. 사회 구성원이 개별 이익을 추구했을 때 사적 영역에서는 개인의 이익이 극대화될 수도 있겠지만, 전체 공동체 차원에서는 경쟁과 갈등을 야기하고, 궁극적으로 구성원의 불행과 가난, 파괴로 이어진다. 즉 사회 구성원 모두의 합의에 의해 사회계약을 체결하기 이전의 상태는 사적 이익만이 지배하던 사회인 반면, 사회계약을 체결한 이후의 사회는 공익과 사익이 공존하는 사회이다. 홉스는 공익이란 바로 국가사회 전체 구성원의 이익이며, 정부는 이를 수호하는 역할을 담당한다고 밝혔다. 또한 공익은 사익에 우선되어야 국가사회가 유지되고, 사회 구성원의 공동 번영을 이룰 수 있다고 선언했다.

다섯째, 홉스는 정부의 절대권이 남용되거나 정부가 제대로 작동하지 못했을 때 국가사회 구성원의 저항권에 대한 해석의 여지를 남겼다. 그는 리바이어던Leviathan, 즉 정부라는 괴물은 필요에 의해 탄생한 존재이기 때문에 사랑받을 필요도, 경멸받을 필요도 없으며 필요에 따라 존재 여부를 결정하면 된다고 보았다. 다시 말해, 정부는 국가사회 구성원이 필요하다고 판단하면 지속되는 것이고, 불필요하다고 판단하면 사멸되어야 한다는 의미이다. 따라서 정부가 제 기능을 수행하는 경우에는 절대권을 부여받지만, 그렇지 못할 경우에는 언제든지 폐기되어야 한다는 뜻이므로 주권자의 저항권을 명시한 것으로 판단할 수 있다.

  이와 같이 홉스의 정부는 현대 민주주의 발전에 많은 기여를 하고 있다. 홉스는 개인의 기본권, 주권재민, 법치주의, 정부 역할 등의 기본 개념을 정립함으로써 현대 민주주의 정착과 수행에 필요한 제도적 장치를 마련하는 토대를 제공했다. 물론 홉스의 대안을 오늘날 그대로 사용하기는 어렵다. 하지만 홉스가 어떤 상황에서, 어떤 문제를 해결하기 위해, 어떤 대안을 제시했는가를 면밀히 살펴볼 필요가 있다. 홉스의 견해는 현대를 살아가는 우리에게 여전히 많은 것을 시사하기 때문이다.

# 05 로크의 최소 정부, 시민 저항권을 인정하다

*자신의 자유와 권리, 재산을 보호할 수 있는 최종 책임자는 자기 자신이다.*
*이 권리와 책임은 누구에게도 양도할 수 없고 양도해서도 안 된다.*
*한번 권리와 책임을 양도한 후에는 이것을 지킬 방법이 없기 때문이다.*
*– 존 로크*

## 인간 이성에 대한 신뢰

존 로크John Locke는 1632년 영국 서머셋에서 출생하여 1704년 일흔네 살의 나이로 사망했다. 당시 영국은 국왕을 중심으로 국가를 통치하려는 왕당파와 이에 맞서 의회 민주주의를 실현하려는 새로운 세력이 첨예하게 맞서고 있었다. 1660년 청교도혁명이 발생했고, 1688년 명예혁명을 통해 국왕 제임스 2세가 축출되었으며, 1689년 권리장전이 통과되었다. 이로써 국왕의 절대권이 무너지기 시작했고, 의회 중심으로 시민의 기본권 보장과 같은 주요 법률이 제정되는 등 민주주의의 토대가 마련되었다. 아울러 이러한 급격한 사회 변화에 따라 시민들의 기본 가치관과 정부에 대한 의식에 일대 전환이 일어났다.

로크는 근대 자유주의의 창시자이자, 후대에 가장 큰 영향력을 미친 계몽주의 시대 철학자로 평가된다. 국왕이라도 시민의 기본 권리를 침해할 수 없다는 천부인권론을 주장했고, 재산권을 노동권과 결부된, 양도할 수 없는 시민의 기본권으로 정의하여 자본주의가 발전할 수 있는 철학적 토대를 제공했다. 로크의 자유주의 사상은 미국 독립혁명에 절대적인 철학적 기초를 제공했다. 미국의 독립 이후 헌법 제정에 참여했던 알렉산더 해밀턴Alexander Hamilton, 제임스 매디슨James Madison, 토머스 제퍼슨Thomas Jefferson 등의 사상에 심대한 영향을 미친 사람으로 평가된다.

로크의 국가와 정부에 대한 견해는 홉스와 비교하면 더욱 명확해진다. 로크는 홉스와 같이 인간은 이기적으로 행동하며, 인간의 능력은 모두 평등하다고 했다. 그러나 홉스와 달리, 인간 본성이 이기심만이 아니라 이성과 절제tolerance에 의해 좌우된다고 봤다. 인간은 이기적이기도 하지만, 이성에 의해 자신의 이기심을 절제할 능력도 갖고 있다는 것이다. 로크는 인간은 자신의 생명·건강·자유·재산을 방어할 수 있는 능력을 보유하고 있을 뿐만 아니라 시민사회를 형성하여 공동체 전체의 공익까지도 달성할 수 있는 능력을 가졌다고 말했다. 사람들 사이에 벌어지는 경쟁과 갈등, 반목은 각자의 노력에 따라 해결할 수 있다는 것이다.

따라서 로크는 정부가 필요하긴 하지만, 개인 간의 갈등이 발생하는 예외적인 경우에만 필요하다고 지적했다. 홉스는 절대권을 가진 정부와 무정부 중에서 하나를 선택해야 함에 따라 정부에 절대 권력을 부여해야 한다고 주장했지만, 로크는 정부가 없다고 해도 인간의 문제를 인간 스스로 해결할 수 있는 여지가 있다고 했다. 그럼에도 불구하고 인간이 정부를 만든 이유는 국방과 치안같이 정부가 수행하는 쪽이 더 효율적인 업무도 있기 때문이라고 설명한다. 즉 정부가 반드시 존재해야 할 이유는 없고, 이에 따라 정부에 절대 권력을 부여하여 시민의 자유가 침해될까 걱정할 필요도 없다고 주장한다. 로크에게 정부는 필요에 따라 권력을 부여하고, 해체할 수도 있는 선택 사항이다.

 정부를 보는 로크와 홉스의 시각은 판이하게 다르다. 로크는 홉스와 달리 정부를 위험한 존재로 인식했다. 예외적으로 정부가 필요할 때도 있지만 강력한 정부 권력은 언제든지 개인을 억압할 수 있기 때문에 견제 장치를 마련해야 한다는 것이다. 이와 같이 인간이 처한 상황과 인간에 대한 가정, 정부에 대한 인식 등 모든 측면에서 홉스와 로크의 생각은 근본적으로 다르다. 이에 따라 로크의 나쁜 정부와 좋은 정부의 관점 역시 홉스와는 차이가 있다. 로크는 인간의 긍정적인 성향이 국가사회의 발전을 이끌며, 대부분의 사회문제는 인간 스스로 해결할 수 있으니 정부의 역할을 가급적 최소화해야 한다고 주장했다.

: 로크의 나쁜 정부
## 큰 정부는 왜 위험한가

 인간 본성에 대한 로크의 기본 가정은 홉스의 이론과 유사한 점이 있다. 인간의 이기적이고 합리적인 성향으로 인해 개인은 각자의 이

**〈찰스 1세의 처형〉(1649)**

로크가 살았던 시대는 절대군주제가 안고 있던 문제들이 드러나면서 왕당파와 의회파가 첨예하게 맞서던 혼란의 시대였다. 왕의 절대 권력에 대항하는 청교도 혁명과 세 차례에 걸친 내전, 재판을 통한 왕의 처형 등을 겪으며 영국에서는 국왕의 절대권이 무너지고 의회를 중심으로 시민의 기본권 보장과 같은 주요 법률이 제정되는 등 민주주의의 토대가 마련되었다. 아울러 시민들의 기본 가치관과 정부에 대한 의식도 급격한 사회 변화에 따라 일대 전환을 맞게 된다. 재산권·노동권과 같은 시민의 기본권과 천부인권론을 정의한 로크의 자유주의 사상 또한 이러한 시대적 분위기와 호흡을 같이 하고 있다.

익과 행복을 최대화함으로써 타인과 갈등을 빚고 각종 사회문제를 일으킨다는 것이다. 홉스는 이러한 개인 간의 투쟁과 갈등, 사회문제를 우선 해결해야 할 문제로 인식했고 이 때문에 절대권을 지닌 정부가 필요하다고 주장했다. 이러한 측면만 놓고 보면 로크도 홉스의 의견에 동의한다.

그러나 로크는 홉스처럼 정부의 필요성에 대한 절대성을 인정하지는 않는다. 홉스의 경우 정부가 사회 구성원의 안전과 평화를 유지한 후에야 비로소 개인이 자신의 행복을 찾아갈 수 있다고 본 반면, 로크는 전쟁 상태의 극단적인 경우를 제외한 대부분의 상황에서는 정부의 도움 없이 개인 스스로 대부분의 문제를 해결할 수 있다고 생각했다. 즉 홉스는 전쟁 상태라는 극단적인 경우에만 생존을 위해 정부의 탄생이라는 사회계약이 체결되리라고 가정한 반면, 로크는 전쟁 상태뿐만 아니라 일상적인 생활에서도 자신의 이익을 수호하기 위해 개인들끼리 다양하게 협력하리라고 보았다. 즉 정부 수립뿐만이 아니라, 개인의 이익 수호와 다양한 갈등 해결을 위해 개인은 언제든지 사회계약을 체결할 수 있다는 말이다.

따라서 로크는 사람들 간에 스스로 문제를 해결할 수 없는 상황, 즉 분쟁이 발생했을 때에만 중립적인 심판자 역할을 하는 정부를 기대했다. 오히려 로크는 정부가 제한된 역할을 수행한다는 최초의 협약 이상의 권력을 보유하는 사태를 우려한다. 로크는 "다른 사람으로부터 절대 권력을 얻으려는 사람은 자기 스스로 전쟁 상태에 빠지게 된다. 내 동의 없이 나에게 권력을 행사하려고 하는 사람은 자신을 기쁘게

하기 위해 나를 이용할 것"이라고 하면서 절대 권력을 경계했다. 로크의 사회계약은 인간의 원초적인 자유경쟁을 보호하기 위한 제도이다. 로크는 인간의 자유에 대해 타고난 능력에 따라 자유경쟁을 한 결과 형성된 재산을 자유롭게 이용하는 것이라 정의했다.

로크는 홉스가 제기한 전쟁 상태를 예외적인 경우로 본다. 법을 침해하는 사람이 있기는 하지만 흔치 않다는 것이다. 사람은 이성을 소유한 존재로서 "어느 누구도 다른 사람의 생명과 신체, 자유, 소유물을 해치지 않을 것으로" 생각했다. 따라서 정부가 인간의 자유와 재산권에 우선할 수 없고, 우선할 필요도 없다. 자신의 행동을 정하고, 자기 소유물을 사용하는 것은 신이 부여한 인간의 권리이며, 정부의 탄생 역시 이러한 권리 사용의 한 방법이라는 것이다. 이러한 측면에서 로크는 가능하다면 개인의 행위를 제한하는 모든 법을 철폐하고 개인의 무한한 자연권을 확립하는 것이 바람직하다고 주장했다. 정부가 강력해지면 장기적으로는 인간에게 부여된 자연법, 즉 인간의 기본권을 침해할 테고, 자기 재산을 사용할 자유를 제한할 것이기에 정부 권력은 최소화해야 한다는 것이다.

따라서 로크의 나쁜 정부는 통제되지 않는 절대권을 가진 정부이다. 로크는 절대권을 지닌 정부가 일반 시민의 자유와 행복을 보호하는 것은 예외적인 경우이고, 대부분 시민을 억압한다고 보았다. 실제로 로크가 활동하던 시기에 영국 국왕은 시민권을 억제하고 시민의 동의 없이 일반 시민의 재산에 세금을 부과했으며, 의회파는 이러한 국왕의 절대권을 제한하려 했다. 국왕은 절대권을 행사해 외국의 침략을 물리치고, 일반 시민의 자유와 행복을 증진시킨 것이 아니라 오히려 억압했다. 이런 상황에서 로크는 통제되지 않는 정부가 얼마나 위험한가를 절감한 것이다.

다음으로 로크가 지적한 나쁜 정부는 주도하는 정부이다. 로크가 바라본 인간은 탐욕스럽고 이기적이기는 하지만 이성에 의해 끊임없이 발전하는 모습을 보여주기도 한다. 로크는 통치의 대상이 아니라 통치의 주도자로서의 인간 본성을 발견한 것이다. 정부가 통치의 주도권을 갖는다면 홉스가 주장했듯이 소극적인 자유와 행복을 일시적으로 누릴 수 있을 것이다. 그러나 로크는 인간의 이성이 끊임없이 변화·발전한다고 보았다. 인간은 보다 자유롭고 행복한 세계를 추구할 수 있는 능력을 보유한 존재인 것이다. 고정된 틀을 갖춘 정부는 이렇게 변화하는 이성을 보유한 인간의 자유와 권리, 행복을 보장하기에 한계가 있다. 정부는 지속적으로 새로운 변화를 추구하는 일반 시민의 요구에 대응할 수 없다. 고정된 제도적 틀을 소유한 정부가 통치를 주도하면, 업무를 효과적으로 수행하여 일시적으로는 일반 시민의 요구에 부응할 수는 있으나, 길게 보아 변화하는 상황에 유기적으로 대응할 수는 없다.

이러한 차원에서 개혁하지 않는 정부는 나쁜 정부이다. 인간의 이성이 지속적으로 변화·발전하는 만큼 인간 사회에는 새로운 도전이 계속 밀려온다. 새로운 사회문제가 발생했다면 해결해야 한다. 기존의 법과 제도로 사회문제를 해결할 수 없다면 이를 개혁해야만 사회 구성원이 새로운 질서 아래에서 행복을 영위할 수 있다. 로크는 근본적으로 변화하는 이성을 가진 인간이 제도 개혁의 주체가 될 수 있다고 선언했다. 따라서 정부의 틀을 변화시키는 동력 역시 사람에게서 찾는다. 이성의 발전에 따른 인간 사회의 변화와 발전에 맞추어, 이를 뒷받침할 수 있는 정부 제도 역시 지속적으로 개혁해야 한다.

: 로크의 좋은 정부
## 역할과 권력이 명확히 규정된 정부

로크 역시 사회계약에 의해 성립한 정부의 목표는 인간의 자유와 행복을 보장하는 것이라고 했다. 로크의 접근 방법은 당시의 시대 상황과 밀접히 연결되어 기존의 철학자들과는 매우 다르게 나타난다. 자유로운 이성을 가진 인간은 자유와 행복을 추구할 권리가 있고, 문제를 스스로 해결할 수 있다. 따라서 사회문제 해결 방식이나 정부를 포함한 제도화는 교육과 학습을 통해 지속적으로 갱신해야 한다는 것이다.

로크는 인간의 이성을 중심으로 사회를 바라보았다. 인간은 이성을 통해 개인의 극단적인 이기심만을 충족시키는 것이 아니라, 사회 공동체를 구성해 차원 높은 행복을 누릴 수 있다는 것이다. 사회 변화에 따라 새로운 사회문제가 발생하면 사람들은 서로 협의하여 공동의 행복을 증진할 수 있는 방안을 마련하는데, 정부를 탄생시킨 사회계약은 이러한 공동 협력의 연장에 불과하다는 것이다. 즉 정부가 탄생해야 개인의 자유와 권리, 행복이 보장되는 것이 아니라, 정부 없이도 인간은 이성적 판단에 의해 스스로 자유와 행복을 찾을 수 있다고 봤다. 로크는 인간 이성의 힘을 확대한 것이다.

또한 로크는 인간 이성의 원천인 자아$^{self}$의 개념을 정립했다. 그는 자아란 지속되는 양심으로, 정해진 의견이 없는 백지 상태에서 출발한다고 주장했다. 이러한 주장은 인간은 타고난 원죄가 있다는 아우구스티누스의 기독교 관점, 또는 근본 진리를 추구할 수 있는 논리가 있다는 르네 데카르트의 철학과 정면으로 배치된다. 로크는 인간의 지식은 인식으로부터 출발한 경험에 의해서만 결정된다고 했다. 이는 인간의 본성이란 고정 불변하지 않으며 교육에 따라 결정된다는 의미이다. 정부의 필요성을 예로 들어보자. 인간의 본성이 이기적이고 합리적이어서 정부가 필요한 게 아니라, 인간의 본성이 상대적이기 때문에 정부가 필요할 수도 있고, 필요하지 않을 수도 있다는 것이다. 따라서 로크에게는 좋은 정부의 절대적인 상이 있을 수 없다. 인간의 이성이 교육과 경험에 의해 진보하는 만큼, 인간이 선택한 사회구조와 정부의 틀도 진보해야 하는 것이다. 즉 좋은 정부란 사회 변화와 발전에 따라 제도적 틀을 지속적으로 개혁하는 정부이다.

로크가 보기에 인간은 사회의 주인으로서 천부인권을 보유한 주권자가 되어야 했다. 그는 천부인권을 누구에게도 양도할 수 없는 권리$^{inalienable\ right}$라고 정의하고, 이 범주에 생명권, 자유권, 재산권 등을 포함했다. 이러한 정의는 홉스와는 두 가지 점에서 다르다.

첫째로, 개인은 사회계약 이후에도 주권을 정부에 이양하지 않는다. 이성을 보유한 개인이 주권을 가지고 지속적으로 사회 변화에 대응해야 하기 때문이다. 따라서 로크는 홉스와 달리 정부의 절대 권력을 인정하지 않았고, 인정할 수도 없었다.

둘째로, 로크는 양도할 수 없는 권리에 재산권을 포함시켰다. 그는 사유재산을 개인의 노동가치가 투자된 결과물로 보았다. 재산이란 자연 상태로는 사회적으로 가치가 거의 없던 것이 노동 과정을 통해 가치가 부여된 것으로 자유의지의 표현이며, 신성한 노동의 결과라고 파악했다. 재산의 소유권은 노동의 실천을 통해 창조된 권리로, 정부 이전에 존재하는 것이기에 정부는 독단적으로 개인의 재산을 처분할 수 없다고 주장한다. 정부는 사회 구성원이 사회계약을 통해 부여한 권한만을 행사해야 하며, 새로운 문제가 발생했을 경우에는 사회 구성원 간에 새로운 사회계약을 맺음으로써 문제를 해결해야 한다. 또 정부보다 자유권과 재산권이 포함된 개인의 기본권이 우선이라고 했다.

로크는 인간의 평등에 대해서도 이성의 연장선상에서 이해했다. 사람은 누구나 문제를 스스로 해결할 수 있는 평등한 존재이기 때문에 자신의 운명은 스스로 선택하고 개척한 결과라는 것이다. 어떤 인생을 살아가든 그것은 자신이 선택한 결과이기 때문에 사람들 사이의 불평등은 있을 수 없다. 물질적 부로 인해 개인이 행복해지고 전체 인간 사회가 더욱 행복해진다면 사람은 누구나 자신과 전체 사회의 행복을 증진하기 위해 노력할 터이다. 따라서 로크는 평등한 능력을 보유한 개인이 자신의 선택에 따라 자유롭게 행동할 수 있도록 최대한 간섭하지 않는 정부가 가장 좋은 정부라고 보았다.

로크 역시 정부가 필요하다는 사실을 인정했다. 그는 "자연 상태의 불편함을 적절히 치유할 처방 수단이 필요하며, 이러한 문제를 해결하기 위해 사람들은 시민사회를 만들었다"라고 했다. 즉 정부 권력은 사회계약 이후에 법을 지키지 않는 범법자를 처벌하기 위한 특별한 경우에 한하여 요구되고, 정부는 시민사회에서 갈등이 발생했을 때 중립적인 심판자 역할을 수행하도록 수립된 것이다. 사람들이 자신의 문제를 스스로 판단하는 경우 객관성을 잃고 한쪽으로 치우칠 수 있으며, 이로 인해 갈등이 증폭될 수 있기 때문이다. 또한 사회계약만으로는 모든 갈등 상황에 대응하기 어려운 경우가 있을 수 있다. 이런 경우에는 정부 권력이 분쟁을 막을 수 있기 때문에 정부의 필요성을 인정한 것이다.

그러나 로크는 이러한 예외를 제외하고는 정부의 역할을 제한할 것을 주장했다. 정부란 독점 권력을 소유하게 되기 때문에 언제든 독단적일 수 있다는 점에서 정부 권력의 위험성을 경고했다. 따라서 정부 권력은 항상 통제되어야 하고, 정부의 역할은 명확히 명시되어야 한다. 인간의 자유와 재산을 보호해야 할 최종 책임자는 결국 권리를 보유한 개인이고, 이러한 권리와 책임은 누구에게도 양도할 수 없다. 요컨대 로크의 좋은 정부는 주권자인 시민의 기본권을 침해하지 않는 정부이고, 시민이 부여한 임무인 법질서를 유지하는 정부이며, 그 역할과 권력이 명확히 규정되고 통제된 정부인 것이다.

## 로크의 '시민' 개념이 지닌 시대적 한계

로크는 마키아벨리와 홉스를 비롯한 이전의 어느 철학자보다 더 철저하고 냉철하게 현실을 분석하여 주권자인 개인을 중심으로 한 정부의 대안을 제시했다. 사회를 구성하는 모든 개인이 주권자이고, 국가와 정부가 주권자인 개인의 자유와 행복을 위해 존재한다면, 권리에 따른 책임 역시 개인이 져야 한다는 것이다. 그는 개인의 자유와 행복을 위해 절대적인 통치자의 힘이나 정부 제도에 의존하지 않았다. 자신의 자유와 행복을 지키는 보루는 결국 개인인 것이다.

또한 그는 절대적인 원칙이나 법칙 같은 모든 절대성을 부정했다. 플라톤과 아리스토텔레스의 도덕적 국가, 마키아벨리와 홉스의 절대적 통치자와 정부 권력뿐만 아니라 주권자인 개인의 절대성도 부정하고, 상대성을 인정했다. 그는 국가와 정부를 이끄는 중심축이 개인의 주권과 이성이라고 주장하면서도 개인의 주권과 이성의 절대성을 부정하는 대신 상대성을 받아들였다. 또 인간의 이성이 절대적으로 완전하지 않고, 개인의 자유와 행복이 절대적으로 주어진 것도 아니라고 했다. 개인의 자유와 행복을 보장받기 위해서는 지속적으로 노력해야 한다는 것이다. 사람들이 자신의 부족함을 인식하고 교육과 경험을 통해 부단히 지식을 축적하고 제도를 개선해야 스스로 자유와 행복을 찾을 수 있다는 것이다.

이렇게 인류에게 새로운 시각을 제시한 로크의 대안 역시 후세에 다양한 비판을 받고 있다. 우선 모든 사회 구성원이 자유롭고 평등하게 태어났다는 로크의 자유주의에 대한 비판이다. 로크는 모든 개인이 평등한 능력을 부여받고 태어났기 때문에 자유로운 이성에 의해 자신의 운명을 선택하고 개척할 수 있도록 해야 한다고 주장한다. 모든 사회 구성원이 자유롭게 자신의 능력을 발휘할 때 개인뿐만 아니라 국가사회가 발전하며, 이러한 결과로 사회 구성원 모두의 자유와 행복이 보장될 것이라고 보았다. 따라서 정부는 개인이 자유롭게 능력을 발휘하도록 해야 하며, 개인 간의 갈등이 발생하는 예외적인 상황을 제외하고는 모든 규제를 철폐해야 한다.

그러나 국가사회 모든 구성원이 평등하다는 전제는 받아들이기 어렵다. 선천적으로 장애를 안고 태어난 사람들이 있고, 태어날 때부터 많은 능력과 특권을 지닌 사람들도 있다. 개인의 능력과 환경뿐만 아니라 살아가면서 온갖 여건에 의해, 법과 제도에 의해 어떤 사람들은 자신의 능력을 최대한 발휘하는 반면, 어떤 사람들은 날개조차 펼치지 못한다. 아무리 노력해도 불행에서 헤어나지 못하는 사람도 있고, 별 노력 없이도 너무도 좋은 환경 속에서 축복받고 일생을 살아가는 사람들도 있는 것이다. 로크의 주장대로 자신의 능력을 발휘할 수 있도록 모든 사회 구성원에게 자유를 부여한다고 해서 모든 사람들이 자유와 행복을 찾을 수는 없다.

후세에 루소와 마르크스가 비판했듯이 사람들이 불평등하게 태어났기 때문에 법과 제도 등 인간이 형성한 국가사회의 틀 안에서 불평등이 심화되기도 한다. 빈익빈, 부익부가 심화되고, 소수만이 실질적으로 정치에 참여하여 자신들에게만 유리한 국가사회 구조를 고착시키기도 한다. 참여민주주의자들의 주장대로 정부가 인위적으로 소외된 다수를 정치 과정에 참여시키지 않고, 불평등한 경제 상태를 개선하지도 않는다면 계층 갈등을 완화하기는 어렵다. 따라서 개인이 평등하게 태어났다는 로크의 주장은 받아들이기 어렵다. 개인이 스스로 인간 사회의 문제를 해결할 수 있다고 볼 수도 없다.

둘째, 사회문제를 구성원 스스로 해결할 수 없다는 점에서 로크의 정부관은 비판을 받는다. 로크는 대부분의 사회문제를 구성원 스스로 협력하여 해결할 수 있다는 점을 전제로 최소한의 정부를 주장했다. 교육과 경험을 통해 학습함으로써 대부분의 개인 문제는 개인의 노력으로, 사회 공동의 문제는 구성원의 협력을 통해 해결할 수 있다는 것이다. 갖가지 사회봉사 단체, 종교 단체, 비영리 단체의 존재는 로크의 시각을 뒷받침한다. 그러나 인류애를 추구하는 다양한 사람들과 집단의 인간애 물씬한 노력이 있지만 이러한 사회봉사를 이행하는 엘리트는 소수이며, 이들만의 노력으로 모두가 인정하는 바람직한 세상을 만들기는 역부족이라는 비판이 더 거세다. 버림받고 태어난 사람과 경쟁에서 낙오된 사람 중에서 자신의 노력만으로 자유와 행복을 되찾은 사람은 소수이고, 절대 다수는 최소한의 권리조차 행사하지 못하고 있다.

더욱 중요한 것은 개인의 자유와 평등뿐만 아니라 의식주 역시 모든 사람이 반드시 누려야 할 기본권이라는 점이다. 누구라도 굶주림과 추위를 면해야 하고, 몸이 아프면 의료 혜택을 받아야 하며, 교육도 받아야 한다. 그런데 로크의 자유주의는 이러한 기본권을 인정하지 않는다. 기본권이 제도적으로 보장되지 않고 봉사단체의 자비에 맡겨질 때 인권의 사각지대가 발생한다.

셋째, 논리적으로 공익은 사익과 다르다는 점이다. 홉스의 주장에 따르면 정부는 개인의 이익과는 다른 사회 전체의 이익을 수호하기 위해 탄생했다. 이 점은 로크도 인정했다. 로크의 주장을 있는 그대로 표현하면, 사회 공동체의 공익 문제도 이성을 가진 개인 간의 협력에 의해 대부분 해결할 수 있고, 해결이 안 되는 문제에 한해 정부에 맡긴다는 것이다. 그러나 개인이 해결할 수 있는 문제와 해결할 수 없는 문제가 무엇인지 경계가 불분명하다. 또한 개인들 간에 해결되지 않은 문제를 정부에 맡기기도 쉽지 않은 것이, 여기에도 개인들 간의 협력이 요구되기 때문이다. 그리고 현대사회에는 국방과 치안뿐만 아니라 긴급히 해결해야 할 문제들이 많다. 사실 어떤 사회문제든 사회 구성원의 의견 통합에는 너무도 많은 시간이 요구된다. 개인에게 공적 문제를 해결하라는 말은 해결하지 않겠다는 소리나 마찬가지일 때가 더 많다.

넷째, 노동의 결과인 물적 재산이 개인적 가치인가, 사회적 가치인가의 문제이다. 로크가 주장한 바와 같이 개인이 수행한 노동의 가치는 순수하게 개인의 것이라는 사실은 누구도 부정하지 않는다. 그러나 노동의 결과인 물적 재산이 완전히 개인에게 속해야 하는가에 대해서는 논란의 여지가 크다. 노동을 할 것인가, 하지 않을 것인가는 순수하게 개인의 선택에 달린 문제다. 그리고 인간이 사회를 형성하기 이전이라면 개인이 선택하여 제공한 노동에 의해 발생된 가치는 개인의 소유가 되어야 마땅하다. 물론 인간의 공동사회에서도 순수하게 개인의 노력으로 재산 가치를 형성할 수는 있다. 이 경우 당연히 개인의 노력은 개인에게 속해야 할 것이다.

하지만 사회가 형성된 이후에는 개인이 제공한 대부분의 노동의 결과는 많은 사람의 공동 노력에 의해 발생한다. 인간이 사회적 동물이듯이 노동의 가치 역시 사회적 가치일 가능성이 높다. 현대사회에서 개인이 혼자 힘으로 할 수 있는 일은 거의 없다. 기본적인 의식주 문제도 다른 사람의 도움을 받지 않고는 해결할 수 없다. 어떠한 노력도 공동사회의 협력 없이는 결과물인 재산의 형태로 나타날 수 없다. 개인이 소유한 재산은 순수하게 개인 노동의 가치로 인정받기 어렵다. 재산권이 인간의 기본권임을 부정할 필요는 없지만, 엄밀하게 따지자면 어떤 재산도 개인 소유로 완전히 분리해내기는 어렵다. 따라서 개인이 소유한 재산을 신성불가침한, 양도할 수 없는 권리로 인정함으로써 정부가 관여할 가능성을 완전히 배제할 수는 없다. 즉 개인 노동의 결과로 가치가 높아지고 재산이 늘어난다는 점을 인정하더라도, 사회계약에 의해 형성된 정부가 예를 들어 부를 재분배하는 식으로 개인의 재산권에 관여하는 것이 인간의 기본권을 침해하는 조치라고 할 수는 없다.

이상과 같은 문제가 있음에도 로크는 개인이 사회문제를 스스로 해결할 수 있다고 주장했다. 여기에서 로크가 언급한 개인, 즉 시민citizen이 누구일까를 생각해보자. 로크가 생존했던 시대의 시민은 현대 민주주의 시대의 시민과는 다른 개념이었다. 그리스, 로마 시대부터 근대 민주주의 시대까지 시민은 시민으로서의 의무를 다 하는 사람을 지칭한다. 국가 위기 시 국방의 의무를 할 수 있는 사람, 국가를 유지하기 위한 비용인 세금을 내는 사람을 말한다. 게다가 국정에 참여하여 도움이 되는 의견을 낼 수 있는 최소한의 교육을 받은 사람, 즉 글을 읽을 수 있는 사람이어야 한다. 로크의 주장은 시민으로서의 의무를 다해야 시민의 권리를 부여하겠다는 합리적인 사고에서 나왔다. 시민을 이렇게 정의하면, 당연히 여자가 제외되고, 어린이가 제외되며, 노예도 제외되고, 세금을 낼 재산이 없는 사람도 제외되며, 교육을 받지 못한 사람도 제외된다. 이들을 제외하면 소위 특권층만 남는다. 그리스와 로마 시대 민주주의도 이들만이 발언권을 가지고 투표에 참여하는 제도였다. 로크가 활동했던 당시 영국에서 이러한 시민은 전체 인구의 3~5퍼센트에 불과했다. 이렇게 시민을 한정하면, 이들은 자유롭게 능력을 발휘함으로써 자신의 자유와 행복을 추구할 수 있을 것이다. 이들에게 로크의 자유와 평등, 양도할 수 없는 권리인 재산권을 적용한다면, 자신의 행복뿐만 아니라 국가사회의 문제를 해결해 나갈 수 있을 것이다. 그러나 세상에는 이들 엘리트만이 존재하는 것이 아니다. 이러한 이유로 현대 민주주의 관점에서 로크가 제시한 정부 대안을 그대로 받아들이기는 어렵다.


### 견제와 균형 그리고 회의주의

정부에 관한 로크의 대안은 철저히 개인 중심의 세계관을 바탕으로 형성되었다. 그는 자유주의적 사고에 기반을 두고 인간의 자유와 권리, 행복을 증진하기 위해서는 결국 개인의 지속적인 노력이 요구된다는 점을 분명히 밝혔다. 또한 그 전에는 논의되지 않았던 재산권을 인간의 기본권에 포함함으로써 행복을 증진하려면 자유경쟁으로 생산성을 높여야 한다는 점을 일깨워주었다. 국가사회를 발전시키고 개인의 행복을 추구하기 위해서는 정부에 기대는 것보다 스스로의 노력이 무엇보다 중요하다고 주장한 것이다. 스스로 자신의 자유와 권리를 보호해야 하고 누구도 이를 대신해줄 수 없다는 것이 철저한 자유주의자, 로크의 주장이다.

오늘날의 관점에서 볼 때 로크가 제시한 자유주의적 정부 모델로 국가사회 구성원들의 동등한 자유와 행복을 보장하는 데에는 문제가 있다. 왜냐하면 그의 모델은 자신의 인생을 스스로 이끌 수 있는 소수의 엘리트를 대상으로 제시된 것이기 때문이다. 그럼에도 불구하고 로크의 대안은 오늘날 국가 및 정부의 역할과 구조를 생각하는 이들에게 매우 큰 영향을 미치고 있다.

로크의 영향 가운데 가장 중요한 것은 자유주의에 입각한 개인의 역할을 부각한 점이다. 인간을 천부인권이 부여된 수동적인 객체로 바라보지 않고, 모든 개인은 자신의 운명을 스스로 개척할 수 있는 적극적인 주체임을 선언한 것이다. 인간의 자유와 행복은 마키아벨리의 통치자 또는 홉스의 절대 정부가 보장해주는 것이 아니라, 인간 스스로 창조해 나가야 한다는 것이다. 자신의 운명을 스스로 개척하고 가꾸었을 때 진정한 자유와 행복을 찾을 수 있다. 자신도 이룰 수 없는 자유와 행복을 정부가 찾아줄 리 없고, 찾아줄 수도 없다는 것이다.

로크는 주권자의 권리 보장에는 그만한 책임이 따른다는 사실을 선언했다. 냉정히 말해서 자신의 운명을 책임지지 못하는 사람에게까지 주권자의 권리를 부여할 수 없다는 말이기도 하다. 국가사회 발전에 책임을 다하지 않는 사람에게 주권자의 권리를 부여한다면 사회의 미래를 보장할 수 없다. 국가사회는 구성원이 전력을 다해 협력해도 잘 유지되기가 어렵다. 그런데 사회 구성원의 일부가 어떤 이유에서든 책임을 회피하기 시작하면 자신의 책임을 다하던 사람들까지 손을 놓게 되는 것이 현실이다. 로크의 이러한 지적은 국가사회가 유지되기 위해서는 모든 주권자가 자유와 책임을 다할 수 있는 상태로 발전할 필요가 있다는 의미로 해석된다. 아리스토텔레스가 언급했듯이 국가사회의 모든 구성원이 기본적인 교육과 재산을 보유하여 자신의 운명을 스스로 이끌 수 있는 중산층이 된다면 로크의 자유주의에 의한 자유와 행복을 만끽할 수 있을 것이다.

또한 로크는 재산권을 인간의 기본권에 포함했다. 실제로 사람이 자유롭고 행복한 삶을 영위하기 위해서는 어느 정도 이상의 재산이 반드시 필요하다. 국가 간의 전쟁과 개인 간의 갈등을 유발하는 원인은 대부분 물질의 소유와 배분 때문이다. 실질적으로 재산의 축적과 생산성의 증가는 삶의 질을 높인다. 개인뿐만 아니라 국가 공동체 전체의 생산성을 높여야만 삶의 질과 행복이 증진된다. 물질 생산성은 자유가 확립되었을 때 비약적으로 높아진다. 현실적인 인간의 행복을 증진시키기 위해서는 개인의 자유와 재산권 확립이 절대적으로 요구된다. 기본적으로 인간은 자신이 잘살기 위해서 노력한다. 돈과 재산이 자기 것이 되어야 노력하는 법이다. 이러한 차원에서 로크는 인간의 자유와 행복, 재산권을 따로 떼어놓을 수 없는 기본권으로 선언한 것이다.

생산성 증가의 원동력은 바로 개인의 노력이기 때문에 정부는 가급적 나서지 않는 것이 바람직하다. 사회 구성원 모두가 자신의 장점과 단점을 파악하고, 장점을 살려 노력할 때 생산성이 증가한다. 스스로 자신에게 맞는 일을 찾아 노력해야 하는 것이지, 정부의 지휘 아래 일사분란하게 움직여서는 생산성 향상을 기대하기 어렵다. 강력한 정부 아래에서 단기적으로 생산성이 증가할 수는 있어도, 지속적으로 향상되지는 않는다. 이는 대부분의 절대주의 국가, 독재국가가 결국에는 파산하고 말았다는 역사적 사실을 통해서도 알 수 있다. 로크가 생존했던 시기에는 절대 왕권이 시민의 자유를 속박하고, 재산권을 침해했다. 이에 국가사회의 갈등이 증폭되었을 뿐만 아니라 구성원들은 시간과 노력을 절대 정부와의 갈등 해결에 소모했고, 개인의 행복을 추구할 수 있는 재산 증식 기회를 상실했다. 로크의 입장에서 정부는 개인의 자유를 속박하고 생산성 증가를 제한하는 방해자였고, 개인의 행복을 상실케 하는 존재였다. 특히 강력한 정부가 부패하는 경우 인간의 안전과 자유, 경제 등 모든 면에서 매우 심각한 위기를 맞게 된다.

물론 로크도 인정했듯이 예외적으로나마 홉스의 '만인에 대한 만인의 투쟁' 상황이 발생할 수도 있기 때문에 정부는 불가피한 존재이다. 그럼에도 불구하고 정부에 인간의 기본권을 양도할 수 없는 까닭은 정부가 절대 권력을 쥐는 상황의 위험성뿐만 아니라 본질적으로 인간의 다양한 욕구와 문제를 정부가 모두 해결할 수 없기 때문이다. 개인이 해결할 수 없는 문제는 정부도 해결할 수 없다. 로크는 인간의 한계를 직시했다. 부족한 인간이 정부를 만들었기 때문에 정부 역시 완전할 수는 없다. 따라서 정부를 창조한 이후에도 정부에 완전히 의지할 수는 없다. 인간과 정부 모두 한계를 가지고 있는 상황에서 로크는 정부보다 개인에게 희망이 있음을 명시한다. 개인은 부단히 노력하는 생명력을 가지고 있기 때문이다. 정부 역시 개혁의 여지는 있다. 그러나 궁극적으로 정부는 개인에 의해 구조화되는 것이다. 정부가 절대 권력을 가지면 주권자인 개인에 의한 개혁 가능성이 차단된다. 따라서 생명력을 가진 인간의 주권을 무생물인 정부에 양도할 수 없는 것이다.

따라서 로크는 정부에 절대 권력을 부여하기보다는 독재의 위험성을 안고 있는 정부를 개인이 항상 통제해야 한다고 주장했다. 어떤 일도 국가사회 구성원들이 모르는 사이에 정부 내에서 결정되고, 수행되어서는 안 된다는 것이다. 일시적으로 일반 시민이 이해하기 어려운 일을 정부가 비밀리에 수행하여 일반 시민의 이익을 증대할 수는 있다. 하지만 투명하지 못한 정부가 시민의 권리를 침해하는, 매우 위험한 괴물로 돌변한 역사적 사례가 너무도 많다. 동·서양을 막론하고 절대 왕조의 창설 시에는 '백성을 위해'를 모토로 하지만, 결국 절대 왕권은 국왕의 무능과 부패, 백성에 대한 착취로 왕조의 종말을 맞는다. 눈앞의 이익에 심취하여 미래의 장기적 이익을 포기할 수는 없다.

이것이 서구 민주주의 제도의 토대를 이루는 견제와 균형, 그리고 회의주의skepticism에 입각한 제도의 구축이다. 정부는 강력한 권력을 보유하게 되어 언제든지 시민의 권리를 침해할 수 있기 때문에 이런 사태를 예방하기 위한 제도를 마련해야 한다는 것이다. 이러한 회의주의의 근원을 제공한 사람이 바로 로크이다.

권력분립 역시 정부 권력의 위험성에 대한 인식에 기초하여 창안된 제도이다. 필요악인 정부를 만들 수밖에 없다면, 정부의 절대 권력을 통제할 수 있는 제도적 장치가 필요하다. 다수의 기관이 권력을 나누어 가지면 서로를 견제하여 권력이 한쪽으로 쏠리지 않고 균형을 이루게 된다. 그렇게 되면 일반 시민의 입장에서는 정부기관들의 활동을 지켜보면서 국정의 방향을 선택할 수 있으므로 정부를 견제할 수 있게 된다. 정부 내에 다수의 기관을 두는 것은 능률을 지향하는 로크의 생각과 배치된다고 볼 수도 있다. 어떤 기관이든 정책 결정자가 여럿일 경우 결정이 늦어질 뿐만 아니라, 다수가 서로 견제한다는 것은 기관의 기능이 중복된다는 뜻이기 때문이다. 하지만 정부의 존재 이유가 무엇보다 개인 간에 갈등이 발생하지 않도록 중립적 심판관 역할을 하는 것이라는 점에서 정부기관의 기능 중복은 로크의 입장과 일치한다. 정부의 기능 중복보다 정부 권력의 통제가 더 중요한 문제이기 때문이다.

더욱이 로크는 절대 권력에 대한 일반 시민의 저항권을 적극 옹호했다. 정부가 시민의 필요에 의해 만들어진 만큼, 가치 없는 정부를 폐기하고, 다른 정부를 만들 수 있다는 것이다. 한발 더 나아가 로크는 부패한 정부에 대한 혁명은 시민의 권리일 뿐만 아니라 의무라고 했다. 국가사회를 구성하는 개인은 주권자로서 사회계약에 의해 정부를 창설한 이후에도 주권을 지속적으로 보유하며, 정부는 주권자의 요구에 따라 주권자를 위한 임무를 수행하고, 임무를 제대로 수행하지 못하면 주권자에 의해 교체될 수 있다는 것이다. 사회계약을 통해 정부가 형성된 이후에는 정부가 절대 권력을 가져야 올바른 기능을 수행할 수 있다는 홉스의 입장과는 완전히 다른 주장이다. 정부에 대한 이러한 저항권은 18세기 프랑스를 비롯한 유럽 각국에서 일어난 시민혁명의 철학적 토대가 되었다. 특히 미국의 독립선언서 및 헌법에는 로크의 자유주의 사상과 개인의 기본권, 정부기관 간의 견제와 균형, 주권재민 등이 반영되었다.

: 3부 :

# 평등의 가치를 생각하는 정부

## 06 / 루소의 소규모 공동체 정부, 사회적 불평등에 주목하다

> 인간은 자연 상태를 벗어나 지식을 축적하여 발전할수록,
> 자신이 소유하고 있던 가장 소중한 본능인 자연 상태에서
> 살아가는 방법을 잊어가고 있다.
> - 장 자크 루소

### 자연 상태의 인간을 꿈꾸다

장 자크 루소Jean Jacques Rousseau는 1712년 스위스 제네바에서 태어났고, 1778년 예순여섯 살의 나이로 프랑스에서 사망했다. 태어난 지 얼마 되지 않아 어머니를 여윈 루소는 재혼한 부친마저 돌보지 않아 고생스러운 어린 시절을 보냈다. 열여섯 살부터 북부 이탈리아와 프랑스 등 여러 지역을 방랑한 루소는 스무 살에는 자신을 돌봐주던 열다섯 살 연상의 바랑 부인과 내연의 관계를 맺는 등 젊은 시절 비정상적인 생활을 하며 사회의 어두운 면을 경험하기도 했다. 다소 반항적인 소년기를 보낸 루소는 사회와 정부 제도에 대해 남다른 통찰력을 갖게 됐다.

루소의 사상은 프랑스혁명에 큰 영향을 미쳤다는 평가를 받는다. 전

통적인 정치 질서에 대한 루소의 철저한 비판이 사회제도 자체에 대한 근본 개혁으로 이어졌다고 보기 때문이다. 그는 국왕의 통치뿐만 아니라 대의민주주의도 철저히 부정했다. 인간이 인간을 지배하는 사회 체제, 인간 불평등을 인정하고 고착화하는 모든 법과 제도, 그리고 노동의 분화에 대해서도 인간의 자유의지에서 벗어난 것으로 평가했다. 또한, 인간 불평등을 야기한다고 본 사유재산에 대해서도 전면 부정했다. 한마디로 루소는 당시 인간의 이성 발전과 국가사회 시스템을 전면 부정하는 혁명적인 사고에 기초하여 새로운 세계관을 제시한 것이다.

루소의 국가사회에 대한 견해는 홉스 및 로크와 비교하면 이해하기 쉽다. 홉스는 자연 상태의 인간은 본질적으로 사악하다고 정의하고, 자연 상태라는 끊임없는 전쟁 상태에서 탈출하기 위해서는 사회계약을 통해 정부를 수립해야 한다고 주장했다. 그러나 루소는 홉스의 이 주장을 완전히 부정하고, 자연 상태의 인간을 선악이 구분되기 이전의 순수하고 정의로운 존재로 규정한다. 인간과 동물의 차이가 없는 자연 상태에서 인간은 가장 행복하다는 것이다. 반면, 이성이 발달함에 따라 자연 상태를 벗어난 인간이야말로 가장 불행한 상태에 놓여 있다고 루소는 말한다. 따라서 홉스의 정부, 또는 로크의 시민사회 모두 루소에게는 극복해야 할 대상이었다. 인간에 의해 창조된 시민사회와 국가, 정부는 자연 상태에서는 존재하지 않았던 인간의 불평등, 시기와 질투, 비자연적 욕망을 양산하기 때문이다.

정부를 보는 시각에서도 루소는 홉스나 로크와는 극단적인 차이를 보인다. 홉스는 정부가 반드시 필요하다고 보았고, 로크는 한정된 상황에서 정부의 필요성을 인정했다. 반면, 루소는 정부뿐만 아니라 시민사회, 사회계약 등 전반적인 국가사회 체제가 인간의 불평등을 심화시키고 자유를 속박한다고 보았다.

따라서 루소는 인간의 자유와 행복이 충만했던 자연 상태로 돌아갈 것을 제안한다. 자연 상태로 회귀할 수 없다면, 적어도 인간의 자유를 속박하고 불평등을 조장하는 현재의 국가사회 체제를 전면 폐지하고, 인간의 자유와 평등을 보장하는 완전히 새로운 체제를 도입해야 한다는 주장이다. 지금이라도 인간이 가장 행복할 수 있고, 자신의 운명을 주체적으로 이끌 수 있는 국가사회를 창조해야 한다는 것이다. 그는 다른 사람에게 의지하지 않는 상태, 지배와 복종이 없는 상태, 경제적·정치적으로 불평등이 없는 상태 등 인간이 누리던 자연 상태로 돌아갈 수 있는 국가사회를 건설하자고 역설했다.

: 루소의 나쁜 정부
## 불평등을 조장하는 정부는 왜 위험한가

정부에 관한 루소의 시각 또한 인간 본성과 자연 상태에 대한 인식으로부터 출발한다. 루소는 인간은 자신의 운명을 스스로 결정할 수 있는 본성을 가지고 태어났다고 가정하며, 인간의 본성은 동물과 같다고 본다. 여기에서 말하는 동물과 같은 인간의 본성은 본능에 의해 인도되며, 자유롭게 행동하고, 독립적이며, 쉽게 만족하는 성향을 보인다고 한다. 루소는 자연 상태에서의 인간은 굶주림만 충족되면 서로 경쟁하지 않고, 쉽게 만족하기 때문에 질투심과 허영심이 없으며, 다른 사람들을 지배할 욕심도 없다고 했다. 자연 상태의 인간은 기본적으로 선하지도 악하지도 않으며, 도덕적이지도 사악하지도 않은, 도덕성으로 판단하기 이전의 순수한 존재라고 본 것이다. 루소에게 자연 상태에 있는 인간은 자유롭고, 독립적이며, 완전한 행복을 누리는 존재였다.

동시에 루소는 인간을 이성을 가진 존재라고 했다. 인간은 이성을 통해 자신의 능력을 개발할 수 있는 존재이기도 하다는 말이다. 그는 이성을 소유한 인간이 자연 상태로부터 자신에게 보다 유리한 상황을 만들어감으로써 사회를 변화시켜왔다고 설명했다. 인간은 대부분의 경우 자연 상태에 만족하지만, 예외적인 경우에 행복 유지를 위해 이성을 발휘하여 지식을 쌓았다는 것이다. 그러니까 인간은 때때로 발생하는 자연재해에 따른 굶주림에서 벗어나 삶을 이어가기 위한 방안을 생각해냈다는 것이다.

루소는 이러한 인간 이성의 발전을 긍정적으로 생각하지 않는다. 인간은 원시적인 자연 상태로부터 지속적으로 진화하고, 새로운 지식을 축적할수록 인간이 소유한 가장 소중하고 중요한 지식을 잊어왔다. 지식 축적을 통한 문명 발전의 대가로 인간은 자연 상태에서 살아가는 방법을 잊어버렸다는 얘기다. 예를 들어 옷과 신발을 만들어 추운 겨울날에도 따뜻하게 지낼 수 있게 됐지만, 문명의 이기 없이 추운 겨울날 생존할 수 있는 본능은 잊어버렸다는 것이다. 인간은 식량을 증산하고, 의복을 만들고, 주거를 안정시키는 등 문명을 발전시킨 반면 원시적인 자연 상태에서의 자유와 행복을 상실했다.

루소는 인간이 발전시킨 국가사회 체제는 인간의 자유와 평등, 행복을 억압하는 도구라고 비판했다. 현재의 국가사회 체제와 각종 혜택은 사람들에게 일시적인 편안함은 주지만, 누구나 누려야 할 자유와 평등을 말살하고 있다. 루소는 홉스와 로크가 강조한 정부 아래에서 누리는 자유와 평등은 눈가림에 불과하고, 실제로는 정부가 인간의 자유를 구속하고 불평등을 조장한다고 비판했다.

루소는 이성의 발전을 통해 이룩한 물질문명으로 사람들이 많은 편리함을 얻기는 했지만, 남보다 더 많은 재산을 축적하기 위한 구성원 간의 끝없는 경쟁과, 시기, 질투로 전쟁과 같은 상태를 맞게 되었다고 주장한다. 굶주림만 충족하면 쉽게 만족하던 사람들이 필요 이상의 재산을 끝없이 축적하려는 허영심에 사로잡혀버렸다는 것이다. 인간은 재산을 축적하면 할수록 더 큰 욕망에 빠져 더 많은 재산을 모으려고 한다. 더 높은 생산성을 위해 세분화한 노동으로 사회관계는 더 복잡해지고, 마침내는 지배와 피지배 상태가 강화된다. 사회관계의 복잡화로 인해 절대 다수는 결국 피지배 계층으로 추락하며, 동시에 물질적 불평등이 심화된다. 한마디로 좀 더 잘 살겠다는 물질적 욕망에 의해 사유재산이 발생하고, 노동의 분화가 발생했으며, 지배와 피지배 관계가 고착되었고, 인간의 평등과 행복이 사라졌다는 것이다.

루소는 현재의 국가와 정부 체제가 이러한 인간의 지배 욕망을 부추겨 당파를 조성하고, 경쟁에서 이기는 자는 지배하고 절대 다수는 복종하는 지배와 복종 구조를 정착시켰다고 보았다. 또한 이런 정부 체제에 기초해 형성된 각종 법과 제도 역시 불평등한 사회구조를 정착시켰다고 주장했다. 루소는 이러한 상황을 투쟁과 전쟁을 통해서 종결될 수밖에 없는 영원한 갈등 상황으로 설명했다. 즉 국가와 정부의 형성 자체가 극단적인 갈등이 연출된 상황이라고 본 것이다.

루소는 당대 왕정주의와 자본주의도 비판했다. 사람들이 자신의 운명을 스스로 결정해야 함에도 불구하고 왕정 체제에서는 절대자 한 사람이 다수를 지배하기 때문이다. 자본주의에 대해서도 인간의 물질적 욕망을 부추기고, 빈익빈 부익부를 심화시킴으로써 절대 다수를 노동의 도구로 전락시킨다고 비판했다. 한마디로 루소는 자연 상태에서 인간이 보유하고 있던 자유와 평등을 위협하는 모든 법과 제도, 정부 체제를 폐지 대상으로 간주한 것이다.

루소는 로크의 대의민주제도 비판한다. 그는 대의민주제에서 절대 다수의 하위 계층은 정치, 경제 및 사회적 활동에 참여할 수 있는 기회가 현저히 제한된다고 봤다. 상위 계층 사람들과 달리, 하위 계층 사람들은 자신의 이익 보호를 위해 정책 결정에 참여하려면 손해를 감수해야 한다. 이들은 대개 생계 유지로 늘 바쁘기 때문에 자신의 이익과 관련된 문제에 참여하기 위해서는 일손을 놓을 수밖에 없다. 따라서 계층 간의 참여 기회가 같지 않은 대의민주제에서는 주권자의 의사가 정책에 고르게 반영되지 않아 실질적인 민주주의를 실현한다고 볼 수 없다는 것이다.

: 루소의 좋은 정부
## 구성원 모두가 책임과 권리를 행사하는 정부

루소가 꿈꾸는 좋은 정부는 모든 사람이 원시사회의 자연 상태로 복귀할 수 있는 체제이다. 현존하는 국가사회 체제에서의 계급 구조와 불평등으로부터 탈출하여 자유와 평등, 행복을 누리던 자연 상태로 돌아가는 것이다. 그러나 루소는 실제로 인간은 원시적 자연 상태로 돌아갈 수 없다고 했다. 왜냐하면 이성 발전을 통해 물질문명과 국가사회 구조를 형성해가는 과정에서 자연 상태에서의 본능을 잊어버렸기 때문이다. 따라서 루소는 인간이 살아갈 수 있는 현재 상태 속에서 실질적인 자연 상태를 구현하자고 제안한다. 즉 자연 상태에서 인간이 누리던 자유와 평등, 행복을 보장할 수 있는 새로운 국가사회 체제를 건설하자는 것이다.

루소는 새로운 사회계약을 제안했다. 이 사회계약은 모든 사람이 동등한 권리를 가지고, 동등하게 대우받으며, 평등한 조건과 환경을 부여받는 개혁적인 국가사회 체제이다. 이 새로운 체제에서는 자연 상태에서와 같이 모든 사람이 자유롭게 자신의 운명을 스스로 결정할 수 있어야 한다. 또한 오늘날의 국가사회에서 사람들이 자신의 운명을 스스로 결정할 수 있으려면 모두가 실질적으로 동등한 대우를 받아야 한다고 주장했다. 국가사회에서 결정을 내릴 때 실질적인 정치적 참여가 보장되어야 한다는 뜻이다.* 그리고 이러한 정치 참여를 보장하기 위해서는 최소한의 경제적 독립이 보장되어야 한다. 그래야 다른 사람의 의지에 끌려가지 않는 결정을 내릴 수 있다.

  루소가 말한 새로운 사회계약의 궁극적인 목표는, 모든 시민이 국가 활동에 참여할 권리가 있다는 선언이나 형식적인 참여의 보장, 또는 '1인 1표'와 같은 소극적인 정치 참여에 그치지 않는다. 그는 모든 사람이 원하는 삶을 결정하고 운영할 만큼 실제로 권리가 충분하고 평등하게 제공되고 있는가에 주목했다. 그래야 비로소 일반 시민들이 한 인간으로서 자신의 능력을 발전시킬 수 있기 때문이다. 이를 보장하기 위해서는 개인의 정치적 독립성만으로는 충분하지 않다. 루소는 현대사회에서 모든 사람이 서로 사회관계를 맺고 있기 때문에 이 속에서 만인이 실질적으로 자기 목소리를 낼 필요가 있다고 주장한다. 즉 정치적 상호의존성political interdependency이 보장되어야 한다는 것이다. 이것은 정치적으로 어떤 사람도 다른 누구에게 예속되지 않을 뿐만 아니라, 누구도 독단에 의해 국가와 정부를 운영할 수 없도록 상호 의존적인 정치 체제를 구축해야 한다는 뜻이다. 이러한 체제에서는 모든 시민이 모든 정부 활동에 참여하게 된다. 또한 모든 사람이 평등하게 제 목소리를 낼 수 있을 뿐만 아니라 누구도 독주할 수 없다.

  앞서 루소가 모든 사람이 자유로운 삶을 영위하고 국가사회의 중요한 결정에 실질적으로 참여하기 위해서 경제적 독립성economic independency의 중요성을 강조했다고 말했다. 루소는 경제적 불평등을 모든 국가사회 모순의 근원으로 지적했다. 인간 능력의 개발과 이에 따른 물질문명의 발전으로 시작된 경제적 불평등은 더 많이 소유하겠다는 인간의 허영심을 촉발하고, 충족될 수 없는 허영심은 인간을 시기

**〈장 자크 루소의 초상이 있는 프랑스혁명 알레고리〉(1794), 조라 드 베르트리**

루소는 근대 시민혁명을 촉발한 계몽주의 사상의 선구자로 평가받는다. 프랑스혁명 교과서로 불린 《사회계약론》에서 루소는 "구성원 하나하나의 신체와 재산을 공동의 힘을 다해 지킬 수 있는 결합 방식을 발견하는 것, 그리고 결합 이후에도 자기 자신 이외에는 누구에게도 복종하지 않고 전과 다름없이 자유로울 것"이라고 말하며 "시민 의지로부터 법과 정부가 나와야 하며 이것은 타인에게 양도하거나 분할할 수 없다"고 주장했다. 그의 혁명적인 사상은 왕정에 대한 놀라운 도전이었으며 시민주권에 대한 이론적 기초를 제공했다. 조라 드 베르트리가 프랑스혁명을 알레고리를 통해 표현한 그림에는 장 자크 루소에 대한 경의가 잘 표현되어 있다.

와 질투, 끝없는 경쟁으로 이끌어, 빈부 격차를 가중시킨다는 것이다. 그 결과 오늘날 소수의 부자가 절대 다수의 가난한 사람들을 지배하게 되었다. 다시 말해 경제적 불평등으로 인해 정치적으로 지배와 복종의 구조가 발생하고, 절대 다수의 가난한 사람들은 자신의 운명을 자신이 결정할 수 없는 노예 상태로 전락했다는 것이다. 루소 또한 현실적으로 재산의 공평한 분배를 유지하기 어렵다는 점을 알았다. 따라서 자신이 생각한 이상적인 사회에서도 자본의 사적소유가 불가피함을 인정했다. 다만, 정치적 독립성을 파괴하지 않는 선에서만 어느 정도의 경제적 불평등을 인정한 것이다.

루소는 규모가 작은 지역사회 단위로 정부를 구성할 것을 제안했다. 인간의 능력으로 통제 가능한 작은 규모의 사회에서 사회계약이 더 잘 작동하리라고 생각한 것이다. 규모가 작은 사회에서는 개인이 각자 민주주의를 다르게 실행하더라도 타인의 행동이 실제로 어떤 의미가 있는지 이해할 수 있다. 개인이 각자의 개성에 따라 자유롭게 행동할 때 행복을 추구할 수 있을 뿐만 아니라 사회 전체의 복리를 위한 책임도 나누어 질 수 있다. 사람들이 개인의 자유와 행복뿐만 아니라 국가사회 공동의 선과 이익을 위해 협력하는 사회가 루소가 꿈꾼 이상사회, 좋은 국가, 좋은 정부인 것이다. 이러한 사회는 실질적인 분권과 공동 책임이 가능한 지역사회를 단위로 한다. 사회 구성원 모두가 국가사회의 도움은 받되 억압은 받지 않아야 사람들이 해당 사회에서 살아가려 할 것이다. 루소는 "나는 통치자와 국가 구성원 모두가 똑같은 이익을 추구하면서 살아가는 국가에서 태어나기를 원한다. 이런 국가에서는 구성원 모두가 공동의 행복을 추구할 수 있기 때문이다"라고 했다. 그는 이러한 국가사회 환경에서 비로소 모든 사람이 시기와 질투, 경쟁을 멈추고, 도덕적이고 합리적인 행동을 할 수 있으며, 결국 자신의 능력을 다른 사람들과 함께 조화롭게 발전시킬 수 있다고 믿었다. 루소는 이를 위해서는 자신이 태어난 제네바와 같은 소규모 공동체 정부가 바람직하다고 말한 바 있다.

사회 규모가 클 경우에는 사람들이 다른 이들의 행동뿐만 아니라 공동의 선과 이익을 이해하기 어렵다. 현대사회의 경우 국가사회 구성원 모두가 함께 참여하고 논의하기 어렵기 때문에 대의민주주의를 수행할 수밖에 없다. 또한 각 부문의 대표는 자신이 속한 분파의 특정한 이익만을 대변하게 된다. 더욱 심각한 문제는 이들이 자신의 이익을 호시탐탐 국정에 반영하려 하고, 다른 사람들을 지배하려는 데 있다. 루소는 애시당초 정부 관료제를 불신했다. 정부의 규모가 크면 자연스레 국정 운영에 효율적인 관료제가 발생하는데, 관료들은 폐쇄적이고 기계적인 방식대로 정책을 결정하고 국정을 수행하기 때문이다. 루소는 대규모 국가에서 발생하는 대의민주주의와 관료제의 문제점을 간파했다. 그는 시민들이 자기 자신을 실질적으로 대변할 수 있는 작은 규모의 직접민주주의만이 좋은 정부를 만들 수 있다고 생각했다.

한편 루소는 좋은 정부의 필수 조건으로 교육을 강조했다. 좋은 국가, 좋은 정부를 만들기 위해서는 주권자인 일반 시민의 소양이 절대적으로 요구된다. 국가사회 구성원은 생존을 위해 필요한 지식 이상의 일반 소양을 갖춰야 한다는 것이다. 국가사회가 무엇을 위해 형성되고, 어떻게 기능하며, 그 구성원의 역할이 무엇인지를 모든 사람이 알고 실천해야 비로소 공적 주체로서의 시민의 의지, 즉 일반의지가 실천될 수 있다는 것이다.

## 인간의 다양한 욕구를 어떻게 볼 것인가

루소는 인간 이성의 발달에 따른 인류 역사의 발전을 부정할 뿐만 아니라 인간 이성의 발달이 오히려 인간의 자유와 행복을 속박한다는 관점에서 기존의 정치 체제를 비판했다. 극단적으로 현재 인간이 살고 있는 모든 국가사회 체제는 절대 다수를 속박하는 혁명의 대상으로 간주하기도 했다. 이에 따라 루소는 사람들이 자유와 행복을 되찾기 위해서는 현재의 모든 국가사회 체제를 전면 폐지하고, 자신의 운명을 개척하고 공동체를 함께 운영할 수 있는 새로운 정부 체제를 형성해야 한다고 말했다.

그러나 루소의 혁명적인 국가사회 및 정부 대안은 맹렬한 비판을 받기도 했다. 우선 그가 동경하는 자연 상태가 과연 인간이 추구하는 자유와 행복을 보장할 수 있는 상태인가라는 문제가 제기되었다. 루소는 자연 상태를 만족의 상태full of satisfaction라고 했지만, 홉스는 자연 상태를 끊임없는 투쟁 상태라고 보았다. 서로 먹고 먹히는 영원한 경쟁의 상태, 먹이를 먹은 후 만족은 잠시뿐이고 굶주림을 면하기 위해 하루 종일 먹이를 찾아 헤매는 그런 모습이다. 홍수, 가뭄, 지진 등 자연재해가 발생하면 수많은 동물들이 목숨을 잃기도 한다. 자연 상태의 경쟁에서 도태되면 멸종하고, 경쟁에서 이긴 동물은 자연의 통제를 벗어나 개체수가 폭발적으로 증가하여 자연을 파괴하고 결국 대재앙을 맞기도 한다. 이렇듯 이성으로 통제되지 않은 자연 상태를 자유와 행복을 제공하는 영역으로 받아들일 수 있을까? 혹은 인간 이성에 의해 자유와 행복을 증진시킬 수 있도록 자연을 관리하는 것이 바람직할까? 루소의 생각대로 정부가 자연 상태를 복원하여 자유와 평등을 추구한다 해도 대다수 사람들은 자연 상태보다는 인간 이성에 의해 통제된 세계를 선택할 것이다.

루소는 인간 이성과 지식을 부정적으로 보았다. 그에게 있어 가장 자유롭고 행복한 세계는 선과 악, 도덕성과 사악함 등의 구분이 없는 원시 세계이다. 루소는 원시 상태에서 인간이 가장 행복할 수 있는 이유는 인간도 자연의 일부이기 때문이라고 설명한다. 그의 논리에 따르면, 자연에 속한 인간이 소유한 이성을 표현하고 이를 통해 지식과 문명을 발전시키는 것도 자연스런 현상으로 볼 수 있다. 이처럼 자연 현상 중에서 자연스러운 것과 부자연스러운 것을 판단하는 루소의 근거에는 모호한 점이 있다. 일부 문제가 있다고 해서 인간의 이성에 의해 발전된 국가사회를 부정하고 폐지해야 한다고 주장할 만큼에 타당성을 갖기는 힘들다.

또한 루소는 인간의 본성 가운데 평등만을 강조한 대안을 제시함으로써 인간의 다양한 욕망을 원천적으로 무시했다는 비판을 받는다. 그는 인간의 욕망을 허영심, 질투, 경쟁, 지배 등 나쁜 것으로만 표현한다. 그리고 이러한 욕망이 없는 평등한 자연 상태만이 실질적인 자유와 행복의 터전이라고 말한다. 그러나 평등에 대한 바람도 인간의 욕망 중의 하나이다. 루소가 비판하는 인간의 다양한 욕구를 다른 식으로 표현하면 많은 것을 소유하고 표현하고 싶은 욕구, 다른 사람의 장점을 자신도 갖고 싶은 욕구와 남들과는 다른 특성을 갖고 싶은 욕구, 다른 사람보다 더 노력하여 잘살고 싶은 욕구, 자신의 생각을 국가사회 운영에 반영하고 싶은 욕구 등이 된다. 인간은 이러한 다양한 욕구에 의해 바라는 삶을 살게 되었고, 다양한 문명과 문화를 가지게 되었다. 평등한 원시사회에 장점이 있듯이, 발전한 현대문명에도 장점이 있다. 소규모 지역사회에는 평등이라는 장점이 있고, 대규모 국가사회에는 다양한 욕구 실현을 통해 자유와 행복이 증진된다는 장점이 있다.

루소는 정치적으로나 경제적으로 평등한 사회에서 비로소 실질적인 자유와 행복을 달성할 수 있다고 했다. 그러나 다수의 사람들은 평등하지만 경제가 발전하지 않은 원시사회로 돌아가려고 하지는 않는다. 오히려 불평등하지만 경제가 발전한 현대사회에 남으려 할 것이다. 루소라면 그들이 부패한 국가사회 문화에 물들었고, 참된 삶을 모르기 때문이라고 비판할 것이다. 그러나 자신의 운명을 스스로 선택하는 것이 민주주의의 기본 원리라면, 사람들에게 충분히 정보를 제공한 후에 본인이 선호하는 체제를 선택하게 하는 것이야말로 민주주의를 실천하는 방안이다. 루소가 제시한 평등한 사회와 그가 비판한 현대 국가사회가 어떻게 다른지 충분히 알린 다음, 두 가지 대안 가운데 하나를 선택하라고 한다면, 절대 다수가 불평등을 감수하더라도 다양한 욕구를 실현할 수 있는 체제를 선택할 것이다. 따라서 루소의 대안은 생각해볼 가치는 있지만, 절대적으로 타당하다고 할 수는 없다.

루소는 현존하는 국가와 정부 체제 자체를 폐지해야 한다고 주장하면서 대안을 제시했다. 인간과 집단의 다양성을 부정하고, 일반의지general will, 즉 절대 다수의 실질적인 뜻에 의한 자유롭고 평등한 소규모 정부 구조를 제안했다. 여러 이론가들이 루소의 주장과 대안을 전체주의적이라고 비판한다. 루소의 논리에 따르면 일반의지는 하나이며, 정부 구조와 기능 역시 단일한 모델이다. 여기에는 사람들의 다양한 특성이 관여될 여지가 없다. 또한 여러 집단의 다양한 이익도 고려 대상이 되지 않는다. 루소의 이러한 대안은 후에 전체주의 및 집단주의를 낳게 된다. 이에 대해서는 추후에 루소의 영향을 크게 받은 마르크스를 다루면서 깊이 있게 논의하겠다.

다음은 국가사회 전체 구성원의 정치 참여를 실질적으로 보장하자는 루소의 주장에 대한 비판이다. 과연 루소의 주장과 같이 정치 참여를 보장하면 국가사회 구성원의 실질적인 자유와 행복이 증진되는가? 다수의 자유주의자들의 시각**은 경쟁적인 정치 체제가 일반 시민의 자유와 행복을 더욱더 효과적으로 증진시킬 수 있다고 주장한다. 정부의 정책 결정 과정에는 일반 시민들이 쉽게 이해하기 어려운 부분이 있기 때문에, 여러 정치 지도자와 정당 조직이 대안을 제시하고, 시민들이 그중 하나를 선택하는 것이 실질적이고도 효과적으로 민주주의를 실현하는 방법이라는 것이다.

## 분배와 복지의 가치를 일깨우다

　루소의 국가 및 정부에 대한 대안은 사회의 인간관계를 바탕으로 형성되었다. 그는 공동체주의적 접근법을 바탕으로 인간의 자유와 권리, 행복을 증진하기 위해서는 개인의 노력보다는 국가사회 구조에서의 인간관계를 파악해야 한다고 주장했다. 국가사회가 발전할수록 소수 엘리트만을 위한 사회구조가 더욱 고착되었다는 주장은 국가사회 구조와 관계를 다시 바라보게 했다. 루소가 제시한 국가와 정부에 대한 대안이 지나치게 이상적이고 전체주의적이라는 비판을 받기는 하지만, 인간의 존엄성을 보호하기 위해 실질적인 자유와 평등이 보장된 국가사회를 이룩해야 한다는 그의 주장은 많은 것을 시사한다.

　루소는 국가사회에 문제가 얼마나 많은지를 냉철하고도 단적으로 제시했다. 루소가 등장하기 이전에는 인간의 이성을 통해 발전한 국가사회를 인간의 자유와 행복을 보장하는 정의로운 체제로 인식했다. 그러나 루소는 기존 사고의 모순을 지적하며 정반대로 접근했다. 국가사회의 발전으로 인해 절대 다수의 일반 시민은 소수 엘리트의 자유와 행복, 나아가 그들의 물욕과 지배욕의 충족을 위해 자유를 빼앗기고, 기본적인 인간의 존엄성마저 잃을 수밖에 없다며 부조리한 사회구조를 고발한 것이다. 그는 기본적인 인간의 존엄성을 회복하고,

실질적인 자유를 회복하기 위해 정부와 사회 공동체가 보다 적극적으로 행동해야 한다는 대안을 제시한다.

다음으로 국가사회의 구조적 문제점에 대한 루소의 지적을 살펴보자. 루소가 고발한 바와 같이 사회는 소수의 엘리트와 다수의 일반 시민으로 구분되고, 소수의 엘리트가 부와 권력을 실질적으로 독점하고 있다. 헌법상 주권이 일반 시민에게 있고, 민주주의가 국가 정체라고 선언하고 있지만 실질적으로 일반 시민이 정부의 주요 정책 결정에 참여할 수 없을 뿐만 아니라 기본적인 정보에 접근하기조차 어렵다. 이러한 현실 때문에 법과 제도, 정부 정책 등이 부와 권력의 불평등 심화 현상을 방조하고 있다는 루소의 주장은 설득력을 더한다.

루소의 세계관은 미래 사회에 대비하기 위한 정부 정책의 중요한 측면을 다시금 생각하게 한다. 루소는 인간 이성의 발전이 오히려 인간을 불행하게 할 수도 있음을 경고했다. 즉 우리가 자연 상태라는 인간 본연의 모습에서 이탈했을 때 얻는 것만큼 잃는 것도 있음을 지적했다고 볼 수 있다. 인간에 의해 발전된 과학과 문명은 커다란 안락함과 풍요를 안겨주지만, 다른 한편으로는 자연을 파괴하고, 갈등을 조장하며, 새로운 사회문제를 양산하기도 한다. 정부 정책 수행으로 얻는 것도 있고 이익을 보는 집단도 있지만, 그만큼 잃는 것도 있고 피해를 보는 집단도 있을 수 있다. 루소의 관점은 인위적으로 자연을 개발하고, 새로운 과학과 기술을 발전시키며, 새로운 정책을 수행할 때 새로 얻는 것뿐만 아니라 잃는 것은 무엇인지, 또 이로 인한 부작용은 없는지 생각하게 한다.

또한 루소는 경제적 평등과 복지사회 구현이 왜 필요한지를 설득력 있게 설명했다. 한 사람이 극단적인 빈곤 상태에 빠져 있다 치자, 이는 자신의 노력 부족 때문이기도 하지만, 전체 사회의 모순 탓이기도 하다. 따라서 모든 사람이 최소한의 존엄성을 누리고 자신의 주권을 발휘하게 하기 위해, 또 자신의 운명을 스스로 개척하게 하기 위해, 모두가 경제적으로 독립할 수 있는 여건을 마련해야 한다는 루소의 인간애 넘치는 주장도 충분히 설득력이 있다.

이에 더하여 루소는 인간은 상호 의존하는 관계에 있기 때문에 정치적, 경제적 불평등을 해소해야 한다고 주장한다. 문명이 발전한 국가사회에서는 혼자 살 수 없다. 국가사회 자체가 인간관계 속에서 형성되기 때문에 모든 사람은 서로 의존하며 살아간다. 따라서 혼자만의 노력으로는 부와 권력을 쌓을 수 없다. 사람들은 자신의 노력에 의해 부와 권력을 증진시킨 것으로 생각하지만, 실질적으로 이는 국가사회의 모든 사람이 함께한 공동 노력의 결과이기도 하다. 부의 불평등을 개선하고, 복지 혜택을 증진하고, 교육을 획기적으로 개선해야 한다는 루소의 주장은 이론의 여지가 없다.

루소는 일반 시민의 실질적인 정치 참여의 증진과 국가사회 전반의 개혁을 주도하기 위해 정부가 적극적으로 나서야 한다는 점을 지적했다. 소수의 지배와 절대 다수의 복종으로 구조화된 국가사회에서 일반 시민의 존엄성과 권리를 실질적으로 회복하기 위해서는 국가사회 전체의 공동 노력이 필요하다. 개인의 노력만으로는 문제를 해결할 수 없기 때문이다. 이 논리는 앞에서 살펴본 바와 같이 참여민주주의

자의 주장과 일맥상통한다. 이러한 루소의 사상은 고스란히 마르크스에게 전승되고, 교육과 복지, 부의 재분배를 비롯한 적극적인 정부 정책의 이론적 배경이 되었다.

### 별별 읽기

# *대중의 정치 참여에 대한 참여민주주의자들의 시각

**존 스튜어트 밀**John Stuart Mill, 1806~1873**(영국의 철학자이자 경제학자)**

밀은 대중의 정치 참여 확대가 공동체 내에서 개인의 역할을 완성시켜 준다고 했다. 즉 민주주의에 대한 교육을 통해 민주 시민으로서의 개인의 발전을 실현할 수 있다는 것이다. 경험이 없는 사람은 정치 참여를 어떻게 해야 할지를 알지 못한다. 따라서 모든 사람에게 정치 참여 권리가 있다는 선언으로 충분한 것이 아니라 관련 제도를 마련함으로써 누구나 실질적으로 정치에 참여할 수 있도록 교육을 해야 한다고 주장했다.

**크로퍼드 브로우 맥퍼슨**Crawford Brough Macpherson, 1911~1987**(캐나다 정치학자)**

맥퍼슨은 민주주의란 단순히 일반 시민들이 정치 지도자를 선택하는 제도를 마련하는 것만이 아니라 시민들이 사회를 만들어갈 방법까지 보여주는 것이어야 한다고 했다. 민주주의에서 평등의 원칙은 '1인 1표one man, one vote' 원칙을 준수하고 그 사람이 완전한 인간으로서 살아갈 수 있도록 '한 사람, 하나의 평등하고 효과적인 권리one man, one equal right'를 충족시켜야 한다고 주장했다. 따라서 진정한 민주적 참여는 참여자가 자신의 실질적인 권리가 무엇인지를 더욱 잘 이해하게 하는 것으로, 이를 통해 평등이라는 민주적 가치를 달성할 수 있어야 한다고 했다. 민주적 참여를 통해 참여자들 스스로 자신의 능력과 힘을 인식하고, 개인의 이익과 집단의 이익을 어떻게 보호할 수 있는지를 이해하게 된다는 것이다. 더욱이 그녀는 일각에서 주장하는 참여의 과잉으로 인한 문제는 있을 수 없다는 점을 분명히 했다. 일시적으로 참여로 발생하는 부작용은 그동안 참여가 부족했기 때문으로 참여가 확대된다면 이런 문제는 사라질 것으로 보았다.

### 캐럴 페이트먼Carol Pateman, 1940~(영국 정치학자)

페이트먼은 전통적인 자유주의 이론으로는 시민의 소외 문제를 극복할 수 없다고 하면서 자유주의의 정치 참여 이론을 비판했다. 그녀는 민주주의의 수행 과정에서 대표 선출 이외에도, 시민들에게 민주적 기관을 받아들이고 유지하는 방법을 학습시킬 필요가 있다고 주장했다. 그녀는 대의적 차원 이상으로 민주적 참여를 현실화하기 위해서는 시민들이 직장에서 민주화를 실현하는 능력을 향상시켜야 한다고 주장했다. 따라서 산업에 있어서 노동자의 참여는 정책의 결정뿐 아니라 협의까지도 포함하는 것이다. 그녀가 민주주의 실현에서 국가 활동에 대한 참여뿐만 아니라 산업체에의 노동자 참여를 강조한 까닭은 모든 영역에서 모든 시민들의 실질적인 참여가 이루어져야 비로소 권력이 더욱 평등하게 재분배될 수 있고, 이러한 상태라야 비로소 모든 정치 과정에서 민주화를 달성할 수 있다고 보았기 때문이다. 그녀는 많은 사람들이 대부분의 시간을 보내는 직장에서 민주적 참여가 보장될 수 있도록 의사 결정구조가 재편되어야 한다고 했다. 즉 직장 내의 의사 결정에서 일반인의 참여가 보장되어야 사람들의 삶에 대한 만족도를 실질적으로 높일 수 있다는 것이다.

### 벤저민 바버Benjamin Barber, 1939~(미국 정치학자)

바버는 인간을 '하나의 욕망 덩어리bundle of appetite'로 간주함으로써 자유주의 이론의 수준 낮은 도덕성은 물론이고 자유주의 자체를 논박했다. 그는 참여라는 과정으로부터 민주성이 보호되지, '합의에 의한 결정decision by consensus'에 의해서는 대중의 권리가 보장되지 않는다고 주장했다. 왜냐하면 합의에 의한 결정에 따를 경우 궁극적으로는 특정한 계층이 주로 이익을 보기 때문이다. 그는 자신이 선호하는 민주주의는 지속적인 주민 참여로 수립된 정책에 의한 국가 통치, 즉 의존적인 개개인이 모두 진정한 의미의 자유 시민으로 발전하고, 부분적인 개인의 이익이 공공재로 발전하는 것이라고 정의했다. 그가 말하는 민주주의 사회란 민주주의의 핵심 미덕인 참여 및 시민의식, 그리고 자유로운 정치활동 등이 문화에 침투해 있는 사회를 말한다. 따라서 바버는 오늘날 미국 사회의 문제가 참여의 과잉이 아니라 참여의 부족에서 야기된 것이라고 주장한다. 자유주의로부터 깊이 세뇌당하여 정부의 대표성을 과신함으로써 문제가 생겼다는 것이다. 따라서 바버는 오늘날 국가 활동에서 벌어지는 문제를 해결하기 위하여 시민들의 직접 참여를 대폭 수용할 수 있는 '강력한 민주주의strong democracy'를 제시했다. 이를 위해서는 제도 개혁이 필요한데, 구체적인 방법으로는 첫째, 주민회의, 텔레비전 토론, 시민교육과 함께 누구나 공평하게 정보를 접할 수 있도록 하는 시민 통신, 시민 대표자 토론, 그리고 제비뽑기에 의한 공무 담당 같은 '강한 민주적 발언strong democratic talk' 둘째, 주민발안과 정책에 대한 국민투표, 전자식 투표, 바우처voucher 및 공공 선택에 의한 시장주의의 도입 등의 '강한 민주적 의사 결정strong democratic decision making' 셋째, 시민 봉사제, 직업훈련과 고용 기회의 확대, 주민 선택, 작업장 민주주의, 주민의 공동 여가 등의 '강한 민주적 활동strong democratic action' 등을 들 수 있다. 이와 같은 강한 민주주의는 결국 자유란 혼자만의 사적 활동에 의하여 얻어지는 것이 아니라 남녀노소 모두가 시민으로서 한자리에 모여 시끄럽게 토론하는 가운데 얻어지며, 이를 통해 서로가 공동의 인간성을 찾아가는 것을 말한다. 바버의 주장은 효과적인 주민 참여가 올바른 정치적 판단을 도와줄 수 있다는 점을 전제로 한다. 즉 정치적 판단의 핵심은 시민이 의도하는 바를 어떻게 효과적으로 표출하느냐 하는 것이다. 다시 말해서 올바른 시민의식이란 조화로운 공동체에서뿐만 아니라 갈등 속에서 잉태되는 것이며, 주민 참여를 통해 '나'라는 초점을 떠나 '우리'라는 결론에 이를 수 있다는 의미가 함축돼 있다.

이상과 같이 참여민주주의자들이 시민의 정치 참여 확대를 주장할 때 가장 관심을 기울일 대목은 참여의 과정이나 의사 결정의 형태가 아니라 일반 시민 개개인의 삶의 질 향상이다. 그들이 말하는 민주정치란, 단순히 투표 과정에 참여하는 것 이외에 주민의 평등한 삶을 보장하기 위한 소득 재분배와 사회복지, 개인 발전의 극대화를 위한 정치 상황의 제공까지도 포함한다. 이처럼 정치 체제가 일반 시민들의 내적 능력 개발뿐만 아니라 실제 이익을 찾을 수 있도록 뒷받침해야 하며, 이는 주민 참여의 확대를 통해 교육되고 현실화될 수 있다는 것이다. 참여를 통해 다른 사람들과 권력을 공유한다는 것은 한 개인의 영향력을 높일 뿐만 아니라 그가 속한 집단의 영향력 또한 높이는 결과를 가져온다.

그러나 정치 참여의 확대로 인해 집단의 동질성이 증가하는 반면, 각 개인이 자신의 주체성을 자각하는 과정에는 여러 위험이 내재되어 있다는 양면성이 실증 분석을 통해 증명되고 있다. 현실적으로 무기력한 다수를 자각하게 하는 방법을 찾기란 쉽지 않다. 하지만 분명한 것은 대중이 정책 결정 과정에 참여하고 이런 경험을 축적하면 일상생활 속에서 민주주의의 실질적인 역할을 깨닫고, 이를 통해 진정한 민주주의를 실현한다는 사실이다. 즉 참여의 확대로 일반 대중이 자신의 힘을 자각함으로써 주체성을 인식하고 자기개발을 할 수 있게 되며, 궁극적으로 다른 사람의 존재 역시 인정함에 따라 주체적인 공동사회를 함께 영위할 수 있다는 것이다. 결국 대중의 참여 확대는 다른 사람의 이익을 손상케 하는 '제로섬zero-sum'이 아니라 전체 인간성의 향상을 가져오는 '플러스섬plus-sum'이라고 할 수 있다. 참여민주주의자들의 이 같은 주장은 설사 비용이 발생하고 효율성이 감소하더라도 대중의 권리 확대를 위해서는 참여를 확대해야 한다는 것을 의미한다.

## **대중의 정치 참여에 대한 자유민주주의자들의 시각

### 로버트 달Robert Dahl, 1915~(미국 정치학자)

달은 대의민주주의 체제에서 합리적인 시민들은 자신의 의사를 정책에 반영하기 위해 자신의 뜻에 동조하는 시민들을 규합하여 조직을 형성하고, 영향력을 행사한다고 한다. 대의민주주의 체제에서 주권자의 의사는 자발적으로 구성된 조직 또는 정치 지도자에게 영향을 미침으로써 충분히 반영될 수 있다는 것이다. 실제로 개인은 자유시장에서 경제활동을 하고, 투표로 정치 지도자를 선택함으로써 주권자로서 자기 의사를 반영하고 원하는 것을 충분히 얻어낼 수 있다는 주장이다.

**엘머 에릭 샤츠슈나이더**Elmer Eric Schattschneider, 1872~1971**(미국 정치학자)**

  샤츠슈나이더는 인위적인 정치 참여의 확대는 오히려 민주적 가치를 왜곡시킨다고 비판한다. 대중은 민주적인 제도와 가치를 직접 공격하기도 하며 심지어는 비민주적인 행동으로 그들의 대표를 자극하는 경향이 있기 때문에 민주주의에 본질적인 위협이 된다는 것이다. 또한 공공 영역에 있어서 주민 참여가 확대되면 '편견의 동원mobilization of bias'이 증폭되어 일반 시민의 실질적인 뜻이 왜곡된다고 했다. 일반 시민의 뜻을 받들고 따를 것으로 선전하면서 실제로는 자신의 주장을 관철하는 집단이 항상 존재하며, 일반 시민은 이들의 왜곡된 주장을 자신의 주장으로 오해할 때가 있다. 따라서 민주주의를 수호하기 위해서는 민주적 가치를 수호할 수 있는 엘리트가 지도력을 형성하고, 대중의 정치 활동을 대행함으로써 원칙적으로 대중들이 움직이지 않도록 할 필요가 있다는 주장이다. 더욱이 현실적으로 참여민주주의 체제에서는 다수의 참여 집단이 형성되어 자기 집단의 이익을 극단적으로 고집하고 이기적인 결정을 함으로써 통합되어야 할 여론이 고도로 분할되고 사회의 방향성을 잃게 한다고 지적한다. 대중이 직접 사회를 통치하거나 다수의 노동자들이 기업을 통제한다면 과연 중요한 의사 결정에 있어서 개인의 분화된 이기심과 욕심을 줄여서 화합에 이를 수 있을까라는 의문을 제기하기도 한다.

**로버트 노직**Robert Nozick, 1938~2002**(미국 정치학자)**

  노직은 참여민주주의자들이 주장한 자유주의 이론의 도덕성을 비판한다. 참여민주주의 이론에서 말하는 정의, 즉 부의 재분배 원칙을 세우면 합법적인 수단으로 축적한 부마저 재분배하게 됨으로써 오히려 개인의 근본적인 자유를 침해하는 결과를 가져온다는 것이다. 그에 따르면 가장 중요한 도덕적 가치는 다른 사람의 권리를 인정하는 것이고, 일단 합의를 했으면 해당 법률 아래에서의 개인의 권리와 행동에 제한을 두어서는 안 된다. 개인의 자유가 가장 중요한 인간의 가치라고 전제하면, 어느 누구도 인간의 자유와 개인의 부를 침해할 수 없다는 결론에 이르게 된다. 모든 개인이 양도할 수 없는 권리를 지녔다면, 국가 역시 개인의 근본 권리를 보호해야 하기에 국가의 활동은 최소한으로 줄여야 한다. 그러므로 노직은 시장경제가 개인의 자발적인 활동으로 운용되는 것이므로 자유시장에 의해 확립된 질서는 정의롭다고 말한다. 그는 만일 시장이 정의롭지 못하다면, 시장이 자의에 의해 왜곡되었기 때문이라고 주장한다. 이러한 논리는 정부가 인위적으로 참여를 확대하는 것은 개인의 자유를 침해하는 결과를 가져온다는 의미로 해석된다.

자유주의자들은 대의민주주의 체제가 오히려 시민들의 참여를 보장해 주는 제도라고 주장하며, 다음과 같은 이유를 들어 자신의 이론을 정당화한다.

첫째, 대의제는 근본적으로 국민투표라는 평등주의 개념으로부터 출발한다. '1인 1표' 원칙이 현실화될 때, 사람들의 의견 차이가 민주적으로 여과될 수 있다는 뜻이다. 이 원칙은 본질적으로 엘리트 간의 경쟁을 통해 정책이 제시되고 다수 대중이 선택하는 것으로, 대중이 실질적으로 정책을 결정하기 때문에 엘리트보다는 대중에게 유리한 제도라는 것이다.

둘째, 대의민주주의는 의사 결정에서 분권화된 참여 형태로부터 생기는 이기적이고 분파적인 이익들을 효과적으로 여과해주는 장치다. 자유주의자들은 대의 체제를 대립하는 서로 다른 주장들을 논의하는 과정에서 다수가 원하는 방향이 무엇인지를 결정해가는 현실적이고 합리적인 제도라고 정의한다. 민주적인 방법에 의해 선출된 대표들이 논의하는 과정에서 다양한 의견이 제시되고, 상충된 의견이 타협에 이르는 방식이야말로 다양한 가치와 이해를 가진 다수를 묶을 수 있는 제도라는 것이다.

셋째, 대의민주체제는 비록 자체 결함이 있다 하더라도 근본적으로 선거 체제에 의해 정치적 권위가 부여되기 때문에 결국 개인의 자유와 도덕성을 증진시킨다. 즉 경쟁적인 자유선거를 통하여 공직자들의 정직성을 유지할 뿐 아니라 일반 시민들의 정신적 독립성을 증진함으로써 민주적 가치를 보호할 수 있다는 것이다. 자유주의자들은 대의민주주의 체제를 통해서는 모든 시민의 뜻을 정책에 완전히 구현할 수 없다는 한계를 인정한다. 그러면서도 현실적으로 시민들이 원하는 최선의 방안을 만들 수는 없지만 최소한 나쁘지 않은 방안을 찾을 수 있다는 점과 최악의 방안을 피할 수 있다는 점에 무게를 둔다.

# 07 / 마르크스의 사회주의 정부, 자본주의에 도전하다

> 정치적 해방을 넘어서 모든 인간이 생산수단을 소유하는 경제적
> 해방을 완수했을 때 진정한 인간 해방이 달성된다.
> – 카를 마르크스

## 물질이 역사를 주도한다

카를 마르크스 Karl Marx는 1818년 프로이센 중산층 가정에서 태어나 1883년 런던에서 예순다섯 살의 나이로 사망했다. 그의 부계는 전통적으로 랍비를 배출한 유대교 집안이었고, 모계도 네덜란드계 유대인 출신이었다. 그러나 마르크스가 태어나기 전에 부친이 루터교로 개종하여 그 역시 1824년 루터교회에서 세례를 받았다. 하지만 마르크스는 자신을 무신론자라고 밝혔다. 가난한 가정환경 때문에 공산주의를 생각하게 되었다는 속설과는 달리 마르크스는 포도 농장을 소유하고 사업을 하던 부친 덕택에 어린 시절 부유하게 자랐으며, 부친의 지원으로 본 대학교와 베를린 대학교에서 법학과 철학을 전공했다.

마르크스는 학생 시절 헤겔 철학에 심취했으나 이를 비판적으로 계

승했다. 헤겔은 정신geist이 역사를 변증법적으로 주도한다고 강조했으나, 마르크스는 역사를 주도하는 힘은 바로 물질(경제)이라는 변증법적 유물사관을 정착시켰다. 또한 작은 규모의 지역사회community로 사회를 변화시킨다는 루소의 주장에는 한계가 있다고 비판하면서, 진정한 변화를 위해서는 대규모 경제 체제를 변화시켜야 한다는 당대에 유행하던 이론을 발전시켰다. 마르크스가 새로이 발전시킨 이론으로는 계급투쟁론, 변증법적 유물론, 유물사관, 프롤레타리아 혁명론, 자본론, 노동의 잉여가치론, 소외론, 프롤레타리아 독재론, 공산주의론 등으로 그는 국가, 사회, 정치, 종교 등 사회 전반에 대한 비판 이론을 정착시켰다.

마르크스는 세상을 해석하는 데 그치지 않고 세상을 변화시키기 위해 실제 행동에 나서는 것이 철학자의 사명이라면서 전 생애를 통해 공산주의 연맹의 창립과 사회운동을 직접 지휘했다. 그는 이러한 혁명적 사고를 언론에 공표함으로써 1843년 고향인 프로이센에서 쫓겨나 파리(1843~1845), 브뤼셀(1845~1847), 쾰른(1848~1883) 등에서 도피와 추방 생활을 반복하다가, 1849년부터 사망하기 전까지 런던에 정착하여 공산주의 사회혁명을 주도하면서 도전과 실패, 성공과 좌절의 생애를 살았다. 그는 공산주의 혁명을 필연적으로 발생할 수밖에 없는 역사의 과정과 결과로 봤다.

국가와 정부에 대한 마르크스의 견해는 분명하다. 반드시 폐지해야 할 나쁜 국가, 나쁜 정부, 나쁜 사회는 자본주의 국가와 정부, 사회이다. 자유주의에 기초한 국가와 정부, 사회는 인간의 본질이라고 할 수

> **마르크스의 허위의식과 진정한 의식**
>
> 마르크스는 자본주의적 사회관계를 정당한 것으로 받아들이는 의식을 허위의식으로 정의한다. 그는 허위의식에 사로잡히면 자본주의 체제를 유지하고 공고하게 하는, 경쟁적 경제구조, 자본가 지배와 노동자 복종의 계급구조, 각종 법과 제도, 정부 및 국가 체제, 자본주의 문화와 관습, 종교 등을 정당한 유산으로 받아들이게 된다고 주장했다.

있는 물질을 불평등하게 배분함으로써 사회에서 절대 다수의 대중을 소외시킬 뿐 아니라 끝내 그들의 자유를 박탈하고 존엄성을 훼손하고 만다는 것이다. 그리고 그 이유는 허위의식에 기초하여 형성된 부르주아 사회관계에 의해 물질이 배분되기 때문이라고 보았다.

반면, 마르크스의 좋은 국가, 좋은 정부, 좋은 사회란 공산주의 국가와 정부, 사회이다. 자본주의의 모순을 프롤레타리아 혁명으로 극복하고, 공산주의 사회관계에 의해 평등하게 물질을 배분하면 정치적·사회적 해방을 포함한 인간 해방을 이룰 수 있다고 주장한다. 한마디로 인간의 자유와 평등, 존엄성을 회복하기 위해 공산주의 국가와 정부, 사회를 건설하자는 것이다.

마르크스는 20세기 격변했던 인류 역사에 가장 큰 영향을 미친 인물이다. 세계는 사상에 의해서가 아니라 실질적인 육체적, 물질적 행동과 실천에 의해 바뀐다는 관점에 기초해 상부구조(정신세계)가 아닌 하부구조(경제·물질세계)로 역사와 현실을 바라보는 세계관을 정착시켰다. 학문적으로는 가치 지향적 방법론을 창안했다. 그의 사상은 20세기 세계 각국의 공산주의 정권을 탄생시키는 기초가 되었고, 마르크스주의를 비롯하여 레닌주의, 스탈린주의, 트로츠키주의, 마오 반면, 자본주의적 사회관계의 모순을 극복하고 인간의 완전한 자유와 평등한 세계를 달성하고자 노력하는 것, 즉 사회주의적 사회관계를 받아들이는 것에 대해서는 진정한 의식이라고 정의했다. 인간은 존엄한 존재로서 자유롭고 평등하게 살 권리가 있기 때문에, 인간의 존엄성을 훼손하는 자본주의 체제는 부정되고 극복되어야 하며, 이에 반해 인간의 존엄성을 추구하는 사회주의 체제를 받아들여야 한다는 것이다.

쩌둥 사상, 로자 룩셈부르크 사상, 김일성주의(주체사상) 등의 이념을 양산했다.

: 마르크스의 나쁜 정부
## 자본주의 정부는 왜 위험한가

마르크스는 사회주의와 공산주의에 입각한 국가와 사회 이외의 모든 국가와 정부, 사회제도는 폐지해야 한다고 주장했다. 사회주의와 공산주의 이전에 존재했던, 인간의 이성에 의해 발전된 국가와 사회는 인간의 허위의식의 결과로, 인간의 자유를 억압하고 인간 소외를 구조화함으로써 삶을 황폐화했다는 것이다. 마르크스의 이러한 주장은 자연 상태와 인간 본성 및 이성 등에 대한 루소의 관점과 비교하면 보다 분명히 드러난다.

마르크스가 바라본 자연 상태 및 인간 본성은 기본적으로는 루소와 비슷하다. 인간은 자유롭게 태어나, 자연 상태에서 완전한 자유와 평등, 만족을 누리며 살았다는 것이다. 마르크스는 인간의 본성을 자유롭게 행동하고, 독립적이며, 쉽게 만족하는 것으로 가정했다. 그리고 인간 이성의 발전, 즉 인간의 역사가 인간 본성을 변화시켰다고 주장한다. 인간 이성의 발전에 따라 완전한 평화와 만족의 상태인 자연 상태가 왜곡되어 사회에 갈등과 투쟁이 발생했다는 것이다. 그 결과 절대 다수가 자유를 속박당하고, 사회적 불평등으로 인해 인간의 기본적인 존엄성마저도 상실하게 되었다는 것이다.

마르크스는 루소의 관점에서 출발했지만, 이를 넘어선 새로운 관점을 제시했다. 그는 우선 자연 상태와 인간 이성의 관계를 다르게 보았다. 루소는 자연 상태를 인간의 영원한 안식처로 가정했다. 그러나 마르크스는 자연 상태에서 인간이 자유롭고 평등했기 때문에 완전한 사회로 평가되는 것이지, 인간 이성에 의해 사회가 변화했다고 해서 반드시 바람직하지 못한 상황이 발생한다고 보지는 않았다. 마르크스는 인간이 자연 상태에서 벗어났기 때문에 행복을 잃어버린 것이 아니라, 인간 이성이 허위의식에 의해 잘못 발휘되었기 때문에 역사가 발전할수록 점점 더 자연 상태의 자유와 평등을 빼앗기게 되었다고 설명한다. 만일 인간이 허위의식이 아니라 진정한 의식에 의해 역사를 발전시켰다면 자연 상태가 아닌 인간사회에서도 얼마든지 자유와 평등을 누렸으리라는 것이다.

즉 인간이 이성을 발전시킨 것 자체가 문제가 아니라 이성을 잘못 발전시킨 것이 문제라는 뜻이다. 또한 그는 루트비히 포이에르바흐 Ludbig Feuerbach의 유물론을 비판적으로 도입함으로써 루소와는 다른 관점에서 인간 세계를 바라보았다.* 인간 역사의 발전과 변화의 원천은 물질이라는 유물론을 받아들이는 동시에, 인간은 이러한 유물론에 입각한 세계를 다수 대중이 실질적인 권리를 찾는 방향으로 변화시켜야 한다는 주장을 추가했다.

마르크스는 역사 변화의 주된 힘으로 물질에 주목했다. 자연 상태의 인간은 육체적·정신적 자유와 평등만이 아니라, 물질적인 자유와 평등도 누리며 살았다고 보았다. 누구나 능력에 따라 물질을 생산하고, 필요한 만큼 소비하면서 살았다는 것이다. 원시사회에서 인간은 물질 생산 능력이 있는 사람이 수렵과 채집 활동을 하고, 생산된 먹거리를 모두가 필요한 만큼 나누어 가졌다고 설명한다. 마르크스는 자연 상태에서 물질적 자유와 평등이 보장되었기 때문에 인간이 자유롭고 평등했다는 점을 중요하게 생각했다.

다음으로 마르크스는 인간의 또 다른 본성을 생물종으로서의 존재 species-being로 정의한다. 인간 역시 동물과 같이 하나의 종species으로서 자신의 본성을 유지·발전시키는 힘을 보유한다고 했다. 모든 동물은 단독으로는 자신의 본성을 유지·발전시킬 수 없다. 이는 해당 종에 속하는 다른 동물들과 함께하는 사회관계 속에서만 가능하다. 사람을 포함한 모든 생물종은 특정한 사회관계 및 역사성에 의해 삶의 특성과 방법이 결정된다는 것이다. 이러한 사고는 헤겔의 자유주의 비판을 계승한 것이다. 마르크스의 생각을 보다 명확하게 표현하면, 인간의 모든 행동과 결과는 사회적인 산물로, 인간 세계에 존재하는 부와 권력, 명예 등 개인의 소유로 보이는 것조차 개인 노력의 결과가 아니라 사실은 사회관계의 결과라는 것이다.

또한 마르크스는 헤겔의 자유주의 비판**을 유물론적 입장에서 발

**마르크스의 소외론**

마르크스는 자본주의 체제에서는 대중들이 자신의 노동 행위의 결과로부터, 노동 행위 자체로부터, 인간성으로부터, 다른 사람으로부터 소외된다고 주장했다. 첫째, 자신의 노동 결과로부터의 소외는 노동자가 수행한 노동의 결과, 즉 생산물이 노동자의 소유가 아니라 자본가의 소유가 된다는 것을 의미한다. 둘째, 노동 행위 자체로부터의 소외는 노동자의 의지에 의해 노동 행위를 수행할지 말지를 결정할 수 없게 되는 것을 의미한다. 노동자는 급여를 받고 자신의 노동력을 매매했기 때문에 원하지 않더라도 노동

---

전시켰다. 유물론적 관점에서 헤겔을 비판하면서 자신의 철학을 정립한 것이다. 헤겔은 인간의 역사가 이성에 의해 발전한다고 했지만, 마르크스는 이성(상부구조)이 아니라 물질 관계(하부구조)에 의해 역사가 변화했다고 주장했다. 마르크스는 이성에 의해 인간이 갈구하는 세계정신을 현실에 구현할 수 있을 것이라는 헤겔의 주장을 편향된 이상주의라고 비판했다. 인간 이성의 발전에 의해 사회가 발전한 것이 아니라, 인간 이성이 발전할수록 모순이 더 집적되어왔다는 것이다. 따라서 인간의 이성에 의해서는 진정한 인간 해방을 이룩할 수 없다. 마르크스는 인간의 삶과 역사의 원동력이 물질이기 때문에 실질적인 인간 해방을 위해서는 자본주의에 이르기까지 발전해온 물질 관계(경제 관계)의 혁명적 변화를 거쳐야 한다고 주장했다.

마르크스는 물질구조 및 관계 등의 하부구조가 인간의 의식을 비롯한 제반 사회구조와 관계 등의 상부구조를 결정한다는 점을 설명하기 위해 생산양식이란 용어를 사용했다.** 그는 한 사회의 경제구조인 생산양식은 인간이 물질을 생산하는 생산력과 생산관계의 결합으로 결

행위를 할 수밖에 없다는 것이다. 셋째, 인간성으로부터의 소외는 노동 행위를 할 수 없게 된 노동자가 자신의 운명을 스스로 판단하고 헤쳐나갈 수 없게 되는 것을 의미한다. 넷째, 다른 사람으로부터의 소외는 자기 자신으로부터 소외된 노동자가 결국 다른 사람으로부터도 인간의 기본권조차 인정받지 못하는 것을 의미한다. 결국, 자본주의 사회에서의 소외는 형식적으로는 인간으로 살고 있지만, 실질적으로는 자신의 운명을 스스로 결정하지 못하게 되어버린 다수 대중의 예속된 삶을 의미한다.

---

정된다고 했다. 인간은 일상생활을 영위하는 과정에서 물질을 생산하면서 사회관계를 맺고, 이는 인간의 의지와 관련 없이 불가피하게 맺어지는 필연적 관계라는 것이다. 또한 주어진 생산양식에 의해 인간의 사회경제적 구조가 결정되며, 이러한 구조에 의해 계급이 발생하고, 인간의 사회의식이 형성되며, 그 결과 국가, 정부, 법, 제도를 비롯한 정치, 사회, 경제의 제반 관계뿐 아니라 인간의 의식과 이성, 도덕성까지 결정된다고 주장했다. 다시 말해 인간의 삶의 방식은 철저히 물질적 관계에 의해 결정된다는 것이다.

이러한 관점에서 마르크스는 자유주의에 기초한 자본주의 국가와 정부, 사회를 생산력과 생산관계라는 물질적 관계로 나타난 체제와 구조로 보았다. 자본주의 상부구조는 자본주의 생산양식을 통해 수립된 것인데, 이는 기계화와 노동의 분화, 자본 중심의 생산, 사유재산, 개발과 착취 등의 생산수단 및 생산관계 등을 통해 인간을 분절화시킨 결과이다. 자본주의 사회에서는 인간이 이기적인 존재로 원자화되어 사적 이익을 추구하고, 다른 사람들과의 관계에서 갈등과 경쟁에

몰두하며, 공동 분배되어야 할 재산을 자본가가 독식하는 구조적 모순이 발생한다는 것이다. 인간은 본래 사회적 존재이므로 모든 생산물은 공동 생산된 것이고, 따라서 모든 결과물이 공동 분배되어야 함에도 불구하고 자본주의 사회에서는 개인이 물질을 생산한 것으로 착각하는 허위의식에 사로잡혀 결과물을 사유화함으로써 절대 다수의 대중을 소외시키게 되었다는 것이다.

다수 대중의 소외는 사유재산과 계급의 발생에 따른 것으로 인간의 자유와 존엄성이 상실되었음을 의미한다. 자본주의 생산양식에 의한 사유재산 제도는 필연적으로 소수의 재산 독점으로 나타난다. 자본주의는 모든 개인을 끝없는 경쟁으로 내몰아, 소수의 승자가 물질을 독점하게 된다. 물질을 독점한 소수는 정치, 경제, 사회, 문화 및 종교 등 모든 분야에서 독점을 고착시키는데, 그 결과가 바로 자본주의 사회에서 나타나는 모든 제도라는 것이다. 결국 소수 지배 체제 아래에서 절대 다수는 정치적 자유와 인간 존엄성마저 잃어버린다는 것이 마르크스의 주장이다.

마르크스는 이상과 같은 자본주의 사회의 모순을 정당화하고 지탱하는 것이 자본주의 국가와 정부라고 주장했다. 자본주의 국가와 정부는 각종 법과 제도, 정책을 통해 다수 대중에 대한 소수 자본가의 약탈을 정당화할 뿐만 아니라 더욱 심화시킨다는 것이다. 자본주의 국가와 정부는 절대 다수의 대중이 소외되어 인간의 존엄성과 자유마저 박탈당하는 사회구조를 정착시키는 도구에 불과하다는 것이다.

마르크스는 국가와 정부뿐만 아니라 자본주의 사회에 정착된 법,

**산업혁명기 영국에서 값싼 노동력을 제공했던 어린 노동자들**

18세기 말엽 자본의 축적과 풍부한 노동력, 원료와 시장의 확보를 바탕으로 영국에서 일어난 산업혁명은 근대 자본주의 사회를 성립시킨 경제·사회상의 혁명이었다. 그러나 급격한 자본주의의 발달은 노동 조건 악화와 실업자의 증가, 도시 인구의 집중 현상 등 심각한 사회 문제를 야기했다. 이러한 자본주의의 폐해를 지켜본 마르크스는 프롤레타리아 혁명으로 공산주의적 사회관계를 재정립해 평등하게 물질을 배분하면 자본주의가 낳은 모순 상태에서 벗어나 정치적·사회적 해방을 포함한 인간 해방을 이룰 수 있다고 주장했다.

제도, 관습, 역사, 종교 등 상부구조 역시 자본주의의 모순을 정당화한다고 주장했다. 이러한 상부구조는 인간의 허위의식에 의해 정당화됨으로써 존재한다는 것이다. 그는 자본주의의 법과 제도, 관습은 사유재산 제도와 빈익빈 부익부의 경제구조를 정착시키는 역할을 하여, 마침내 소수 자본가는 모든 정치적·경제적 특권을 향유하고, 절대 다수의 노동자는 모든 정치적·경제적 권리를 박탈당하게 되었다고 말한다. 마르크스는 종교 또한 아편이라고 비판했다. 종교는 순간의 고통을 치유하고, 잘못된 행복을 제공할 뿐, 진정한 자유와 행복을 가져다주지 않는다는 것이다. 기록된 인간의 역사 역시 자본주의의 정당성을 인정하여 절대 다수 노동자들이 자신의 권리를 망각하게 한다고 비판했다.

한마디로 마르크스는 자본주의 사회에 존재하는 정치, 경제, 사회, 문화, 종교 등 모든 법과 제도, 역사는 잘못된 인간관계에서 비롯되었고, 사람들의 인정을 받아 존속한다고 주장했다. 따라서 그는 자본주의 국가와 정부를 비롯한 모든 시스템을 하루속히 폐지하고, 새로운 국가와 정부를 수립해야 한다고 말했다.

: 마르크스의 좋은 정부
## 정치적·사회적 상호의존성에 기반한 정부

좋은 정부에 대한 마르크스의 관점 역시 명확하다. 그는 자본주의 사회와 정부가 극복의 대상이라고 분명히 제시한 것처럼, 사회주의 사회와 공산주의 정부가 좋은 사회와 정부라고 단언했다. 그 이유는 생산양식의 변천에 따른 역사의 변화를 설명한 변증법적 유물사관을 통해 이해할 수 있다.

마르크스는 생산수단과 생산관계가 결합되어 한 사회의 생산양식이 결정되며, 이것에 의해 사회경제적 관계가 결정된다고 했다.** 수렵과 채집 형태의 생산수단을 통해 가족 단위의 공동 생산을 하던 원시사회의 노동생산성은 한 사람이 자신의 먹거리를 생산하는 정도에 불과했다. 따라서 사회에 잉여생산물, 즉 착취할 물질이 없어 지배의 필요성이 없었다. 그렇기에 지배와 복종 관계가 형성되지 않고 계급이 존재하지 않았던 것이다. 다시 말해 잉여생산력이 존재할 수 없는 원시적 생산력과 공동 소유 및 공동 생산의 원시적 생산관계에 의해 원시적 생산양식이 형성되었고, 원시적 생산양식이라는 하부구조에 의해 사회 구성원이 공동으로 분배하고, 계급이 없으며, 지배와 복종 관계도 없는 원시적 사회관계가 정착되었다는 것이다.

다음으로 마르크스는 원시적 생산양식 사회에서 아시아적 생산양식 사회로의 변화는 아시아적 생산양식의 출현에 의한 결과라고 설명했다. 원시사회에서 인간의 이성이 발달함에 따라 홍수와 가뭄을 예방하고 가축의 힘을 이용하는 등 새로운 생산수단을 개발하게 되고, 이로 인해 생산관계도 변화하여, 이를 결합한 아시아적 생산양식이 정착했다는 것이다. 원시적 생산양식이 아시아적 생산양식으로 나아갈 수밖에 없는 필연적 과정은 두 양식 간의 생산성의 차이에 기인한다. 생산성이 높은 아시아적 생산양식이 경쟁과 투쟁을 통해 지배적 생산양식이 되었다는 것이다. 또한 우월한 생산양식인 아시아적 생산양식이 부족장은 지배하고 부족민은 복종하는 아시아적 사회관계를 정착시켰다는 설명이다.

이렇게 인간 이성의 발달로 물질 생산성이 높아지자 새로운 생산양식이 나타났고, 새로운 생산양식은 과거의 생산양식과의 투쟁에서 승리하여 지배적 생산양식으로 정착되었으며, 이 진보된 생산양식이 인간의 새로운 사회경제적 관계를 형성해가며 사회가 변화했다. 즉 마르크스는 원시적 생산양식, 아시아적 생산양식, 고대적 생산양식, 봉건적 생산양식, 자본주의 생산양식 등의 순서대로 사회가 변화해갔다고 주장했다. 이 같은 사회 변화의 주요 원천이 물질이고, 물질 생산력과 생산관계의 결합인 생산양식은 변증법적으로 우세한 생산양식으로 변화한다는 것이 바로 마르크스의 변증법적 유물론이다. 또한 생산양식 간의 경쟁에서 우세한 생산양식이 열세한 생산양식을 극복한다는 것이 계급투쟁적 유물사관이다.

마르크스는 좋은 국가와 정부, 좋은 사회의 근거와 접근 방법 역시 변증법적 유물사관에서 찾았다. 그는 지금까지 물질 관계, 즉 생산양식의 발전에 의해 자유의 속박, 물질적 불평등, 인간 소외 등의 근본적인 국가사회 문제가 발생했다고 보았다. 또한 물질적 관계인 생산양식이 사회적, 정치적, 지적인 삶을 비롯한 인간관계를 결정한다면, 생산양식을 변화시킴으로써 국가사회의 근본 문제를 해결할 수 있다고 생각했다. 그 새로운 대안이 바로 사회주의 생산양식이다.

그러나 마르크스는 지금까지 발전한 생산양식 중에서 생산성이 가장 높은 것은 자본주의 생산양식이기 때문에 자본주의의 모순을 극복할 방법을 찾기는 쉽지 않다고 했다. 따라서 지금까지와는 다른 역사 발전의 새로운 이해를 바탕으로 한 대안을 모색해야 한다고 주장했다. 인간의 역사 과정에서 자본주의 생산양식이 다른 어떤 생산양식보다 우월하기 때문에 그대로 두면 자본주의 체제가 더욱 공고해진다는 것이다. 그는 이런 과정에서 자본주의의 모순을 발견했고, 이에 따른 질적 변화 가능성을 바라보았다. 그리고 자본주의 생산양식의 발전 과정에서 원동력이었던 생산성이라는 양적 변화는 한계에 이르렀다고 설명한다. 자본주의 생산양식은 생산성 향상의 극단에 이른 반면, 또 다른 측면에서는 이로 인해 빈익빈 부익부의 극단적인 사회적 모순에 봉착했다는 것이다.

마르크스는 사회주의 생산양식으로의 변화는 역사의 필연적 결과라고 하면서, 사회주의 생산양식이 현존 자본주의 생산양식의 우월성인 물적 생산성을 극복할 수 있다고 주장했다. 자본주의는 발전할수록 구조적 모순이 극심해지다가 결국 자체 붕괴할 것으로 보았다. 역사는 계급투쟁의 결과로 승리한 계급이 지배 이데올로기를 독점하게 되는데, 자본주의가 발전하면 할수록 자본가 계급의 수는 점점 더 적어진다. 이에 반해 계급투쟁에서 밀려난 노동자 계급의 수는 점점 더 많아지고, 경제적 격차가 극단적으로 심화되면서 자본가와 노동자 계급 간의 갈등이 더 커진다는 것이다. 그는 극소수 자본가의 부의 독점과 절대 다수 노동자의 절대 빈곤 상태라는 유지되기 어려운 모순은 결코 오래갈 수 없다고 보았다. 결국, 극심한 물질 생산성 증가의 모순을 계기로 자본주의 생산양식에서 사회주의 생산양식으로의 질적 변화를 맞이하게 된다고 주장했다.

마르크스는 사회주의 생산양식의 탄생에는 계급투쟁이 결정적인 역할을 하리라고 보았다. 그는 한 사회의 생산양식이 지배 이데올로기로 변화하는 과정에서 계급 간의 투쟁이 발생하고, 계급투쟁의 결과를 모든 사람이 받아들임으로써 지배 이데올로기가 정착된다고 보았다. 즉 인간을 구속하고 인간의 존엄성을 극단적으로 훼손하는 자본주의 생산양식과 이를 극복하여 인간 해방으로 인도할 사회주의 생산양식 간의 계급투쟁에서 사회주의 생산양식이 승리해야 사회주의 이데올로기에 의한 국가와 정부, 사회를 건설할 수 있다는 것이다. 자본주의 생산양식은 자체 모순에 의해 필연적으로 붕괴하겠지만, 결국은 자본주의 체제에서 절대 다수 노동자가 사로잡혀 있는 자본주의 이데올로기에서 벗어나야만 사회주의 이데올로기에 기초한 국가 사회를 건설할 수 있다는 것이다. 즉 자본주의 생산양식에서 사회주의 생산양식으로의 전환은 경제 시스템의 변화와 더불어, 프롤레타리아 혁명을 통한 사회주의 이데올로기로의 전환이라는 정치 혁명이 수반되어야 한다는 것이다. 이것이 마르크스가 주장하는 프롤레타리아 혁명의 필요성이고, 이 혁명이 정치, 경제, 사회, 문화, 종교 등 모든 부문에서 동시에 발생할 때 사회주의라는 새로운 세상이 열리게 된다고 주장했다.

결국, 마르크스는 프롤레타리아 혁명을 통한 공산주의 국가와 정부, 사회로의 혁명적 전환이 역사적으로 심화되어온 인간과 인간 간의 적대관계를 청산하는 해결책이라고 주장했다. 그는 공산주의만이 경쟁사회로부터 인간 중심의 사회로의 변화를 가능케 하며, 전체 사회 구성원이 자각하여 자신의 의지로 자신의 세상을 살아가는 인간해방의 국가와 사회를 건설하는 방법이라고 했다. 즉 인간 사이의 첨예한 갈등을 야기하고, 지배와 복종 관계를 정착시킨 사유재산을 폐지함으로써 공동 생산과 공동 소비에 기초한 경제적 평등을 되찾아야 한다고 역설했다. 하부구조인 사회주의 경제 시스템이 정착되면, 그에 따라 공산주의가 지배 이데올로기가 되고, 동시에 국가사회의 정치, 사회, 문화, 종교 등의 제반 상부구조 역시 사회주의 시스템으로 전환된다는 것이다.

따라서 마르크스에게 좋은 국가와 정부란 결국 경제적 평등을 달성하는 국가와 정부이다. 자본주의 경제체제에서는 개인의 능력에 따라 경제 가치가 배분되기 때문에 경제적 불평등이 발생한다. 또 마르크스는 인간에게는 잠재력 개발을 위해 다양한 물질적 자원이 필요하다는 것을 인식했다. 따라서 능력이 아니라 필요에 따라 경제 가치가 배분되어야 한다고 역설했다.

마르크스는 또한 노동의 분화를 폐지해야 한다고 주장했다. 그가 단순히 자본주의를 약화시키기 위해 노동의 분화를 폐지하자고 한 것은 아니다. 그는 각 개인이 법, 정치, 이념을 비롯한 상부구조의 모든 수단을 결정하는 생산수단의 실질적인 소유자가 되어야 하기 때문에 노동의 분화를 폐지해야 한다고 주장했다. 인간은 가정과 직장, 사회 등 모든 삶의 영역에서 독립적으로 살아갈 수 없고 상호 의존하며 살아가는 존재이다. 따라서 모든 사람이 완전한 시민으로서 실질적 권리를 소유하고, 각자의 권력이 사회적 권력으로 조직화되어 정치적 권력과 사회적 권력이 더 이상 분리되지 않을 때, 즉 인간 본연의 모습을 찾을 때 비로소 인간 해방이 완성되리라고 보았다. 노동이 분화되어 한 사람이 자기에게 맡겨진 직분만을 수행해서는 자신의 삶을 전체적으로 조망할 수 없을 뿐만 아니라, 자신이 속한 직장과 사회, 국가의 전반적인 흐름을 이해할 수 없다. 그에 따라 인간은 결국 자신의 운명을 비롯해 사회의 중요한 의사 결정 과정에서 실질적으로 배제된다는 것이다.

마르크스는 경제적 불평등이 인간 소외를 초래했다고 보았다. 그리고 진정한 경제적 평등을 달성하기 위해서는 사유재산을 폐지해야 한다고 주장했다. 사유재산을 폐지하지 않는 한 경제적 불평등이 언제든 다시 발생할 수 있기 때문에, 사유재산 폐지와 동시에 물질의 소유 관계를 혁신할 필요가 있다는 것이다. 물질의 소유와 분배에 의해 인간의 인격과 존엄성이 결정되는 만큼, 인간의 양도할 수 없는 권리가 유지·발전할 수 있는 소유와 분배 관계를 정립해야 한다는 뜻이다. 따라서 인간의 평등은 경제적 소유권의 평등한 분배뿐만 아니라, 경제적 생산 활동의 통제까지 확보해야만 달성할 수 있다는 것이다. 즉 경제적 평등만이 아니라 정치적 권리까지 확보해야 진정한 인간 해방에 이를 수 있다는 말이다.

한편, 마르크스의 인간 소외와 해방에 대한 관점을 루소와 비교하면 보다 명확하게 이해할 수 있다. 마르크스의 인간 소외에 관한 관점은 인간의 이성과 사회가 인간을 타락시켰다는 루소의 주장과 매우 유사하다. 루소는 인간의 자유를 구속하고 소외시키는 속박으로부터 해방을 염원하며 그 대안으로 경제적 독립성에 바탕을 둔 정치적 상호의존성을 제시했다. 그러나 마르크스는 루소가 주장한 경제적 독립성을 비판했다. 인간은 사회적 동물이기 때문에 어느 누구도 경제적으로 독립할 수 없다는 이유로 경제적 상호의존성에 바탕을 둔 정치적·사회적 상호의존성을 제안한다. 그는 인간의 정치적·사회적 해방을 위해서는 원래 모습인 상호의존성을 회복하는 것이 올바른 방법이지만, 정치적·사회적 해방만으로는 완전한 해방에 이를 수 없다고 보았다. 따라서 독립적이고 이기적인 개인을 사회관계를 유지하는 시민, 또는 도덕적 개인으로 복원함으로써 경제적 상호 의존 관계를 되살려야 했다. 요컨대 정치적·사회적 해방에 더하여 경제적 해방까지 이루어야 마침내 인간 해방을 달성할 수 있다는 것이다. 특정한 시기의 생산양식이 정치적, 문화적, 구조적 조건을 결정하고, 물질적 관계가 인간의 사고를 지배하며 개인의 특성을 결정한다는 점을 통찰한 것이다. 물질적 관계가 인간의 사고와 정치적 관계를 결정한다면, 당연히 근본적인 물질적 관계를 개선해야만 진정한 인간 해방을 이룰 수 있을 것이다.

또한 지역사회를 기반으로 한 소규모 사회를 선호한 루소와는 달리, 마르크스는 대규모 국가사회에 주목해 이를 변화시켜야 한다고 주장했다. 루소가 원시적 자연 상태와 같은 소규모 사회 건설로 궁극적인 행복을 되찾을 수 있다고 생각한 반면, 마르크스는 평등한 물질의 소유를 바탕으로 한 공동사회에 초점을 맞추었기 때문이다. 생산성의 극대화를 통한 자본주의 생산양식의 정착과, 그로 인한 사회 모순의 발생은 대규모 국가사회에서 심화되며, 이러한 과정을 통해 궁극적으로 공산주의 사회에 이를 수 있다. 이러한 점에서 마르크스는 자본주의가 고도로 발달한 대규모 국가에서 우선 프롤레타리아 혁명과 공산주의 국가를 건설할 수 있다고 주장했다.

마르크스는 부패하고 소외가 만연한 사회로부터 해방된 민주적이며 자유로운 사회를 제시했다. 그는 "프롤레타리아 혁명으로 건설된 사회에서는 모든 사회 구성원이 자신의 존재를 확인하며, 사회에 참여하고 통제한다"라고 말했다. 진정한 국가와 정부, 사회는 경제적·정치적 상호의존성을 기반으로 형성되어야 한다는 것이다. 여기에서 경제적·정치적 상호의존성은 모든 사회 구성원이 자신의 운명을 스스로 개척할 수 있는 경제적·정치적 능력을 보유하고 있을 뿐만 아니라 직장·사회·국가를 비롯한 모든 조직에서 자신의 주체적인 의견을 제시하고, 조직의 운명을 함께 결정하며, 운명의 동반자로서 다른 사람들과 함께 행복을 나눈다는 의미가 담겨 있다. 그는 인간 해방에 '1인 1표' 등의 형식적인 정치 참여는 물론이고, '한 사람, 한 시민의 실질적이며 평등한 권리'의 정치적 해방, 그리고 공동 생산과 공동 소비의 완전한 경제적 해방까지 포함한 것이다.

## 유일 이데올로기에 대한 비판

마르크스는 당시에는 생각하기 힘든 물질, 즉 부와 경제 관계를 중심으로 한 혁명적이고 새로운 국가와 정부, 사회의 상을 제시했다. 그의 대안은 사유재산을 폐지하고, 공동 생산, 공동 소유, 공동 소비의 미덕을 발휘하여 경제 평등을 실현함으로써 계급을 철폐하고, 지배와 복종 관계가 사라진 정치적·경제적·사회적으로 평등한 세상을 구현하는 것이다. 그가 제시한 공산주의 국가와 정부, 사회에 대한 혁명적 사고는 현실 정치에 반영되어 마르크스에 대한 논의 없이 20세기를 설명할 수 없을 정도로 인류 역사에 큰 영향을 미쳤다.

그러나 마르크스의 대안에도 영향력만큼이나 큰 비판이 따른다. 우선 그가 극복 대상으로 본 자본주의 국가와 정부, 사회에 관한 인식이 문제였다. 마르크스는 자본주의가 물질 생산성을 극대화하는 강점을 지녔으나 빈익빈 부익부 현상이나 절대 다수의 절대 빈곤화 등의 자체 모순에 의해 필연적으로 붕괴할 것이라고 예언했다. 하지만 자본주의는 현재까지 장점을 극대화하고 구조적 모순을 극복해나가고 있다. 자본주의 사회의 경제력 증가로 인해 부르주아와 프롤레타리아 계급 간의 격차가 지속되고 있지만, 동시에 노동자 계급의 생활의 질이 향상되고, 이로 인해 계급 갈등이 오히려 줄어들고 있다. 자본주의가 발달한 미국과 유럽의 국가는 자본주의가 덜 발달한 제3세계 국가보다 계급 갈등이 적은 것이 사실이다.

사회주의 국가에서 프롤레타리아 혁명을 이끌어야 하는 노동자들과 빈민들은 사유재산 폐지와 공동 생산, 공동 소비의 사회주의 생산 양식을 받아들이기보다는 오히려 개인적 부를 추구하는 경향이 있다. 또한 사회주의 경제 관계의 운영에 필요한 '능력에 의한 생산'과 '필요에 의한 소비'가 실행되지 못하고 있다. '능력에 의한 생산'이 충족되기 위해서는 모든 사람이 자신을 위해서뿐만 아니라 다른 사람들을 위해서도 능력껏 일하는 사회주의적 미덕이 발휘되어야 한다. 그러나 사회주의 체제에서조차 어느 누구도 다른 사람을 위해서 열심히 일하지 않을 것이다. 실제로 공산주의가 수립된 모든 국가에서 물질 생산성이 장기적인 관점에서 크게 떨어졌다는 것이 이러한 사실을 방증한다. '능력에 의한 생산'이 불가능하다면 '필요에 의한 소비' 역시 불가능하다. 생산된 물질이 부족하다면 소비할 물질 역시 부족할 수밖에 없기 때문이다.

베버가 비판했듯이 모든 개인과 국가, 사회의 목표가 똑같을 수는 없다. 사람들은 다양한 가치를 가지고 있으며, 자유와 평등, 인간의 존엄성에 대한 가치도 다를 수밖에 없다. 경제적 부에 대해서도 각자 다르게 생각할 수 있다. 개인의 행복도 자신의 방식대로 접근한다. 따라서 모든 사람의 이데올로기가 동일할 수는 없는 것이다. 마찬가지로 국가와 사회의 가치와 목표도 다양할 필요가 있고, 시대와 상황에 따라 변화되어야 한다. 그러나 마르크스는 개인과 국가, 사회와 경제에 대한 다양한 가치를 인정하지 않고, 공산주의 이데올로기 단 하나로 수렴하여 미래 청사진을 제안했다. 그에게 공산주의 이데올로기 및 가치와 다른 것은 모두 허위의식의 산물로 비판받아야 한다. 개인적

부의 추구도 허위의식의 소산이고, 혼자만의 자유를 찾겠다는 발상도 허위의식에 의한 것이다.

　자유주의자들은 마르크스의 경제적 평등에 관한 관점을 비판한다. 마르크스도 인정했듯이 개인의 자유는 누구의 속박도 받아서는 안 되며, 양도할 수 없는 권리이다. 개인이 경제활동을 하느냐, 마느냐는 순수하게 개인의 권리이다. 한 사람은 경제활동을 선택하여 경제적 부를 쌓고, 다른 사람은 부를 축적하기보다는 다른 활동을 선택할 수 있다. 이렇게 개인의 자유로운 선택에 의해 형성된 경제적 불평등은 자유의지의 결과일 뿐이다. 이 경우, 경제적 불평등을 해소하기 위해 국가와 정부가 개입한다면, 그 권력의 정통성은 인정될 수 없다.

　마르크스는 노동의 가치 이외의 다른 경제적 가치를 인정하지 않았다. 모든 경제 생산물은 노동의 결과물이고, 모든 사람의 인격과 존엄성이 동등한 만큼, 모든 노동자의 노동은 동등한 가치를 지닌다고 주장했다. 따라서 동등한 노동에 의해 생산된 생산물은 평등하게 분배되어야 한다. 그러나 한 사회의 생산물은 노동에 의해서만 증가하는 것은 아니다. 과학기술의 발달에 의해 또는 인적자원에 대한 투자에 의해 생산성이 증가되기도 한다. 노동에 의한 결과만이 경제 가치로 인정된다는 마르크스의 입장에 따르면, 과학기술이나 인적자원에 투자할 필요가 없다. 실제로 공산주의 사회에서는 과학기술과 인적자원에 대한 투자를 등한시하여 전체 사회의 생산성이 떨어지고 말았다. 한편, 과학기술과 인적자원에 의한 생산 가치를 인정한다면 모든 사람이 경제적으로 평등하다는 마르크스의 선언은 재고될 수밖에 없다.

또한 마르크스의 역사 발전 단계에 관한 주장에도 논리적인 모순이 있다. 그는 원시적 생산양식으로부터 자본주의 생산양식까지는 생산성의 발달에 의해 이루어지고, 이후에는 자본주의 모순에 의해 생산양식이 사회주의 생산양식으로 변화한다고 설명했다. 그는 자본주의가 생산성이 가장 발달한 생산양식으로 더 이상 생산성이 증가할 여지가 없고, 사회 모순이 극단에 이르렀기 때문에 양적인 증가가 질적인 변화로 바뀌게 된다고 설명했다. 마침내 사회주의 생산양식이 등장하는 것이다. 그러나 역사적으로 자본주의의 생산성은 지속적으로 증가해왔다. 마르크스가 자본주의가 극단적으로 발전했다고 지적했던 서구에서도 생산성은 끊임없이 증가했다. 그렇다면 자본주의는 아직도 덜 성숙했고, 모순의 극단에 도달하지 못했다고 보아야 한다.

마르크스가 주장한 자본주의의 모순은 자본주의를 부정하고 사회주의 출현의 당위성을 찾기 위한 논리라는 비판이 따른다. 그가 주장했듯이 역사는 가치가 증진되는 방향으로 진보한다. 원시 사회로부터 자본주의 사회까지는 생산성의 증가라는 확실한 가치의 증진으로 인해 사회가 변화했고, 이 점은 누구나 쉽게 동의할 수 있다. 그러나 자본주의 사회가 공산주의 사회로의 변화의 원동력이라는 점은 인정하기가 쉽지 않다. 마르크스는 프롤레타리아 혁명이 발생하여 자본주의가 공산주의로 변화하는 이유로 인간의 자유 속박, 존엄성 상실, 소외, 불평등, 지배와 복종 구조 등의 사회문제 해결을 내세운다. 그러나 엄밀한 의미에서 이러한 사회문제 해결은 기존 가치의 재분배라는 의미는 있지만 새로운 양적, 질적 가치를 창출한 것으로 보기는 어렵다. 공산주의 사회가 자본주의 사회는 제공할 수 없는 새로운 가치를 제공하기 때문에 우월한 사회라고 하기보다는 자본주의 사회가 나쁘고, 공산주의 사회는 자본주의의 나쁜 측면을 수정할 수 있기 때문에 실현되어야 한다는 주장이다. 즉 자본주의라는 부정해야 마땅한 체제를 부정하는 것이 공산주의라는 것이다. 그러나 '부정의 부정'이 꼭 강한 긍정은 아니다. 타인의 문제점을 비판하는 사람이 반드시 좋은 사람은 아니듯, 한 체제의 모순을 부정하는 다른 체제가 꼭 우수한 대안은 아닌 것이다.

마르크스는 역사의 발전 단계를 제시했지만 미래에 대한 언급은 공산주의로 끝난다. 공산주의 이후에는 역사가 발전하지 않는다는 뜻인가? 원시시대부터 자본주의까지 물적 생산성이라는 양적 증가에 의해 역사가 발전되었고, 자본주의가 질적 혁명에 의해 공산주의로 전환되었다면, 공산주의 이후는 어떤 힘에 의해 인류 역사가 지속적으로 발전하는지 설명해야 설득력이 있을 것이다. 인간은 끊임없이 변화하는 존재이기 때문이다.

마르크스는 자본주의가 가장 발전한 국가에서부터 공산주의가 우선 발생할 것이라고 예상했다. 그러나 서유럽과 미국에서는 공산주의가 성공하지 못했다. 자유주의 전통이 건재하고 평화적·헌법적 수단에 의해 자본주의의 모순을 극복하기 위해 개혁을 멈추지 않았기 때문이다. 자유주의와 자본주의가 자체 생명력에 의해 발전적 대안을 찾은 것이다. 오히려 자본주의가 변증법적 논리로 마르크스가 주장한 복지국가와 부의 재분배를 수용했다고 볼 수 있다. 더욱이 현실에서는 자본주의가 덜 발전한 러시아와 동유럽 국가에서 프롤레타리아 혁명이 발생했다. 더욱이 마르크스가 아시아적 생산양식에 머물러 있기 때문에 절대로 공산주의가 성공할 수 없다고 단언했던 아시아의 중국과 베트남, 북한 등에서 공산주의 체제가 정착되었다. 공산주의야말로 가장 과학적이라고 목소리를 높인 마르크스의 논리적 모순을 역사가 입증한 것이다.

다음으로 살펴볼 것은 공산주의 국가와 정부 체제에서는 과연 마르크스가 주장한 대로 자본주의 체제의 모순이 극복되었는가 하는 문제이다. 마르크스는 프롤레타리아 혁명 이후 공산주의 사회가 완성되면 국가와 정부가 사라지고, 가치를 배분하는 정치 역시 사라질 것으로 전망했다. 그러나 현실에서는 공산주의 국가에서 국가와 정부의 역할이 자본주의 체제에서보다도 더욱 강조된 바 있다. 특히 베버가 지적한 바와 같이, 프롤레타리아 혁명이 일어난 국가에서 관료제가 더욱 강화되었다. 또한 프롤레타리아 혁명 이후 공산주의 체제를 수립한 모든 국가에서 마르크스의 예상과 달리 프롤레타리아 독재, 즉 다수에 의한 통치가 아니라, 1인 독재 체제가 정착했다.

공산주의 사회의 또 다른 문제점은 교조주의에 있다. 마르크스가 말한 바와 같이 그의 이론은 과학적이고 논리적이다. 인간과 사회에 대한 명확한 가정에서 출발하여 국가와 사회의 문제점을 직시하고, 미래사회에 대한 전망을 제시한다. 몇 가지 가정을 받아들이면, 그의 이론에는 논란의 여지가 거의 없다. 그러나 이론과 모델이 완전성을 갖춘 만큼, 위험성도 크다. 인간의 가치관과 이데올로기의 다양성을 인정하지 않은 단일 모델은 모든 사회 구성원에게 국가와 정부, 사회가 제시한 법과 제도에 절대적으로 충성하고 획일화된 방식으로 살아가도록 강요한다. 사회 구성원의 다양한 의견과 대안 가운데 완벽한 단 한 가지 대안이 존재한다고 믿게 된다. 공산주의의 최종 목표가 설정된 이후에는 사회 구성원 모두 이를 지상명령으로 받아들일 수밖에 없다. 공산주의 사회에서는 자신들이 원하는 방식으로 교조주의를 구축하게 되는 것이다. 그 결과 이상적인 국가와 정부, 사회를 건설하기 위해 한 사람의 최고 지도자가 등장하게 된다. 독재 국가, 독재 정부, 독재자가 탄생하는 것이다. 공산주의의 절대주의적 사고는 모든 구성원과 사회체제를 기계적 폐쇄주의에 빠뜨리게 된다.

### 인간 존엄성을 생각하다

마르크스의 국가와 정부, 사회에 대한 이론은 포이에르바흐의 유물론, 루소의 인간관, 헤겔의 변증법을 비판적으로 계승하면서 새롭게 구조화한 것이었다. 이를 통해 우리는 인간의 지성이 계속 진보하면서, 인간과 사회에 대한 이해의 폭이 넓어지고 있음을 볼 수 있다. 비록 실패로 판명되었으나 마르크스의 이론은 인류 역사에 큰 영향을 미쳤다. 특히 그가 변증법적 유물사관에 입각하여 사회 변화를 바라보고, 이에 따라 고발한 사회의 제반 문제는 인류가 반드시 해결해야 할 과제임이 분명하다.

**마르크스가 《공산당 선언》에 제시한 10대 정책 목표**

1. 토지 재산 및 지대의 폐지
2. 누진 소득세 실시
3. 상속권 폐지
4. 해외 도피자 및 반역자의 재산 몰수

---

마르크스의 가장 큰 업적은 인류 역사가 진화하면서 얼마나 많은 사회문제를 양산했는지를 보여준 것이다. 엄청나게 많은 물질이 생산되었음에도 불구하고 자본주의 체제의 구조적인 분배 문제로 인해 다수의 노동자와 빈민이 겪었던 절대 빈곤 문제, 경제적 예속으로 인한 인간의 존엄성 상실, 절대 탈출할 수 없는 빈곤의 악순환 등이 마르크스의 비판을 통해 적나라하게 드러났다. 자본주의 사회에서 소수 엘리트가 물질뿐만 아니라 정치, 경제, 사회, 문화, 종교 등의 정신적 부문까지도 독점하는 현상을 단지 개인의 노력에 의한 결과로 인정해줄 수는 없는 것이다. 마르크스는 같은 하늘 아래, 한편에서는 절대 다수의 절대 빈곤과 소외, 복종이 구조화되는 반면, 다른 한편에서는 극소수의 물질적 풍요와 낭비, 이데올로기와 권력 독점이 나타나는 구조적 문제점을 제기했으니 이는 휴머니즘에 기초한 사회개혁 의지의 발로이다.

실제로 자본주의 모순이 극심하던 19세기 및 20세기 영국에서는 전체 인구의 90퍼센트 이상을 차지하던 노동자 모두가 절대 빈곤에 시달렸다. 영국뿐만 아니라 아일랜드, 독일, 프랑스 등에서 건너온 초

5. 중앙은행의 국유화
6. 교통 및 통신 사업의 국유화
7. 주요 산업의 국유화, 농지 개간 정책 수행
8. 평등한 노동 책임과 의무, 산업 역군의 창설
9. 농업과 산업의 연합, 도시와 농촌 간의 차별 폐지, 도시 및 농촌 간 인구 분산
10. 무상교육, 미성년자 노동 금지, 교육 및 산업 연합

---

기 미국 이민자들은 자본주의가 발전한 모국의 경제 혜택을 받지 못했고, 굶주림에서 벗어나기 위해 항해 중 사망 가능성이 매우 높음에도 불구하고 이민을 택했던 것이다. 그러나 신생 미국에서도 다른 국가와 마찬가지로 자본주의의 구조적 모순이 발생했다. 미국 자본주의가 발달한 19세기 말 어느 독점자본가는 큰 부를 주체하지 못해 생일 축하 파티 음악에 맞추어 수많은 여성 무용수들을 커다란 생일 케이크 안에서 나와 춤추게 하고, 하객들에게 100달러짜리 지폐에 담배를 말아 선물로 제공하여 함께 피우게 했다는 기록이 남아 있다. 반면, 이 시기 미국에 온 후발 이민자들이 주축이 된 공장 노동자 및 농민들은 부녀자뿐만 아니라 대여섯 살의 어린이까지 하루 종일 일해도 굶주림에서 벗어나지 못했다는 기록이 셀 수 없이 많이 남아 있다. 마르크스는 이러한 자본주의의 폐해를 지적하고 국가사회의 전반적 구조를 혁신하자고 부르짖은 것이다.

마르크스와 그의 이론으로 무장한 현실 정치 참여자들에 의해 세계 각국에서 크고 작은 정치적 갈등이 발생함에 따라 기존의 자본주의 국가에서 현실의 모순을 인정하고 국가사회의 구조 개혁을 단행한 것

도 사실이다. 경제적으로 발전한 서유럽 국가를 필두로 전 세계 대부분의 선진국가가 복지 정책을 도입했는데 이는 마르크스 이론의 덕택이라고 해야 할 것이다. 현실적으로 마르크스주의는 복지, 교육, 경제 등의 분야에서 각국의 정부 정책에 깊이 뿌리를 내렸다. 마르크스가 《공산당 선언》에서 제안한 다수의 국가 개혁 수단들은 자본주의 국가에 영향을 미쳤다. 《공산당 선언》에서 제시한 10대 정책 목표 중 누진세, 주요 산업의 국유화, 무상교육 등은 마르크스주의의 이상적인 모습이라기보다는 현실적인 수정안으로 평가된다. 또한 이러한 대안들은 대부분의 자본주의국가에서 받아들여졌다.

마르크스는 이상적인 국가와 사회에 관해 분명한 지침을 제공했다. 물질에 의해 인간관계가 결정될 수 있고, 물질 소유와 경제적 구조에 의해 인간의 존엄성이 훼손될 수 있으며, 정치 및 경제적으로 상호 의존하는 관계에 있는 인간이 갈등과 모순을 극복하기 위해서는 이런 현실을 인정해야 한다는 것을 일깨워주었다.

/ 별 별 읽 기 /

## *마르크스의 포이에르바흐 유물론에 대한 비판

마르크스는 포이에르바흐의 유물론을 비판적으로 받아들였다. 포이에르바흐는 무신론적 입장을 밝히면서 인간의 일상적인 삶과 역사의 본질은 정신이 아닌 물질이라는 점을 주장했다. 마르크스는 포이에르바흐의 유물론을 편향된 유물론이라고 비판하면서, 포이에르바흐의 유물론과 헤겔의 변증법을 통합한 자신만의 유물론을 발전시켰다. 마르크스는 철학은 세계를 해석하는 데 그치지 말고 세상을 변화시켜야 한다고 주장했다. 즉 물질주의가 의미를 갖기 위해서는 단순히 인간 삶의 본질이 물질이라는 점을 바라보는 데 그쳐선 안 되고 실질적으로 인간 삶을 변화시키기 위해 노력해야 한다는 것이다. 즉 물질주의를 통해 인간의 사회관계와 역사 과정을 살펴보아야 할 뿐만 아니라, 인간의 역사가 물질을 중심으로 한 계급투쟁에 의해 정正, these, 반反, anti-these, 합合, syn-these의 과정을 통해 진화하듯이, 물질이 다수 대중을 위해 쓰일 수 있도록 공산주의 혁명을 완수해야 한다는 것이다. 이러한 마르크스의 관점을 변증법적 유물론이라고 부른다.

## **헤겔의 자유주의 비판

헤겔은 주관성에 의해 행동하는 개인과, 객관성에 기초해 의지를 표현하는 사회를 구분했다. 주관성은 개인적 삶의 차원이다. 주관성이란 개인이 자신의 욕망과 이익을 극대화하는 것을 포함한다. 개인이 혼자 살 때는 자신의 이익을 극대화하더라도 다른 사람과 충돌하지 않는다.

이에 반해 객관성은 다른 사람들과의 관계 속에서 발전한 함께 살아가는 삶의 차원이다. 이렇게 다른 사람들과 함께하는 사회를 헤겔은 시민사회로 지칭했다. 사회 내에서 개인이 자신의 이익과 욕망을 극대화하는 등 개인적, 주관적 행동을 하다 보면 필연적으로 갈등이 발생한다. 헤겔이 보기에 인간은 이러한 갈등이 발생했을 때, 이성에 의해 갈등을 해결하려고 노력한다.

인간은 개인으로 존재할 때는 개인적인 이성 판단에 의해 주관적 행위를 하지만, 사회 내에서는 사회적 이성의 판단에 의해 자신의 이익과 욕망을 절제하고 다른 사람들과 함께하는 객관적 행동을 한다는 것이다. 사람이 개인으로 존재할 때는 주관성이 발휘되지만, 사회 내에 존재할 때는 주관성과 객관성이 일치하게 된다는 뜻이다. 사회 내에서 인간이 자신의 이익과 욕망을 절제하는 이유는 법에 의해 자유가 제한되었기 때문이 아니라, 객관적인 상태에서는 객관적인 의지를 통해 스스로 절제하는 자유의지가 발현되기 때문이라는 것이다. 헤겔은 인간의 역사가 이렇게 주관적 이성이 객관적 이성으로 발전하는, 보다 이성적인 세계를 향한 변증법적 과정을 통해 발전한다고 주장했다.

이런 차원에서 헤겔은 사회 내에서 개인 이익의 극대화를 전제하는 자유주의를 비판한다. 헤겔은 인간 이성의 발전을 무시한 자유주의는 사회 관계에서 확립된 법과 제도의 기초를 위협한다고 했다. 개인의 권리는 주관적 이성에 의해 무한정 누릴 수 있는 것이 아니라, 객관적 이성의 발달에 의해 확립된 시민사회 속에서 일정한 방식으로 누리는 것이기 때문이다. 이러한 논리에 따르면, 무절제한 권리 의식을 주장하면서 법질서를 위반하는 개인은 객관적 이성을 거부하는 것이다. 이는 사회적으로 인정받을 수 없을 뿐만 아니라, 자신의 주관적 이성까지 거부한 것으로 볼 수 있다.

## 마르크스의 생산양식과 유물론

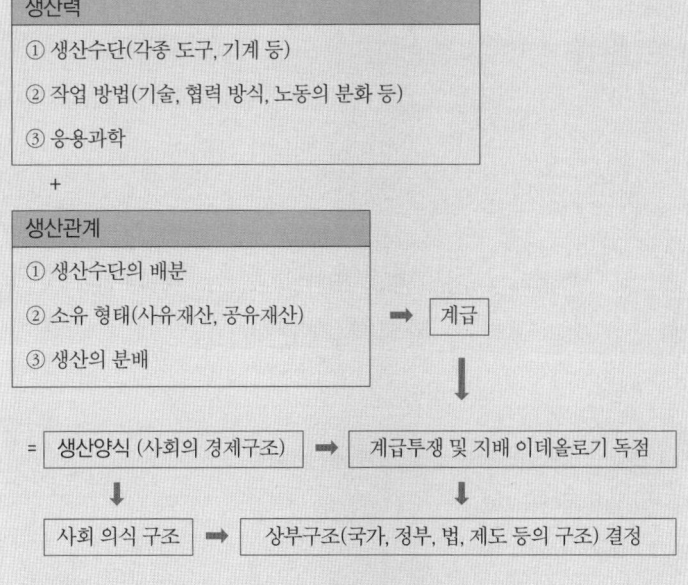

- 생산력은 생산수단, 작업 방법, 응용과학 등을 포함한다.
- 생산관계는 생산수단의 배분, 소유 형태, 생산의 분배 등 사회관계를 나타낸다.

- 생산양식은 생산력과 생산관계가 결합되어 나타난 사회의 경제구조를 말한다.
- 계급은 생산관계 내에서 나타난 물질적 부와 직업을 공유하는 개인에 대한 계층적 배치이다.
- 계급투쟁은 사회의 경제구조 내에서 계급 간 경쟁을 통해 우세한 지배 이데올로기가 탄생하는 과정이다.
- 사회 의식 구조는 사회의 경제구조에 따라 사회 구성원들이 받아들이는 인식을 의미한다.
- 국가, 정부, 법, 제도 등의 상부구조는 이미 형성된 사회 의식 구조와 결정된 지배 이데올로기에 의해 수립된다.

## \*\*\*마르크스의 변증법적 유물사관에 의한 사회 변화 단계

### 1. 원시적 생산양식
① 생산 및 소유 : 공동 소유 및 생산
② 잉여 생산물 : 없음
③ 분배 : 공동 분배
④ 사회관계 : 무계급, 지배와 종속 관계 없음

## 2. 아시아적 생산양식

① 생산 및 소유 : 원시 공동체의 부족적 공동 생산, 인간 지능과 도구의 발달, 부족 단위 협동 체제의 발전, 부족장이 모든 것을 소유
② 잉여생산물 : 많지 않음
③ 분배 : 부족장을 제외한 부족민의 공동 분배
④ 사회관계 : 절대권력을 지닌 부족장과 부족민 관계

## 3. 고대적 생산양식

① 생산 및 소유 : 노예를 통한 생산, 소수 엘리트의 노예 및 사유재산 소유
② 잉여생산물 : 발생
③ 분배 : 사유재산 제도의 정착, 노예 소유주의 노예에 대한 착취
④ 사회관계 : 주인과 노예 관계의 형성

## 4. 봉건적 생산양식

① 생산 및 소유 : 토지에 의한 농업 생산, 분업의 시작, 초보적인 기계의 발전, 토지를 소유한 귀족의 사유재산 소유, 생산수단을 소유한 가내수공업자의 사유재산 소유
② 잉여생산물 : 발생
③ 분배 : 사유재산 제도의 정착, 토지 소유자의 농노에 대한 착취
④ 사회관계 : 토지 소유주와 농노 관계, 가내수공업자의 독립

5. 자본주의 생산양식

① 생산 및 소유 : 기계의 발달로 인한 대량생산 체제, 분업의 발전, 공장을 소유한 자본가의 사유재산 소유

② 잉여생산물 : 급증

③ 분배 : 사유재산 제도의 정착, 노동자에 대한 자본가의 착취

④ 사회관계 : 자본가와 노동자 관계

5. 사회주의 생산양식

① 생산 및 소유 : 공동 생산, 공동 소유

② 잉여생산물 : 잉여생산물의 착취 폐지

③ 분배 : 사유재산 제도 폐지, 공동 분배

④ 사회관계 : 사회주의적 평등 관계

: 4부 :
# 다양한 인간 가치를 실현하는 정부

# 08 / 베버의 가치중립 정부, 보다 다양한 인간 가치를 실현하다

> 민주주의를 제대로 수행하는 것은 관료의 권력을 최소화하고 대중의 뜻에 따라 정치를 하는 것이다. 이는 민주 선거에 의해 선출된 지도자가 통치하는 것을 말한다.
> – 막스 베버

## 가치중립적 인간

막스 베버Max Weber는 1864년 독일 에어푸르트의 부유한 가정에서 태어나, 1920년 쉰여섯 살에 폐렴으로 사망했다. 그의 부친은 자유당의 일원으로 고위 공무원을 역임하는 등 확고한 정치적 기반 위에서 여유 있는 생활을 했다. 베버가 어린 시절부터 학문적으로 천재성을 드러낼 수 있었던 것은 이러한 배경 덕분이었다. 모친 또한 칼뱅주의 개신교도로서 베버의 종교적·학문적 세계 이해에 일조했다. 그는 하이델베르크 대학교 및 베를린 대학교에서 법학과 역사학을 수학했고, 1889년 스물다섯 살에 법학박사 학위를 취득하여 1891년부터 베를린 대학교에서 교수생활을 했다.

베버는 국가사회 전체의 거시적인 변화와 발전에 관심을 가졌다.

또 종교가 한 사회를 변화시키는 중추적인 역할을 한다고 생각하여 세계의 주요 종교가 사회에 미치는 영향을 깊이 연구했다. 서구 사회의 자본주의 발전을 연구한《프로테스탄트 윤리와 자본주의 정신》을 필두로,《중국의 종교 — 유교와 도교》,《인도의 종교 — 힌두교와 불교》,《고대 유대교》등 비중 있는 저술을 남겼다.

베버는 사상적으로 마르크스에 호감을 보인 동시에, 마르크스와는 상이한 이론을 정착시켰다. 베버는 미래사회가 인간중심주의humanism에 바탕을 두어야 한다는 면에서는 마르크스의 입장에 동의했지만, 인간의 다양성을 인정하고, 궁극적으로 자본주의의 기초 위에서 사회가 변화·발전해야 한다는 자신만의 이론을 펼쳤다. 그는 마르크스와 달리 역사적 상대주의를 인정하고, 정치를 타협과 순응을 통해 보다 좋은 사회로 진보하기 위한 행위로 이해했다. 또한 유일한 이데올로기에 기초한 주관적 대안이 갖는 위험성을 경고하고, 다양한 이데올로기에 따른 가치중립적인 역사 발전에 대한 희망을 잃지 않았다.

베버도 마르크스처럼 세상을 변화시키기 위해 현실 정치에 깊이 관여했다. 비록 정치적으로 성공하지는 못했지만, 사회민주주의와 자유주의를 혼합한 좌파 정당을 조직하려 했고, 1차 세계대전 이후 독일민주당 설립에 일조했으며, 바이마르공화국의 헌법을 기초하는 데 참여했다. 말년에는 독일민주당 후보로 의원에 출마했다가 좌절하기도 했다. 실제 베버의 정치적 행보는 그가 주장한 이론과 일치한다. 그는 1918년과 1919년에 발생한 좌파 혁명에 분명한 반대 입장을 표명한 바 있으며, 바이마르공화국 헌법을 제정할 때는 전문직 관료제와 선출직 대통령제의 조화를 조문화하려 했다.

베버의 국가와 정부에 대한 견해는 이해하기 다소 어려운 부분이 있지만 논점은 분명하다. 그가 주장하는 극복해야 할 나쁜 정부는 단일한 이데올로기에 의해 제도화된 정부이다. 대표적인 예를 들자면 법적·경제적 효율성에 의해 발전한 관료제가 주도하는 정부이다. 베버는 어떤 국가나 사회이든 아무리 목적이 옳다고 해도 유일한 목표를 향해 진화할 경우, 현실에서 다양한 개인의 자유와 권리를 침해하고, 궁극적으로는 본질을 훼손하고 만다고 보았다. 따라서 마르크스 이론의 인간주의적 목표에 동의하면서도 이념의 독단성을 비판했다. 또한 관료제의 유용성은 높이 평가하면서도 그 위험성을 소리 높여 경고한다.

이에 반해 베버가 주장하는 좋은 정부는, 인간이 중심이 되어 다양한 인간적 가치를 추구하기 위한 균형과 견제 장치를 두고, 역사적으로 개선의 과정을 거친 전통적인 정부 체제이다. 이 체제가 인간의 모든 문제를 완전히 개선할 수는 없지만, 그래도 가장 현실적인 대안이라는 것이다.

베버는 마르크스 및 에밀 뒤르켐Émile Durkheim과 더불어 사회를 분석하고 진단하는 데 후세에 가장 큰 영향을 미친 인물 중 한 사람으로 평가된다. 특히 사회과학 방법론에 있어서는 뒤르켐의 실증주의와 마르크스의 가치 지향적 방법론을 통합한 해석학적 경험주의를 탄생시켰다. 개인의 사회적 행동에 대한 해석을 통해 그 의미를 파악하려 했고, 이러한 사고가 프랑크푸르트학파의 비판이론을 탄생시켰다는 점에서 베버가 마르크스의 영향을 받았다고 할 수 있다. 반면, 사회주의 이데올로기를 유일한 대안으로 주장한 마르크스 이론을 비판하고, 자본주의 안에서 대안을 찾으려고 노력했다는 점에서는 마르크스와 대별된다. 이런 차원에서 베버는 사회에 나타나는 다양한 가치를 혼합하여 진보를 모색한 학자로 평가된다.

: 베버의 나쁜 정부
## 권력화한 관료제 정부는 왜 위험한가

베버는 마르크스와 같이 자본주의 체제에 기반을 둔 정부를 나쁜 정부로 생각했다. 자본주의 체제에서는 인간의 자유가 억압되어 실질적인 행복을 추구하기 어렵다고 생각한 것이다. 동시에 베버는 마르크스의 유물론적 역사관을 받아들이는 대신, 자본주의 형성을 인간이성의 발전에 의한 자연스러운 결과로 받아들였다. 베버는 인간을 이성으로써 합리성을 추구하는 존재라고 생각했다. 그는 근대화된 세상에서 합리성이 지식 증가를 통해 사회 및 경제 구조를 확립하고, 종교와 문화를 증진시키며, 부를 축적함으로써 개인의 행복을 증진시키는 도구라고 보았다.

마르크스주의와 베버의 자본주의 비판에는 본질적인 관점의 차이가 있다. 베버는 합리성의 두 가지 차원에 주목했다. 그는 정해진 목표를 달성하기 위해 가치중립적인 효율성을 증진하는 도구적 합리성이 지배 가치가 된 근대사회의 장점을 인정한다. 인간에게 물질적 풍요를 안겨주어 행복에 한 발짝 접근했기 때문이다. 반면 단기적 합리성이 초래하는 문제점도 있다. 인간이란 이성을 지속적으로 개발하여 도구적·실질적 합리성을 증진시키지만, 어느 정도 이성이 발전하면 현실에 안주하여 편하게 살고 싶어 하기 때문이다. 그는 인간의 자유와 행복을 증진하기 위해 만든 법과 제도를 결국은 눈앞에 보이는 사익의 도구로 전락시키고 마는 인간의 한계를 지적하고 있다. 즉 자본주의 국가와 정부가 도구적 합리성의 증진을 최선의 가치로 받아들임에 따라 결국 개인의 자유를 박탈하고, 인간성을 상실케 한다는 것이다.

베버가 자본주의와 도구적 합리성을 비판한 이유는 《프로테스탄트 윤리와 자본주의 정신》에 잘 나타나 있다. 그는 프로테스탄트 윤리와 자본주의 정신 간에 선택적 친화력이 있다면서, 서구 자본주의의 발전과 문제점의 근원을 프로테스탄트 윤리, 더 구체적으로는 칼뱅주의에서 찾았다. 베버는 칼뱅주의의 특징으로 신의 소명과 예정설을 꼽았다. 칼뱅주의에서는 구원을 받기 위해 신의 소명인 근면, 검소, 성실의 미덕을 현세에서 실천할 것을 요구했고, 이에 따라 사람들은 사후세계를 보장받기 위해 근면하고 검소하며 성실하게 일상생활에 임한다는 것이다. 그리고 이러한 소명을 실천하다 보면 부는 자연스럽게 축적된다. 이러한 측면에서 프로테스탄트 윤리는 부의 축적이라는 자본주의 정신과 긴밀하게 연결된다고 베버는 보았다.

한편, 베버는 프로테스탄트 윤리가 자본주의 정신으로 바뀌면서 목

**베버의 도구적 합리성과 실질적 합리성**

도구적 합리성은 정해진 목표를 경제적·효율적으로 달성하는 것을 말한다. 한마디로 법적, 경제적 효율성이다. 법적 효율성은 가장 효율적인 방법으로 성문화된 법과 규정을 수행하는 장점이 있지만, 장기적으로 성문화된 법과 규정이 옳은지 그른지를 판단하지 않는 단점이 있다. 경제적 효율성은 주어진 상황에서 가장 큰 수익을 창출하는 장점이 있지만, 장기적 경제적 효과를 고려하지 않는 문제점이 있다. 도구적 합리성을 극대화할 수 있는 일반적인 방법은 기계화, 단순화, 모델화, 관료제화 등이다.

표와 수단이 전도된다고 설명했다. 프로테스탄트 윤리라는 근본 목표에 해당하는 실질적 합리성이 자본주의 정신이라는 수단 목표인 도구적 합리성으로 변질되었다는 것이다. 사후 천국에 가기 위해 신의 소명을 실천한 사람, 즉 프로테스탄트 윤리를 실천한 사람은 부자가 되고, 그렇지 않은 사람은 부자가 되지 못한다. 형식적으로 드러난 모습만 본다면 물질적인 부가 사후 세계의 구원과 밀접하게 연결돼 있다. 사람들은 이러한 형식에 집착하여 사후의 구원을 위해 프로테스탄트 윤리를 실천하는 것이 아니라, 수단과 방법을 가리지 않고 부를 먼저 축적하는데 몰두하게 된다. 결국, 실질적인 합리성인 윤리적 정신은 사라지고, 도구적 합리성인 부의 효율적 축적이 자본주의의 경제 정신이 되었다는 설명이다.

베버는 자본주의 체제에서 추구하는 도구적 합리성의 단적인 수단으로 관료제\*를 지목했다. 역사적으로 살펴보면, 서구사회에서 관료제는 자본주의 및 민주주의와 함께 발달했는데, 민주주의자들은 전통적인 귀족계급의 통치에 대항하기 위해 관료제 발달에 힘을 실었다는

> 실질적 합리성은 어떤 일을 달성함에 있어서 목표와 과정이 인간의 행복, 개성, 자유, 존엄성 등의 가치를 증진시키는 것을 말한다. 단기적 효율성이 높다고 하더라도 장기적으로 인간에게 바람직하지 않다면 실질적 합리성의 수준이 높다고 할 수 없다. 실질적 합리성은 도구적 합리성에 더하여 자유와 행복, 장기 효율성, 다양한 인간적 가치의 포괄적 증진 등을 최종 목적으로 삼는다.
> 일반적으로 도구적 합리성이 높아지면 실질적 합리성도 증가한다. 도구적 합리성과 실질적 합리성은 상관관계에 있기 때문에 둘을 명확히 분리하기는 쉽지 않다.

것이다. 베버는 또한 대중 민주주의를 표방하는 정당들이 관료제적 조직 구조로 대중의 민주적 참여를 증진시키는 동시에 효율적인 의사 결정을 수행하고 있다고 강조했다. 관료제의 객관적이고 도구적인 의사 결정은 신분과 계급에 따른 편파성을 제거하고 법 앞에서의 평등이라는 민주적 이념을 실현했다.

관료제는 지배 집단 외의 다른 계층도 평등하게 대하며, 관료의 임용에서도 가능한 모든 사람을 대상으로 함으로써 공직에서의 세습 집단의 발생을 저지했다. 관료제는 비이성적이고 비효율적인 전통적 지배에서 벗어나 이성적이고 효율적인 법적·합리적 지배를 가능하게 했다. 또한 특정 인물의 카리스마에 의한 안정적이지 못한 지배에서 보다 구조화되고 안정돼 있으며 일상화된 법적·합리적 지배로 전환된 것도 관료제 덕분이었다.

더욱이 산업화 이후 나타난 근대국가는 대규모 자원을 배분하고, 이러한 업무를 민주적으로 수행할 임무와 책임을 져야 했는데 이를 모두에게 공평한 기준으로 수행할 조직이 요구되었다. 이러한 기준을 필요할 때마다 정치적으로 결정할 경우 비용이 많이 들고, 갈등이 발생할 여지가 크다. 오히려 배분의 기준과 요건을 객관적으로 정해놓으면 갈등이 발생할 여지도 없고 비용 또한 최소화할 수 있다. 이와 같은 객관적인 업무는 정치적으로 독립되고 강력한 조직력을 보유한 전문 관료들이 수행하는 편이 효율적일뿐더러, 시민들도 자원의 배분이 정파를 떠나 객관적이고 효율적으로 수행된다는 점에서 정부를 신뢰하게 된다. 따라서 정치적으로 독립된 관료제를 통해 민주적·효율적으로 업무가 수행되고 그 역할은 사회가 발전할수록 더욱 중요해진다.

베버는 효율적인 업무 수행으로 관료제가 국가의 안정과 경제성장에 기여할 수 있다고 했다. 즉 "관료제는 다양한 이해관계, 정치적이거나 경제적인 이해관계, 또는 그 이외의 다른 어떤 이해관계로부터 탈피할 수 있는 객관적이고 정확한 도구"로서 주어진 목표를 가장 효율적으로 달성하는 도구라고 했다. 관료제는 경제뿐만 아니라 정치를 비롯한 다른 업무를 수행할 경우에도 정밀한 도구가 될 수 있다는 것이다. 왜냐하면 관료는 정치권력을 장악한 사람에게 절대 복종함으로써 어떠한 명령도 효과적으로 수행해낼 수 있기 때문이다. 정치권력이 자신의 목표를 수행하기 위해서는 대규모 조직이 필요하며, 관료 조직은 이러한 정치 집단의 행정적 필요를 충족시킨다. 정치권력이 일반 시민의 복지, 삶의 질 향상을 위한 명령을 내린다면 관료제는 이런 실질적 합리성을 충실하게 이행한다는 것이다.

한편, 경제성장을 추진하고 복지국가를 실현하는 역할을 맡은 관료제는 이러한 업무를 수행하기 위해 자신들의 권력을 확대해왔다. 그에 따라 현대 국가의 시민들은 점차 자원 분배라는 행정 서비스의 경험 지식을 축적한 관료제에 더욱 의존하게 되었고, 이는 관료제로 하여금 더 많은 권력을 휘두를 수 있게 했다. 즉 관료제는 합리성과 직무 능력을 확보하여 복잡한 현대사회의 제반 문제를 다루는 데 가장 적합한 도구로 인식됨으로써 더욱 발전하게 되었고 권력도 더욱 커졌다. 관료제는 특유의 장점으로 인하여 이미 국가 활동의 중추적 역할을 하고 있으며, 앞으로도 강화될 수밖에 없다. 이는 현대 자본주의사회에서 관료제가 이미 경제 문제에 대한 합리적 결정과 기술적 장점을 통해 인간 삶의 중요한 부분을 결정하고 막대한 영향력을 행사하고 있음을 의미한다.

베버는 도구적 합리성 증진을 위해 탄생한 관료제의 권력이 관철되는 행정국가에 대해 크게 우려했다. 그는 도구적 합리성의 필요성을 인정하지만, 자본주의 발전과 국가기관의 역할 증대에 따르게 마련인 관료제의 권력 독점을 비판한 것이다. 관료제의 도구적 합리성이 국가사회의 만병통치약으로 치부되어 국가가 관료제 위주로 운영될 뿐 아니라 궁극적으로는 개인의 자유를 억압하고 민주적 가치를 손상시키는 사태를 염려한 것이다.

베버는 관료제 국가의 미래를 매우 비관적으로 전망했다. 그는 근대화를 달성한 두 가지 혁명적 힘의 근원, 즉 합리성과 지성이라는 도구적 지배 가치가 개인의 창의력과 인간적 가치를 속박하는 위험한 도구로 변질되는 것을 지적했다. 국가사회 체제 전반이 도구적 판단 기준에 의해 완전히 지배되고, 개인에게는 오로지 사생활, 즉 생존에 대한 가치만이 허용되는 사회가 될 것으로 보았다. 이는 베버가 "이러한 문화 발달의 마지막 단계에서는 진실로 다음과 같은 말을 할 수 있을 것이다. 영혼이 없는 전문가, 가슴이 없는 감성인, 이렇게 쓸데없는 사람이야말로 예전에는 달성하지 못했던 문명의 수준을 자신들(도구적 합리성을 추구하는 사람들, 예를 들어 관료)이 성취했노라고 생각할 것"이라고 예언한 데서 볼 수 있다. 그는 관료제가 관료라는 개인에게 미칠 수 있는 영향, 즉 관료 자신의 개성까지 무시되는 현실을 주시한 것이다. 이러한 사회에서 관료제는 국가 정책에 대한 개인의 참여를 제한하고, 관료제 권력에 대한 통제를 거부하며, 스스로 권력 계층을 이루어, 결국에는 개성과 동료애를 파괴해버릴 것이다. 이는 관료제가 끝내는 국민의 합의를 무시하고, 오직 복종만을 강요하게 된다는 사실을 의미한다.

베버는 관료가 자신의 이해에 따른 독립적인 판단에 의해 사회의 가치에까지 영향을 미친다고 했다. 원칙적으로 국가적 가치와 목표의 결정은 관료가 아니라 민의를 수렴하는 기능을 가진 지식인 또는 정치인들의 몫이다. 그러나 베버가 지적했듯이, 대중의 물질적 복지의 증진이라는 관료제의 기능적 측면이 정치적 판단보다 더 우선시되고 있다. 즉 능률성이나 효율성을 증진하기 위해 고안된 수단인 관료제가 본연의 임무인 도구적 합리성의 증진만을 꾀하는 것이 아니라, 가치판단자의 역할까지 담당하게 되면서, 도구적 합리성이 실질적 합리성을 압도하는 현상이 발생하게 된다는 것이다.

베버는 또한 관료제의 권력이 증대됨에 따라 정치적·경제적 약자들이 법 앞에서 평등하게 대접받는 것이 아니라, (관료제가 창출한 합리적이고 계산된) 공식적·도구적 판단에 따른 일방적인 서비스를 제공받을 것이라고 했다. 이들 약자에게는 복지 수준과 경제 및 사회적 기회의 증대가 실제적 정의인 것이다. 하지만 베버는 "정의 또는 윤리라는 기준은 매우 비공식적이며, 개인의 판단이 개입되기 때문에 관료제가 이러한 실제적 기준을 받아들이기에는 근본적으로 무리"라고 직시했다. 그는 현대국가에서 발생하는 관료제 권력의 증대가 매우 위험하다는 점을 지적했다. 민주적 가치 증진을 위해 가치가 개입된 실제적 합리성을 의사 결정 및 정책 집행의 판단 기준으로 도입하려는 시도는 분명히 의미가 있다. 하지만 도구적 합리성이라는 측면에서 보면 실제적 합리성의 기준이 모호하기 때문에 오히려 관료제 정책 집행의 불합리성을 증폭시키는 결과를 초래한다는 것이다.

관료제는 이상의 복합적인 발달 과정을 통해 결국 국민 개인의 자치 능력을 신장시키는데 일조한 반면, 개인의 자유와 사생활을 침해할 수도 있는 잠재력을 키워왔다. 더욱이 관료제는 선거로 선출된 공직자의 통제로부터 자신을 방어할 수 있는 힘을 키워왔으며, 직무와 관련된 지식과 능력의 우위를 내세워 정치인의 영역까지 침범하고 있다. 이는 관료제의 전문화와 정보의 독점, 그리고 전통적인 관료 통제 기관인 의회의 쇠퇴에서 기인한다고 할 수 있다. 사실 전문 관료가 정책 결정 과정에서 일반 정치인을 압도하는 경향이 비단 오늘만의 문제는 아니다. 민주주의 제도에서는 필요에 따라 정치 과정을 통해 목표를 변화시키는데, 이러한 정부 목표의 변화는 현실에 안주하려는 관료에게 갈등을 일으키기도 한다. 강력하고 독립적인 관료제는 업무를 객관적으로 수행하여 정치적 부패를 방지하고 정당한 민주적 과정을 보호하는 역할을 하는 반면, 독점 권력을 지님으로써 누구의 통제도 받지 않는 강력한 힘을 갖게 되었다. 관료제는 결국 민주주의에 필요불가결하나 동시에 민주주의를 위협하게 된 것이다.

베버는 "실질적으로 고위 정치인들이 관료들의 복종을 얻어내기란 여간 힘든 것이 아니다. 일반적으로 말해서 훈련받은 직업 관료는 그의 위치상 전문성이 없는 상급자인 내각의 장관에 복종하기보다는 결국 자신의 길을 찾는 경향이 있다"고 말했다. 관료제는 국가 지배를 보장·강화하고 국가 정책을 효과적으로 수행하는 역할을 함으로써 권력을 강화한다. 다른 한편으로는 업무의 전문성을 확보하여 관료의 자율적 독자성을 확보하게 된다. 이러한 관료제의 권력은 때로 국민에 대한 국가의 억압 도구로 사용되거나, 더 나아가 국민의 뜻과 무관한 국가 활동을 수행하는 데 동원될 수도 있어 민주주의를 위협할지도 모른다.

베버는 인간성을 보장하고 증진하는 문제에 있어서 마르크스와 마찬가지로 인간의 자유와 행복을 위해 인간 해방을 이루어야 한다고 보았지만, 마르크스의 대안인 공산주의는 비판했다. 베버는 질서를 어지럽히고 인간성을 위협하는 것은 자본주의의 구조나 분배 형태가 아니라 관료제의 권력과 역할의 증가 탓이라고 했다. 따라서 생산수단을 공유한다고 해서 문제가 개선될 수는 없다고 보았다. 생산수단의 공유는 오히려 생산물의 분배를 위해 강력한 관료제를 필요로 한

**테리 길리엄 감독의 영화 〈브라질〉(1985)의 한 장면**

역사적으로 자본주의 및 민주주의와 함께 발달한 서구 사회의 관료제는 전근대 사회의 비이성적이고 비효율적인 지배 방식에서 벗어나 이성적이고 효율적인 법적·합리적 지배를 가능하게 했다. 베버는 관료제가 효율적인 업무 수행으로 국가의 안정과 경제성장에 기여할 수 있다고 생각했다. 하지만 도구적 합리성 증진을 위해 탄생한 관료제가 국가기관의 역할 증대에 따라 스스로 권력화한다면 개인의 창의력과 인간적 가치를 속박하는 위험한 도구로 변질될 수 있다는 점을 지적하기도 했다. 평범한 시민이 기계적인 관료제 아래에서 희생되는 아이러니한 상황을 그린 테리 길리엄 감독의 〈브라질〉은 베버가 지적한 고도로 발달한 관료제 사회의 위험성을 잘 보여주는 영화다.

다. 강력한 관료제의 등장은 문제를 해결하는 것이 아니라 오히려 악화시키고, 나아가 또 다른 문제를 낳는다는 것이다. 실제로 공산주의 혁명 이후 국유화된 기업의 관리가 국가 관료제의 소관 사항이 되었으며, 이로써 관료제의 권력이 엄청나게 증가했다. 마르크스가 제시한 대안은 프롤레타리아 혁명을 통해 공산주의 국가를 달성한 후에도 오히려 국가 관료제 강화로 이어져 도구적 합리성을 높였다. 반면, 실질적 합리성은 실현하지 못했다.

오늘날의 관료제는 도구적 합리성이라는 측면에서도 일반 대중 또는 언론으로부터 많은 불평과 비난을 받고 있다. 관료나 관료제를 비판할 때 흔히 비효율성, 문서주의, 조직의 비대화, 무책임, 관료적 형식주의red tape, 비인간성, 부적절성 같은 표현을 사용한다. 이론적으로도 비공식 집단의 부정, 관료제의 역기능, 인간의 나약함을 촉진시키는 병리 현상, 관료 체제를 유지하기 위한 관료 집단의 이중적 태도, 능력과 권위의 불균형, 관료 조직의 확대 현상, 관료의 권력 장악, 관료의 정치성 등으로 관료제의 다양한 측면을 비판적인 시각에서 분석하고 있다. 특히 관료들이 현대사회에서 발생하는 복잡하고 다양한 문제에 대해 과거의 법과 규정에 의한 해결 방식만을 고집하면서 문제 해결 능력을 상실하고, 더 이상 경제성과 효율성이라는 도구적 합리성을 달성하기조차 어렵다는 비판이 나오는 실정이다.

베버는 비록 인간 생활에 긍정적인 측면이 있다고 해도 도구적 합리성만으로는 모든 문제를 해결할 수 없다는 점을 지적했다. 한 발 더 나아가 도구적 합리성보다 훨씬 더 훌륭한 장치가 있다 해도 그것만으로는 만병통치약이 될 수 없다는 주장이다. 즉 베버가 지적한 나쁜 정부는 도구적 합리성만을 강조하는 정부, 또는 한 가지 대안으로 모든 문제를 해결하려는 독단적 정부, 인간의 다양성을 인정하지 않는 정부, 변화에 대응하지 못하는 융통성 없는 기계적 관료제에 의지하는 정부 등을 의미한다.

: 베버의 좋은 정부
## 권력의 분산과 견제가 가능한 정부

베버는 인간이 효율성 달성, 즉 도구적 합리성에 집착함에 따라 국가와 정부 체제가 이것에 맞추어 구조화되고 작동되고 있다는 점을 비판했다. 그는 또 관료제의 도구적 합리성의 강조로 인해 인간의 자유와 자치 의식이 객관적이고 도구적인 잣대로 재단되고, 사회가 인간의 다양한 가치를 무시하는 비인간화를 겪게 된다고 고발했다.

법에 의한 지배, 객관성, 형평성 등 근대 민주주의의 필연적 요소가 관료제의 성숙에 따라 정착되었다. 근대 민주주의는 관료제의 도움으로 발전할 수 있었고, 관료제의 도구적 합리성으로 인해 실질적 합리성이 증진된 것도 사실이다. 그러나 관료제의 문제는 관료제의 확대가 필요하지 않은 곳에서도 영향력을 계속 키워왔다는 데 있다. 또한 관료제는 도구적 합리성 측면에서도 한계점을 드러낸다. 관료제는 본질적으로 대규모 조직을 이끌 경우에는 도구적 합리성을 발휘한다. 하지만 이미 비대해진 관료제는 자신의 이익과 권력을 추구하며, 정보와 기술이 강조되고 상황이 급변하는 탈산업 사회에서는 전통적인 거대 관료 조직이 더 이상 합리적이지만은 않다는 문제가 있다.

베버는 "문화와 역사를 유물론만으로 혹은 유심론만으로 해석할 수도 있다. 그러나 역사적 진실을 추구하는 문제에서는 두 가지 접근 방법 모두 부분적인 성취를 보일 뿐이다"라고 말했다. 현실적으로 모든 문제를 한꺼번에 해결할 수 있는 한 가지 방법은 없다는 것이다. 민주주의의 구현에서도 완전한 해결책은 존재할 수 없고, 우선 치명적인 문제를 해결하는 좀 더 개선된 방법만이 있을 뿐임을 베버는 지적한다.

그의 논리에 따르면 현실 사회에서 도구적 합리성과 실질적 합리성이라는 두 가치를 한꺼번에 충족시킬 수는 없다. 둘 중의 하나가 지배하거나, 아니면 우리가 소망하는 대로 두 가지 가치를 균형 있게 확보하려면 양자의 장점을 어느 정도는 포기해야 한다는 것이다. 베버는 현재의 자본주의 체제가 불완전하다는 점을 인정하면서 도구적 합리성과 실제적 합리성 모두를 만족스럽게 충족시킬 수 있는 최상의 체제는 현실적으로 존재할 수 없다고 생각했다. 혁명적인 방법으로 현재의 상태를 개선하려고 노력해도 다른 차원의 단점이 드러난다는 것이다.

베버는 새로운 대안을 찾기 위해서 해결해야 할 문제에 초점을 맞추었다. 현대사회는 도구적 합리성을 지나치게 강조해 관료제의 비대화를 초래한 반면, 도구적 합리성의 근본 목적인 인간의 존엄성을 상실할 위기에 직면하게 되었다. 이런 폐단을 시정하려면 관료제로 인한 문제를 해결하고 실제적 합리성을 증진시킬 방안을 모색해야 한다는 것이다. 또한 베버는 실질적인 인간 삶과 가치의 증진은 하나의 기준이나 우세한 방법론으로 달성할 수 없으니, 가능한 모든 방법을 동원해야 한다고 주장한다.

베버의 좋은 정부를 위한 대안을 요약하자면 이렇다.

첫째, 베버는 자본주의 체제의 모순을 타파하기 위해 자본주의 이외의 제도를 모색하기보다는 현행 체제 내에서 개선점을 찾으려 노력했다. 그는 자본주의 체제를 혁명적 방법으로 바꾼다고 해서 모순이 해결되지는 않는다고 보았다. 베버는 자본주의 체제를 인정한 상태에서 사회 각 단위의 능력을 증진하고 활동성을 높이는 것을 대안으로 생각했다. 정치적으로는 견제와 균형, 행정적으로는 관료적 능률성, 경제적으로는 최소한의 부의 재분배를 끌어낼 수 있는 체제, 즉 인간적이면서 관료제의 효율성과 민주적 자본주의가 혼재된, 모든 이들이 상호 협조 및 견제를 수행할 수 있는 체제를 선호한 것이다. 이는 시민의 이익을 대변하고 보호하며, 시민이 직접 국가를 통제하는 국가 체제인 전통적인 의회 민주주의의 복원을 의미한다.

둘째, 베버는 대중이 소수의 정치 지도자를 선택하고, 이들이 리더십을 발휘하여 관료제를 지배하는 기존의 의회 체제strong Parliament system 모델을 완벽하지는 않지만 인간의 자유를 보장할 수 있는 가장 현실적인 제도라고 생각했다. 자신이 선출한 대표를 통해 자기 이익을 지킨다는 것은 정당을 통한 민주주의, 투표를 통한 민주주의의 강화를 의미한다. 시민이 직접 선출한 대표는 시민에 의해 언제든 지위를 잃을 수 있기 때문에, 시민이 부여하는 정통성에 관심을 갖고 시민의 신념에 따라 행동하며 다수의 경제적 약자를 위해 아이디어를 제시하고 노력하리라고 본 것이다. 즉 선출직 공직자는 소환 위험성 또는 재선의 실패 가능성 때문에 엄격하게 객관적인 의사 결정 및 행정만을 추구하기보다 시민의 바람에 더욱 관심을 가지고 국가의 공통 이익과 통일성을 유지하려 노력하게 된다.

그러나 정당 및 의회 민주주의의 확대를 통한 카리스마적 리더십 강화로 실질적 합리성을 증진하려 했던 베버의 대안은, 자신도 시인했듯이, 한계가 있다. 실제로 관료제가 도구적 합리성을 추구할 뿐 아니라 정치적 역할마저 하고 있기 때문이다. 관료에게 전문 지식과 정보를 의지할 뿐 아니라 때로는 정치적인 협조까지 얻어야 하는 의회로서는 관료제를 효과적으로 견제하기 어려울 수밖에 없다. 심지어는 정치권력이 관료의 자문에 주의하지 않거나 관료의 영향력을 제한하려 할 때, 그들은 정치적 리더십에 수동적으로 대처하거나 능동적으로 반대할 수도 있다. 또한 정치인들이 입안한 정책들을 관료들이 집행할 때 어떤 방법을 택하느냐에 따라 무력화될 수도 있다. 이와 같이 관료가 정책 집행을 방해하는 데는 기술적 곤란을 들어 실행을 지연시키는 것부터 공공연한 집행 거부에 이르기까지 다양하다. 정치권력이 관료제를 통제하려 하면 할수록, 관료들은 더욱더 전문성을 강화하며 의사 결정 절차를 공식화하려 할 것이다. 또한 그들의 의사 결정은 보다 기술적인 지식, 운영 경험, 선례에 의존한 행정기관 중심으로 이루어질 것이다.

셋째, 베버가 생각한 대안은 직접민주주의의 확대이다. 일반적으로 민주주의 제도는 정치적 갈등 해소를 위해 의회와 헌법 체계 등의 전통적인 민주적 수단을 이용해왔다. 베버는 민주주의에 대해 "가능한 한 대중이 직접 통치할 수 있도록 관료의 권력을 최소화하는 것이며, 실질적으로는 정당 지도자에 의한 통치를 의미한다"고 말했다. 그래서 정당 지도자들이 대중의 신임을 잃으면 즉시 그들을 사임시키거나 교체할 수 있는 제도적 장치와 함께, 시민이 자유로이 지도자를 선택하고 권리를 보장받을 수 있는, 민주적 정치 참여를 보장하는 헌법 체계를 선호한 것이다. 그는 "(국민투표로 수립된 정권은) 국민에 충성하고 헌신하는 것이 합법성을 유지할 수 있는 힘의 원천이라는 것을 잘 알고 있기 때문에 정권 담당자들은 경제 부문에서도 정의라는 실제적인 이상을 실현하려고 노력할 것이다. 따라서 국민투표로 수립된 정권은 오히려 경제활동 영역의 공식적이며 도구적인 합리성을 약화시킬 수도 있다"라고 말했다. 즉 경제적 효율성을 높인다는 명목으로 도구적 합리성으로 운영된 경제정책을 다수 시민이 원하는 실질적 합리성을 증진시키는 방향으로 전환시킬 수 있다는 것이다.

그러나 현실적으로 다수가 국정에 참여하면 각자가 자신의 이해관계에 따라 정책 결정을 내리게 되어 국가 통합을 해치고 사회를 오도하는 한계가 있다. 또 관료가 국민에게 직접 정책을 전달하고 호소함으로써 대중의 지지를 획득하여, 이를 통해 원활한 정책을 수행하려는 성향이 있다는 것이다. 동시에 전문성과 해당 분야의 정책 추진의 주도권을 쥐고 있는 관료는 정책 수행뿐 아니라 권력 동원을 통해 직접 정치 행위를 하기도 한다. 국정이 도리어 전문성을 확보한 관료에 의해 운영될 수 있는 것이다. 미헬스가 주장한 바와 같이 조직된 관료제는 정치권력을 획득하고, 정치적 역할을 늘리는 데 큰 어려움이 없다. 따라서 직접민주주의의 확대만으로는 관료제 권력을 통제하기 어렵다.

넷째, 베버는 의회나 행정기관을 뛰어넘어 대중에게 직접 호소할 수 있는 위치에 있는 선출직 정치인에 의한 지배를 고려했다. 시민에 의해 선출된 대통령은 공식 절차를 통해 피지배자로부터 합법성을 인정받기 때문에 개인적 권위를 부여받은 카리스마적 지배자로 분류될 수 있다. 의회 및 직접민주주의 체제가 전문성 부족으로 관료제를 견제할 수 없다면, 카리스마적 리더십을 보유한 대통령이 관료제를 장악하게 하자는 것이 베버의 생각이다. 일반 시민에 의해 선출된 대통령이 의회에 의해 견제된다면 통치자에 대한 민주적인 견제와 균형이 적절히 유지될 수 있다고 본 것이다. 직접선거에 의해 최고 지도자를 선출함으로써 시민의 실질적인 정치 참여를 확대하고, 균형과 견제를 통해 권력의 독점을 방지하며, 복수의 권력층이 관료제를 통제하는 것이 국가 운영의 실질적 합리성을 증진시킬 수 있는 유력한 방법이다. 이런 이유로 베버는 바이마르공화국 헌법을 기초할 때 관료제를 통제할 수 있는 대통령제를 강력하게 제안한 것이다. 이렇게 관료제와 의회, 대통령 등의 혼합된 권력에 의한 통치는 베버가 유력한 지배 방법으로 제시한 전통적 권위, 카리스마적 권위, 그리고 법적·합리적 권위**를 모두 통합한 것으로도 볼 수 있다.

다섯째, 베버는 실질적 합리성을 제고하기 위한 방법으로 이익집단과 소비자 연합체 등 시민이 스스로 설립한 각종 단체에 의한 관료제 권력의 통제를 제시했다. 이는 현존하는 체제에서 소외된 계층이 자신의 권리를 회복하고 확보할 수 있는 방안을 모색한 것으로 볼 수 있다. 대통령, 의회, 정당 등 관료제 권력의 남용을 통제할 수 있는 헌법기관이 시민들의 구체적인 요구에 일일이 대응하지 못하는 경우가 있기 때문에, 다양한 통로를 통해 시민에게 다가가 그들의 목소리를 구체적으로 들을 필요가 있다는 것이다. 힘없는 일반 시민들이 연합하여 정책을 제시하고 정부를 통제하는 다원주의를 제시한 것이다. 다원주의 사회에서도 이익집단이 관료제를 완전히 지배 또는 통제할 수는 없겠지만, 국가의 정책 결정에 큰 힘을 행사함으로써 관료제를 어느 정도 견제할 수 있다.

베버는 도구적 합리성이 지배적 가치로 정착되어 법과 규정, 관료제 등의 제도 및 경제적 효율성 중심으로 운영되는 자본주의 국가와 정부의 문제점을 지적하면서, 인간의 인격이 국가와 정부의 주요 의사 결정과 정책 수행을 지배하여 실질적인 민주주의를 실현하는 대안을 제시했다. 그의 대안은 특별히 새롭다기보다는 시민의 참여 보장, 사적 영역에 대한 비밀 보장, 권력의 균형과 통제, 인격적 리더십의 복귀, 합의에 의한 지배 등 전통적으로 수행해온 국가와 정부 제도를 실질적으로 복원하는 것이다. 그가 완전히 새로운 대안을 제시하지 않은 이유가 있다. 다른 이론가들이 제시한 어떤 대안도 완전한 처방이 될 수 없으며, 완전성을 추구하던 마르크스의 유일한 대안도 복잡하

**다원주의 pluralism**

다원주의는 정치적인 의사 표현을 하려는 시민들은 누구나 단체에 가입하거나 단체를 만들어 자신의 목소리를 낸다면 평등한 민주주의가 실현될 것이라는 이념을 말한다. 다원주의는 현실에서는 이익집단 정치로 나타난다.
다원주의 사회에서 이익집단은 시민 전체의 이익보다는 자기가 속한 집단의 이익을 보호하려 하고, 점차 관료화되어 일반 시민 또는 구성원의 이익 보호보다는 특권층의

---

고 다양한 세상에 적용되는 과정에서 더 큰 문제점을 드러내는 것을 목격했기 때문이다. 베버는 비록 불완전하더라도 다양한 사람들이 지속적으로 노력함으로써 당면한 문제점을 해결해가는 것이 더 효과적이라고 믿었다. 따라서 모든 인간의 금욕적 합리성이 필요하다는 점을 역설했다. 즉 인간의 문제는 스스로 해결해야 하고, 자기 욕망을 스스로 절제할 필요가 있으며, 행복을 누리기 위해서는 다른 사람들과 함께하는 미덕을 발휘해야 한다는 것이다. 개인의 운명을 스스로 개척하는 것이 가장 바람직하듯, 국가와 정부를 비롯한 모든 조직도 구성원들의 뜻에 따라 운영될 필요가 있다는 것이다. 결국 베버는 도구적 합리성이라는 편안함에 안주하여 그 틀에 갇혀 있는 인간이 지속적인 노력으로 인간성을 회복하고, 스스로 운명을 개척해야 한다는, 쉽지도 않을뿐더러 한계가 있는 대안을 제시한 것이다.

이익을 지지하는 경향이 있다. 더욱이 이익집단은 사회 특권층이 조직하는 경향이 있다. 또한 이익집단의 목소리는 그 수만큼이나 다양하게 나타나 관료제에 비해 조직력과 전문성이 약하다. 따라서 관료제는 여러 이익집단의 요구에 선택 반응함으로써 관료제의 입장을 효과적으로 반영할 수 있다. 결과적으로 이익집단이 일반 시민의 목소리를 대변하고 관료제를 통제하는 데는 한계가 있을 수밖에 없다.

## 성숙한 자본주의를 위한 대안 부재

기계적·도구적 합리성이 지배하는 국가사회에서 인간성 회복을 위해 실질적 합리성을 중심 논제로 삼아야 한다는 베버의 명제는 이전에는 생각하지 못했던 국가사회의 문제점을 다양한 측면에서 직시하게 했다. 베버는 인간에게 물질적 풍요를 안겨준 자본주의사회에서나, 자본주의의 속박에서 벗어나려는 공산주의에서나 인간이 만든 틀에 갇히지 않고, 자신의 문제를 자각하고, 각자의 독특한 개성을 살리고, 주어진 환경에서 끊임없이 발전하기 위해 노력할 때 인간적 가치를 추구하며 살아갈 수 있다고 주장한다. 이는 자유롭고 행복한 삶을 살아가기가 쉽지 않다는 뜻이기도 하다.

베버는 좋은 국가 및 정부를 세우기 위한 거시적인 방안을 제시했다. 그는 인간과 국가사회가 다양한 이유로 복잡하게 구성되어 있으며, 시대와 상황에 따라 지속적으로 변화한다는 현실을 전제로 대안을 제시한다. 따라서 베버의 대안은 마르크스를 비롯한 이전의 이론가들처럼 단순하고 명쾌하게 이해하기에는 어려운 점이 있다. 동시에 현실을 조심스럽게 분석하고 대안을 제시한 만큼 비판하기도 쉽지 않다.

베버는 인간의 미래를 비관적으로 보았다. 아마도 인간의 무한한 욕망을 억제하기 어렵고, 이러한 한계 속에서 국가사회 문제를 극복하기 위한 대안을 찾기가 쉽지 않았기 때문이다. 그는 인간 자유의 속박과 소외라는 자본주의의 폐해에 대한 마르크스의 지적에 전적으로 동의했다. 그러나 마르크스가 제시한 프롤레타리아 혁명을 통한 공산주의 사회로의 전환은 자본주의의 문제를 해결하기보다는 문제를 가중시킬 것이라고 평가하며 받아들이지 않았다. 그는 인간 이성의 발전, 즉 도구적 합리성의 증진을 멈출 수는 없고, 다만 도구적 합리성의 남용을 억제하고 실질적 합리성을 회복하는 방향으로 나아갈 방안을 찾자고 했다. 그러나 베버가 제시한 대안 역시 국가사회 문제의 근본적인 해결책이 되지는 못한다는 한계가 있다. 물론 인간이 도구적 합리성과 실질적 합리성을 모두 확보하고, 근면성과 성실성, 금욕성 등을 토대로 인생을 제대로 살아가기 위해 지속적으로 노력한다는 점에 희망을 걸고는 있지만, 지금까지 인간이 살아온 과거를 돌아볼 때 녹록지 않은 일이다.

베버는 국가와 정부가 도구적 합리성과 실질적 합리성을 조화시킬 수 있는 전통적 방안을 다양하게 제시했다. 하지만 모든 대안에 한계가 있기 때문에 도구적 합리성을 견제하며 균형을 맞추기가 쉽지 않다. 더욱이 실질적 합리성을 증진시키는 과정에서 인격체인 개인이 권력을 행사하는 경우, 도구적 합리성과 실질적 합리성을 조화시키는

데 시간과 정력을 쏟기보다는 사익을 위해 도구적 합리성을 남용할 개연성이 크다. 대통령이 관료제를 장악하는 경우, 대통령은 관료제의 전문성과 행정력을 일반 시민이 아닌 대통령 개인의 이익 증진을 위해 사용할 가능성이 높다. 권력을 부여받은 의회 역시 의원 자신의 이익을 위해 관료제를 활용할 가능성이 높을 뿐만 아니라 다수로 구성돼 있어 일반 시민이 권력 남용을 통제하기가 더욱 어렵다. 일반 시민 또는 이익집단의 정치 참여에 있어서도 권력이 주어지면 언제든지 소수 엘리트가 여론을 장악하여 자신들을 위해 권력을 행사할 가능성이 크다. 즉 전통적인 관료제에 대한 다양한 통제 방안들이 모두 한계가 있고, 베버의 제안처럼 다양한 방안을 한꺼번에 사용하더라도 나쁜 경우에는 장점보다 단점이 더 크게 부각될 수 있다. 결국 국가사회 구성원인 일반 시민 개인의 역량과 수준이 높을 때에는 도구적 합리성의 남용 문제를 해결할 수 있지만, 그렇지 않다면 해결하기 어렵다는 결론에 이르게 된다.

 베버는 자본주의의 성숙에 이르기까지의 인간의 역사를 합리성의 증진과 개인주의의 발전으로 이해했다. 도구적 합리성의 증진을 통한 물질적 생산성의 향상과 현세에서의 물질적 풍요뿐만 아니라 사후 세계에서 구원받기 위한 개인의 욕망이 합쳐져 인간의 역사가 변화·발전했다는 것이다. 베버는 합리성과 개인주의의 다양한 측면 가운데 한 가지 측면만을 특히 강조했다. 합리성의 두 측면 중에서는 도구적 합리성을, 개인의 욕망 중에서는 물질 축적을 강조했다. 물론 자본주의사회에서 도구적 합리성과 물질적 삶이 부각되는 현실을 지적한 베버의 입장에 공감할 수는 있다. 그러나 인간의 이성이 발달하는 과정에서는 도구적 합리성이 증진되는 만큼 실질적 합리성 또한 증진되는 측면이 있으며, 개인주의가 발달하는 과정에서도 개인의 물질적 풍요만이 아닌 진정한 삶의 목표에 대한 관심이 높아지기도 한다. 따라서 자본주의가 성숙한 상황에서 국가와 정부에 대한 대안은 그 이전 상황에서 제시된 대안들과는 분명히 달라야 할 것이다.

하지만 베버는 성숙한 자본주의 체제를 염두에 두었을 때도 전통적인 대안 이상의 차별화된 대안을 제시하지 않는다. 인간의 실질적 합리성은 어떻게 발전했는지, 또 개인주의가 발달한 이후 인간이 어떻게 다양화 혹은 차별화되고 있는지를 진단하고, 어떠한 대안을 제시할 수 있는지 고려할 필요가 있다.

한편, 조지프 슘페터Joseph Schumpeter는 베버의 자본주의 발달 과정에 관한 분석의 오류를 지적했다. 베버는 프로테스탄트와 자본주의 발전에 밀접한 관계가 있다고 주장했으나, 칼뱅주의가 지배적이었던 스코틀랜드는 네덜란드나 영국 같은 경제성장을 이루지 못했다는 것이다. 반면, 가톨릭이 득세한 벨기에에서는 프로테스탄트 국가였던 네덜란드보다 오히려 산업혁명이 먼저 발생하여 자본주의가 성장했다. 즉 슘페터는 자본주의 발전을 프로테스탄트의 성장과 비교하여 설명한 베버의 이론 자체에 결함이 있음을 지적한 바 있다.

## 유토피아는 없다

 수단 가치인 능률성 증진을 위한 도구적 합리성이 팽배한 자본주의 국가사회 체제에서 목적 가치인 인간성 증진을 위한 실질적 합리성의 회복이 필요하다는 베버의 견해는 자본주의 사회문제의 진단과 대안 제시에서 다양한 의미가 있다. 그의 관점을 마르크스와 비교하면 보다 명확하게 이해할 수 있는데, 일단 자본주의의 문제점에 대해서는 베버와 마르크스의 견해가 일치한다. 자본주의의 성숙으로 인해 일반시민이 소외된다는 것이다. 그러나 베버는 자본주의사회의 문제에 대한 진단과 해결 방안에 대해서는 마르크스와 의견을 달리한다.

 마르크스는 자본주의 체제에 대한 정의 및 이해, 문제점, 미래를 논하면서 가장 중요한 힘의 원천을 물질에서 찾았다. 따라서 자본주의의 모순을 해결하고, 인간의 자유를 증진하기 위해서는 프롤레타리아 혁명을 통한 공산주의 체제의 확립이 필요하다고 했다. 즉 공산주의 체제의 확립을 통해 인간이 가지고 있는 모든 문제를 해결할 수 있다는 것이다. 반면 베버는 마르크스가 제시한 공산주의 체제가 인간의 자유를 찾아주는 것이 아니라 오히려 자본주의의 국가사회적 모순을 강화할 것이라고 단언했다. 마르크스의 공산주의 국가가 도래한다 해도 국가 또는 사회 내에서 관료제가 운용될 수밖에 없으며 이 전문가 집단은 자신의 도구적 권력을 증대하려 하므로 인간의 자유를 증진시킬 수 없다는 것이다.

 베버와 마르크스의 시각차는 사회체제를 보는 관점의 차이에서 비롯된다. 베버는 당시 국가사회 체제의 힘의 원천을 하나로 보는 것에서 탈피해, 국가사회 구성원들이 다수인만큼 국가사회를 유지하고 변화시키는 힘의 원천 또한 다양하다고 생각했다. 물질이라는 유일한 힘에 의해서만 국가사회 체제가 형성되진 않는다는 것이다. 그는 인간 역사의 발전을 절대적으로 보지 않고, 상대적으로 보았다. 인간은 물질적 생산성이라는 법적·합리적 이성의 지배만 받는 것이 아니라, 전통과 관습이라는 전통적 사고, 감성이라는 카리스마를 추구하는 사고의 지배도 받는다는 것이다. 인간은 물질적 풍요라는 도구적 합리성만을 추구하지 않고 때로는 비이성적 측면을 더 중요하게 생각하며, 모두들 똑같이 생각하지도 않는다고 베버는 주장한다. 따라서 인간의 역사는 생산양식이라는 한 가지 기준으로만 비교할 수 없으며, 인간의 역사에서 나타나는 사회체제는 다양한 시각으로 여러 측면을 통해 보아야 한다는 것이다.

　베버와 마르크스의 자본주의 체제에 대한 진단 차는 이러한 관점의 차이에서 비롯된다. 마르크스는 물질의 소유가 극단적으로 왜곡된 자본주의를 반드시 부정해야 하는 적으로 바라본 반면, 베버는 자본주의를 가치중립적인 역사적 산물이라고 생각했다. 베버는 자본주의가 비록 극복해야 할 문제점을 안고는 있지만, 도구적 합리성이라는 인간 행위에 의해 나타난 역사적 산물이기 때문에 현실을 객관적으로 받아들이고, 발생한 문제점은 자본주의 체제 내에서 이성적인 노력으로 해결해야 한다고 보았다. 자본주의 체제가 다양한 사람들의 다양한 원리에 의해 발전해왔기 때문에 다양한 진단과 해결 방안이 필요하다는 것이다.

베버는 사회문제를 해결하는 방법에서도 마르크스와 다른 접근 방법을 택했다. 마르크스는 정치를 실천하고 사회를 진단할 때 가치를 개입시켜야 한다고 주장했다. 또 자본주의 모순을 해결하고, 인간을 해방시키며, 궁극적으로 공산주의 체제를 확립하는 방향으로 사회문제를 진단하고 해결 방안을 제시하는 것이 정치인과 이론가의 의무라고 주장했다. 세상에는 공산주의라는 유일하게 옳은 가치가 존재하며, 이를 모든 사람이 실현해야 한다는 것이다. 가치가 배제된 과학이란 존재할 수 없고, 가치가 배제된 것은 과학도 이론도 아니라는 것이다.

반면, 베버는 가치와 사실은 분리해야 한다고 주장했다. 세상에는 다양한 가치와 사실이 존재하기 때문에 가치와 사실을 연결할 수 없다는 것이다. 이론 연구자는 무엇이 올바른 가치인지 알 수 없기 때문에 가치를 제시할 수 없고, 제시해서도 안 된다고 보았다. 가치와 사실을 분리하지 않음으로써 숱한 문제가 발생했고 이를 직접 목격했기 때문이다. 이 경우 하나의 가치만이 남을 때까지 다양한 가치들 사이에 치열한 갈등이 빚어지게 마련이다. 20세기 내내 각종 이데올로기 갈등에서 엄청나게 많은 사람이 희생되었고, 이데올로기 갈등의 소용돌이에 휘말린 모든 국가에서 유일하게 살아남은 지배 이데올로기가 절대 다수의 일반 시민의 자유를 속박했던 나치즘, 파시즘, 공산주의의 경험이 이를 대변한다. 그는 자본주의의 문제점으로 도구적 합리성의 남용을 지적했는데, 이 역시 이러한 가치의 문제점과 일맥상

통한다. 어떤 국가사회든 한 가지 가치가 지배하고, 다양한 가치가 배제됨으로써 사회문제가 발생한다는 점을 지적한 것이다. 그는 역사가 완전히 가치중립적일 수는 없다고 보았다. 하지만 국가사회와 정부에 대한 논의에서 가치중립적인 접근의 위험성은 낮다. 더 중요한 것은 베버는 이미 가치중립의 위대함을 파악했다는 사실이다.

베버는 무엇보다 개인의 자유와 행복에 대한 가치가 각자 다르다는 것을 파악했다. 모든 개인은 각자 삶의 목표를 결정한다. 자신만의 독특한 사고에 따라 삶의 가치, 문화, 이데올로기 등을 선택한다. 오직 이성에 따라 합리적으로만 판단하는 것이 아니라 전통과 관습, 또는 감정적 충동에 휘둘리기도 한다. 이러한 인간을 하나의 통일된 이데올로기에 의해 재단할 수는 없다. 국가와 사회 역시 단일한 이데올로기에 의해 목표를 정할 수는 없다. 따라서 베버는 가치와 분리된 사실에 입각하여 현실을 분석·진단한 후, 개인적 측면은 각자 판단하고, 국가사회의 방향은 다양한 가치를 가진 구성원의 논의에 따라 결정하는 편이 바람직하다고 주장한다.

한편, 베버가 가치중립적인 방법론을 제시했다고 해서 객관적인 국가 및 정부 체제를 찾을 수 있다고 주장한 것은 아니다. 또한 국가사회의 목표를 결정할 때 개인의 판단에만 맡기자고 주장한 것도 아니다. 가치중립적인 사실에 대한 이해가 가치판단에 선행되어야 한다고 믿었으며, 사회 전체보다 개인의 행동에 초점을 맞추었다. 하지만 사회적 행동social action과 사회적 태도social behavior를 구분함으로써 개인에게 특정한 행동을 하도록 자극하는 아이디어를 찾는 데 가치를 두었다. 개인이 주관적으로 다른 사람들과 어떻게 관련되어 있는가를 파악해 사회적 행동을 이해해야 한다는 것이다. 즉 개인이 판단하고 행동하기는 하지만, 개인의 모든 행동에 의미를 부여한 것이 아니라, 전체 사회와 관련된 개인의 사회적 행동에 의미를 두고 사회 전체의 바람직한 변화와 발전 방향을 제시하려 했다. 그는 개인의 주관성을 바탕으로 사회적 행동이라는 객관적인 사실을 규명하는 과정에서 해석학적 방법론을 동원했다. 개인 각자의 행동에 부합하는 주관적인 의미와 목적에 대한 이해를 사회에서 나타나는 사실에 대한 이해와 연결한 것이다. 동시에 전체 사회를 설명할 수 있는 주도적인 모델, 즉 사회과학 이념형을 제시했다. 이념형은 현실에는 존재하지 않으나 개인의 사회적 행동을 이해하는 객관적인 기준을 제공함으로써 국가와 정부를 비롯한 사회 각종 집단을 이해할 수 있게 한다. 궁극적으로 베버는 특정한 개인의 행동과 결과가 다양한 역사 과정의 결과와 어떻게 연결되는지를 이해하려고 했다. 이러한 분석과 해석을 통해 인간의 실제 삶을 설명함으로써 개인이 더 나은 인간 사회를 선택하게 하려고 한 것이다.

베버는 자본주의 사회에서 개인이 실제적인 활동에서 자신의 인격을 행사하지 못하고 있고, 국가와 정부를 비롯한 어떤 조직도 개인을 위해 존재하지 않는다는 점을 지적했다. 사회의 모든 조직은 조직 자체의 목적이 있기 때문에 조직의 목표에 반하여 행동하는 개인은 언제든지 외면당할 수 있다. 개인은 다양하고 분화된 사회에서 의미 있는 역할을 할 경우에만 비로소 존재 가치가 있을 따름이다. 따라서 자신을 보호하기 위한 최종 피난처는 스스로의 인격적인 행위와 노력이다. 그렇다고 개인만이 유일하게 개인을 보호할 수 있다는 것은 아니다. 국가사회 체제에서는 개인의 행위를 사회화함으로써 개인의 가치를 조직 단위에 투영할 가능성이 있다.

베버는 관료제를 포함한 모든 제도와 조직이 인간 가치의 보호를 목표로 삼기는 하지만, 일단 만들어진 후에는 제도나 조직 자체의 이해를 바탕으로 운영된다고 했다. 이것은 특정한 제도적 장치가 인간의 민주적 가치를 보호할 수 없으므로 보호받아야 하는 개인의 노력이 필요하다는 것을 의미한다. 즉 국가사회 체제에서 인간의 존엄성과 가치를 보호하기 위해서는 모든 구성원이 자신의 가치를 책임질 수 있는 강력한 개인이 되어야 하며, 이들이 국정에 적극 개입하고 참여하여 사회를 이끌어가는 시민사회를 창출해내야 한다. 시민 모두가 강력한 개인이 되지는 못하더라도 최소한 개인의 인격이 투영된 체제만이 인간의 실질적 합리성을 증진할 수 있는 것이다.

따라서 베버는 도구적 합리성에 의해 지배되고 있는 현행 국가 및 정부 체제를 인격을 포함한 다양한 권위에 의해 통제되고 견제되는 체제로 전환하자고 제안한 것이다. 한 가지 예가 관료제를 통제하는 카리스마적 리더에 의한 권위이다. 이런 방안을 제안했다고 해서 베버가 국민투표에 의해 선출된 지도자의 강력한 힘으로 국정을 운영하는 것을 국가사회 문제의 근본 해결책으로 보았다고 할 수는 없다. 베버는 카리스마적 권위뿐만 아니라 다양한 수단이 강구될 필요성을 강조했다. 이것은 일반 시민이 직접 선출하는 공직자의 수를 가능한 한

늘리는 것을 포함하여, 전문 관료를 통제하고 시민의 여론을 수렴하는 각종 제도적 장치를 제안한 것으로 해석된다.

베버는 자본주의가 성숙하고 이성이 발달할수록 인간은 보다 효율적인 물질 가치에 집착하고, 이러한 물질 가치를 증진시키기 위해 효율적인 관료제 조직에 의지하게 되며, 결과적으로 관료제의 도구적 합리성에서 오는 편리함을 얻는 대신 인간의 자유와 개성이 말살될 것으로 전망했다. 그 역시 다른 이론가들처럼 인간의 자유와 가치를 회복시켜야 한다고 지적했다. 그러나 베버의 독특한 시각은 인간의 가치가 다양하고, 인간이 불완전한 존재라는 데서 출발한다. 인간의 목표와 욕망, 삶의 방식이 다양하고 복잡하기 때문에 하나의 대안으로 인간의 모든 가치를 충족시킬 수 없을 뿐만 아니라 국가사회의 모든 문제를 해결할 수 없다. 또 인간이 불완전한 존재이기 때문에 인간이 만들어낸 조직 역시 불완전할 수밖에 없고, 이에 따라 어떤 형태의 조직으로도 인간 문제를 근원적으로 해결할 수 없다는 것이다. 결국 현실에서는 인간이 희망하는 유토피아도 있을 수 없고, 완전한 자유와 행복 역시 존재할 수 없다. 그가 인간의 궁극적인 가치를 다른 대안을 통해서가 아닌 자본주의 체제 내에서 구하려 한 이유는 어떠한 대안도 문제를 완전히 해결하지 못하는 한계에 부딪힐 것이라고 생각했기 때문일 것이다. 그렇다고 인간성 회복을 전적으로 시민 개인의 노력에만 맡길 수는 없다. 현대사회에서는 개인보다는 조직의 활동과 역할이 더욱 중요하기 때문이다. 따라서 그는 국가사회 구성원이 자신의 시대 환경을 인식하고, 사회 속에서 개인과 조직이 지속적으로 노력해야 한다고 주장하는 것이다. 근본적으로 한계가 있기는 하지만 베버는 현대 국가 및 사회 내에서 인간의 인격이 투영된 조직적 행위를 지속적으로 발전시켜 나가는 것이야말로 최선의 대안으로 생각한 것이다.

/ 별 별 읽 기 /

## *베버의 관료제

  베버는 자본주의사회가 경제적 풍요를 인간 삶의 가장 높은 가치로 생각하고, 이러한 가치를 달성하기 위해 기술의 우위에 기초한 능률 지향의 합리적 조직, 즉 관료제를 등장시켰다고 말한다. 관료제는 다양한 가치를 추구하기보다는 단일한 기능적 목표를 수행하기 위한 조직체이다. 관료제의 특징 및 형태는 이러한 기능적 목표를 수행하기 위해 자연스럽게 발생한 것이다. 즉 현대사회에서 대규모의 조직 목표를 수행하기 위해서는 능률을 최대화할 수 있도록 관료제가 발달할 수밖에 없고, 관료 및 관료조직의 역할 증대는 그들의 기술적 능력에 동반하는 필연적인 결과로 받아들여진다.

  순수한 형태의 관료제는 단일한 기능적 목표를 수행하기 위한 조직체이다 기능적 목표를 효율적으로 수행하기 위한 관료제의 특징으로는 첫째, 조직 최상층에서 최하층에 이르기까지 분명한 명령 체계를 확보하기 위한 계층제 둘째, 정교한 노동의 분화division of labor를 창출하여 개인이 전체 조직 체계 내에서 작은 톱니 역할을 수행하게 하는 구성원 역할의 특화 셋째, 조직 구성원들이 공식적인 의무를 충실히 이행할 수 있도록 세밀한 일반 법규와 규칙으로 이루어진 행위 규율의 제시 넷째, 개인 능력에 의한 선발과 훈련, 다섯째 직업공무원제 등을 들고 있다. 완전히 발달된 관료제는 물건을 생산하는 기계와 같은 조직으로 비유된다. 즉 "정확성, 빠른 속도, 명료한 업무 처리, 문서에 의한 행정, 계속성, 신중성, 통일성, 엄격한 복종, 조직 간 알력의 최소화, 물질적 또는 인사 비용의 최소화" 등이 관료적 조직의 기계적 특징이라 할 수 있다. 이는 엄격한 의미의 관료 조직이라면 위에서 나열한 특징이 나타나며 좀 더 성숙한 관료 조직에서는 이상과 같은 특징이 최적의 상태로 발휘된다는 것을 의미한다.

이러한 특징 때문에 순수한 기술적 관점에서 관료제는 설정된 목표 달성에서 최고의 합리성과 효율성을 실현할 수 있는 도구이다. 노동의 분화는 업무의 중복과, 이로 인한 업무 마찰을 최소화하며, 계층제는 중앙 부서의 계획과 조정뿐 아니라 하위 부서에 대한 통제와 훈련을 용이하게 한다. 능력 위주의 임용은 질 높은 인적 자원을 확보해 유능한 업무 수행을 보장한다. 규율은 표준화 작업에 필요한 시간 소모를 막아주며, 각 개인이 문제 해결을 위해 노력해야 하는 경우 요구되는 인적·시간적 낭비를 방지한다. 몰인격화impersonal된 업무 수행은 객관성을 증진시키고 비합리적인 행동을 방지할 뿐만 아니라, 정실주의나 차별로 인한 비형평성을 제거함으로써 갈등을 줄인다.

## **베버가 정의한 권위의 유형

베버는 권위란 정당한 권력이라고 정의했다. 피지배자가 지배자의 권력을 정당하게 받아들여 지배자에게 자발적으로 복종할 때, 피지배자는 지배자의 권위를 인정하는 것이다. 베버는 이러한 권위의 유형을 다음의 세 가지로 분류했다.

**전통적 권위** 전통과 관습에 의해 특정인 및 특정한 조직의 권위를 인정하는 것을 말한다. 절대군주의 자손에게 세습 권위를 부여하는 것처럼 관습과 전통에 따른 지배를 인정하는 것이다.

**카리스마적 권위** 개인의 성향에 의해 권위를 부여하는 것을 말한다. 개인 능력의 탁월함, 신성함, 영웅성, 모범적 성향 등 초인적이고 초자연적인 능력 및 성향에 의한 지배를 인정하는 것이다.

**법적 · 합리적 권위** 사람들이 정통성을 부여한 법, 전문 관료 조직, 관료의 지위 등에 의해 부여된 권위를 말한다. 이는 전문 지식 및 민주적 절차에 의해 성립된 법이 합리적이고 정통성이 있기 때문에 그에 따른 지배를 인정하는 것이다.

베버가 이렇게 권위를 분류한 이유는 실제로 다양한 지배가 인정되기 때문이다. 권위가 다양한 형태로 부여되는 만큼, 국가를 한 가지 방법이 아닌 다양한 권위에 의존해서 통치할 때 다수 시민이 부여한 정통성에 기초하여 안정된 운영을 할 수 있다.

# 09 벨의 창의 정부, 탈산업 사회 패러다임 변화에 대응하다

> 과학과 기술의 발전으로 자본주의 체제가 약화되고
> 새로운 사회질서 아래에서 새로운 체제가 창조될 것이다.
> - 대니얼 벨

## 탈산업 사회의 이데올로기

대니얼 벨Daniel Bell은 1919년 미국 뉴욕에서 태어나 2011년 아흔한 살에 매사추세츠 주 케임브리지에서 사망했다. 출생한 지 8개월 만에 동유럽 이민자 출신 부친을 여읜 벨은 어린 시절과 청소년기를 경제적으로 어렵게 보내야 했다. 하지만 타고난 지적 능력으로 뉴욕 시립 대학을 졸업한 이후에는 언론인 생활을 했다. 1940년대 후반부터 시카고 대학교에서 강의를 시작했고, 1960년 컬럼비아 대학교에서 박사학위를 받았으며, 일흔아홉 살이던 1990년까지 하버드 대학교에서 강의한 석학이다.

벨은 전후 미국을 이끌었던 지식인 중의 한 사람으로, 박사학위 논문이었던 《이데올로기의 종언》을 비롯해, 《탈산업 사회의 도래》와

《자본주의의 문화적 모순》등이 20세기 후반 가장 중요한 100대 서적에 포함됐다. 그는《이데올로기의 종언》에서 미국과 소련 간의 냉전이 한창 진행되고 있던 1950년대 말 좌우의 이데올로기가 종말을 고하고, 보다 다양하고 새로운 이데올로기가 등장할 것이라고 설득력 있게 주장했다.《탈산업 사회의 도래》에서는 물질적 풍요를 이끌어온 산업 사회가 퇴조하고, 정보와 과학기술 중심의 사회가 도래할 것이라고 내다보았다.《자본주의의 문화적 모순》에서는 자본주의의 발달로 인해 자본주의 문화가 보편화되는 것이 아니라, 오히려 자본주의 문화와 윤리가 퇴조하고 새로운 문화로 변화할 것이라고 예언했다. 사회 변화에 대한 이와 같은 진단과 예언은 오늘날 미래학의 패러다임으로 받아들여지고 있다.

벨은 국가와 정부에 대한 시각을 직접 밝히지는 않았다. 거시적인 사회 변화에 따른 경제와 사회, 문화의 변화에 관심을 가지고 구체적인 모습을 제시한 반면, 국가와 정부는 그의 직접적인 관심사에서 벗어나 있었기 때문이다. 그럼에도 불구하고 벨이 제시한 다양한 사회에 관한 진단을 검토하고, 이후 미래학자들이 제시한 국가와 정부에 대한 진단을 벨 이론의 연장선상에서 본다면 국가와 정부에 관한 벨의 입장을 어렵지 않게 파악할 수 있다.

물론 벨의 이론에 중요한 시사점이 있음에도 불구하고 앞서 살펴본 이론가들과 그의 시각을 대등하게 견주기는 어렵다. 그러나 벨이 20세기 중반 이후의 사회 변화의 구체적인 모습을 제시했고, 오늘날 사회 변화에 따른 국가와 정부의 역할을 분명히 제시할 수 있는 기초를 제공했다는 점에서 논의할 만한 가치가 있다. 그러나 벨의 이론만으로는 국가와 정부의 역할을 명확히 제시하는 데 한계가 있으므로, 벨 이후의 여러 미래학자들의 주장과 더불어 필자의 견해를 추가했다.

: 벨의 나쁜 정부
## 획일적인 정부는 왜 위험한가

벨은 산업 사회로부터 탈산업 사회로 바뀌는 사회 변화의 동력을 인간의 본질적 변화에서 찾는다. 인간은 끊임없이 새로운 욕망을 만들어내고, 새로운 변화를 추구한다. 인간은 자신이 원하는 것을 획득했을 때 순간적으로 만족할 수는 있지만, 욕망이 채워진 후에는 또 새로운 것을 원하는 존재이다. 물질적으로 풍요롭지 않을 때에는 물질적 욕구가 인간의 본질적인 욕구로 보이지만, 자본주의가 성숙하여 물질적 욕구가 채워진 후에는 인간은 물질 이상의 새로운 가치를 추구한다. 인간은 기존의 사회문제를 해결하는 과정에서 경험한 만족감만으로는 현재와 미래에 지속적으로 행복하게 살지는 못한다. 즉 새로운 욕구를 찾고, 이 욕구가 채워지는 과정에서 삶의 의미를 찾는다. 따라서 인간은 산업 시대가 충족시킨 가치를 넘어 새로운 가치를 찾는 과정에서 이전에 경험하지 못한 탈산업 시대라는 새 시대를 열게 된 것이다.

이러한 차원에서 대부분의 사람들에게는 전통적인 자본주의와 사회주의 이념이 제시하는 사회 갈등 및 사회문제, 이에 대한 해결책 등도 더 이상 행복 추구와 관련해 의미 있는 이슈가 될 수 없다. 한 세기를 넘게 사회주의 이념에서 추구해왔고, 당시 많은 사람들에게 희망을 제시했던 인간 모순의 해결과 인간 해방이라는 이슈는 더 이상 현대인을 자극하지 못할 뿐 아니라, 이제는 식상한 주제가 되어버렸다. 자본주의가 추구하는 물질적 풍요라는 목표 역시 모든 사람이 달성하지는 못했지만 새로운 욕망으로서의 가치를 상실한 것이다.

　이는 무엇보다 사람들 자체가 변했기 때문이다. 산업화를 성공적으로 추구하기 위해 수행한 대중 교육이 발전하면서 사람들은 자신의 모습을 바라볼 수 있는 기본 능력을 갖게 되었다. 또한 도시화와 교통의 발전으로 인해 사람들의 생활상을 직접 확인함으로써 자신의 모습을 좀 더 객관적으로 인지하게 되었다. 이 과정에서 자본주의와 사회주의의 이념 대립이 자신의 일상생활과 직접 관련이 없을 뿐만 아니라 자신이 원하는 것을 제공하지 못한다는 사실을 깨달았다. 오히려 자본주의와 사회주의의 대립과 갈등으로 인해 자신의 일상생활이 소수 엘리트의 이념에 지배당했다는 점을 자각하게 되었다. 결국, 사람들은 자본주의와 사회주의 중 하나를 택하기보다는 새로운 가치를 찾기에 이르렀고, 마침내 탈산업 시대가 도래한 것이다.

　산업 사회에서 탈산업 사회로의 변화에서 또 다른 주요 동력은 과학기술의 발전이다. 사람들이 아무리 새로운 가치를 찾는다 해도 새로운 욕구가 채워질 수 없다면 포기할 수밖에 없다. 그러나 과거의 방법으로는 달성 불가능한 가치 또는 욕구였다 하더라도 새로운 방법으로 실현할 가능성이 있다면 이를 달성하고자 노력하는 존재가 인간이다. 기계화, 산업화, 도시화 과정에서 기술이 급격히 진보하면서 과거에는 꿈으로만 생각되었던 것들을 현실화할 수 있게 되었다. 무엇이든 비용을 지불하면 원하는 것을 얻을 수 있을 만큼 기술적으로 진보했다. 초기 산업 시대 대량생산 체제에서는 생산자, 즉 자본가가 상품과 서비스의 양과 질을 결정했기 때문에 소비자인 일반 시민은 자신의 구미에 맞는 상품과 서비스를 선택하는 데 한계가 있었다. 그러나 기술 진보로 말미암아 부를 축적한 소수의 자본가들만이 상품과 서비스를 제공하던 소품종 대량생산 체제를 넘어서 다품종 대량생산 체제가 성립될 수 있게 되었을 뿐만 아니라 누구나 상품과 서비스 생산에 참여할 수 있는 기회가 주어졌다. 따라서 소비자 입장에서는 다양한 상품과 서비스 가운데 자신의 기호에 따른 선택을 할 수 있게 되었고, 한 걸음 더 나아가 자신이 원하는 제품을 주문·소비까지 하게 되었다.

그 결과 산업 시대의 획일적, 기계적, 소수 엘리트 독점적 구조에서 탈산업 사회 구조로의 변화가 시작됐다. 탈산업 시대로의 변화는 단순히 자본주의 또는 사회주의에서 또 다른 이데올로기가 주도하는 사회로의 변화가 아닌, 지금까지 인류가 겪어보지 못한, 상상을 초월한 혁명적인 변화이다. 이는 한 이념에서 다른 이념으로, 한 사회구조에서 다른 사회구조로, 상품과 서비스의 공급자 중심에서 소비자 중심으로의 전환 같은 일직선상에서의 변화가 아니라 정치, 경제, 사회, 문화 등 다방면에서의 변화가 상호작용하여 나타난 완전히 새로운 사회로의 변화인 것이다.

이러한 관점으로부터 벨과 미래학자들이 암시하는 나쁜 정부의 모습을 구체화해볼 수 있다. 그들이 생각한 나쁜 정부는 사회구조와 구성원의 행태가 탈산업 시대로 바뀌었는데도 여전히 산업 시대에 머물러 있는 정부이다. 기존의 정부가 탈산업 시대에 맞게 의사 결정 방식과 법 제정, 공공서비스를 변화시키지 못하면 사회문제나 시민 요구에 적절히 대응할 수 없다. 이를 구체적으로 논의하면 다음과 같다.

첫째, 기존의 정부 구조는 탈산업 사회에 걸맞지 않다. 즉 벨이 주장한 나쁜 정부는 산업 시대의 획일적인 정부이다. 기본적으로 탈산업 시대의 시민은 산업 시대 기업과 정부가 제공하던 획일적인 상품과 서비스에 더 이상 만족하지 않는다. 따라서 기업은 이에 대응하기 위해 지속적인 혁신을 감행하고 있다. 그동안 혁신에 성공하지 못한 기업들은 가차 없이 문을 닫아야만 했다. 반면 엄청난 수의 신생 기업이 탄생하여 기술개발과 제품 혁신을 통해 소비자의 다양한 욕구에 부응하고 있다. 그러나 정부의 구조와 행정 관료의 행태는 크게 변하지 않고 있다. 근본적으로 '법의 지배'라는 산업 시대의 가치로 구조화된 법과 제도 아래에서는 새로운 시대를 맞이해도 정부 구조와 운영의 근본 원리가 변화할 수 없다. 결과적으로 정부는 시민들의 요구에도 불구하고 새로운 서비스를 제공할 수 없거나, 시민들이 더 이상 원하지 않는 서비스를 계속해서 제공하기도 한다. 탈산업 시대에 각자의 개성을 추구하는 시민들이 과거의 구조와 방식이 식상하다고 외치는데, 정부가 이에 부응하지 못하면 나쁜 정부일 수밖에 없다.

둘째, 이데올로기 대립이 종결된 탈산업 시대에 더 이상 이데올로기가 사회를 주도할 수 없음에도 불구하고, 여전히 이데올로기에 따라 정책을 결정하고 수행하는 정부는 나쁜 정부이다. 일반 시민들은 정치, 경제, 사회, 문화 등 어느 분야에서도 이데올로기에 의거하여 생각하거나 행동하지 않음에도 불구하고, 정부는 여전히 중요한 정책 결정에 이데올로기를 적용하고 있다. 1980년대 말 이미 구소련 체제가 멸망했음에도 불구하고, 수십 년이 지난 지금의 현실 정치에서 유럽과 미주, 아시아 등의 모든 선진국에서는 아직도 좌우 이데올로기에 따라 주요 정당이 구성되어 있으며, 대통령과 의원을 비롯한 각종 선거에서 당선된 정치 지도자는 과거의 이데올로기에 기초하여 정책을 제시하고 있다. 심지어는 행정기관에서 시민의 일상생활과 직결된 정책을 두고도 이미 사장된 이데올로기를 중심으로 한 논의가 진행되고 있다. 시민의 일상생활과는 전혀 관련이 없음에도 불구하고 일반 시민들도 국가와 정부 정책을 논의할 때 이데올로기란 낡은 잣대를 들이미는 것이 정상으로 받아들여진다. 사람들은 다양한 가치에 의거하여 정책을 찬성, 또는 반대하고 있음에도 불구하고, 부유한 사람들은 보수적 정책, 가난한 사람들은 진보적 정책을 지지한다고 예단해 버린다. 이 때문에 많은 시민이 정치를 외면하고, 정부에 대한 신뢰도 나날이 떨어지고 있다.

셋째, 소수 엘리트가 주도하는 정부는 나쁜 정부이다. 경제와 사회, 문화 등의 분야에서는 탈산업 사회의 변화를 이끄는 일반 시민들이 영향력을 행사하는 반면, 정치 분야는 아직도 소수 엘리트가 주도한다. 경제 부문에서는 일반 시민의 가치의 변화가 상품과 서비스의 변화를 주도했을 뿐만 아니라 경제와 경영의 관점이 이미 공급자 위주에서 소비자 위주로 변화했다. 또 사회적 이슈와 문제 역시 대중의 가치와 판단에 의해 주도되고, 문화 역시 대중의 호응을 받지 못하면 생존할 수 없는 시대이다. 그러나 정치 영역에서는 선거철에만 잠시 후보자에 대한 지지도 및 정책 선호도, 선거 결과를 둘러싸고 일반 시민이 중요한 역할을 담당하는 것처럼 보일 뿐, 평상시 정책 이슈는 여전히 소수 엘리트들만이 논의하고 있다. 국가와 정부는 아직도 일반 대중의 참여가 배제된 산업 시대의 구조에 의해 운영되고 있는 것이다.

벨의 관점에서 보면 대부분의 국가에서 운영되는 정부는 시민의 새로운 요구를 외면하고, 이미 폐기된 이데올로기적 접근법에 갇혀 있으며, 시민의 주권자 지위를 실질적으로 박탈하고 소수 엘리트가 주도하는 나쁜 정부인 것이다. 탈산업 시대에 패러다임이 완전히 바뀌었음에도 불구하고 산업 시대의 사고방식으로 대처한다는 것 자체가 무순이다.

: 벨의 좋은 정부
## 사회 변화에 능동적으로 대처할 수 있는 정부

벨을 비롯한 미래학자들은 탈산업 사회의 도래 이후의 미래 사회는 과거와는 판이하게 다를 것이라고 전망했다. 이러한 사회 변화는 가치관과 욕구의 변화, 기술 발전이 주도한다는 것이다. 그들은 이러한 탈산업 사회로의 이전은 개인의 행태를 비롯하여 정치, 경제, 사회, 문화 등 인간생활 전반에 걸쳐 빠르고 예측하기 어려운 혁명적인 변화를 초래하리라고 예상했다. 미래학자들이 제시하는 좋은 정부를 논하기에 앞서 탈산업 사회가 산업 사회와 어떤 점이 다른지를 살펴보자.

탈산업 시대는 우선 물질 생산의 획기적인 변화에 따른 인간의 일상적 소비생활의 변화로 특징지을 수 있다. 탈산업 시대에는 정보 및 과학기술의 발전에 따라 산업 시대의 대량생산 체제를 능가하는 생산성의 획기적 향상을 이룩할 수 있다. 산업 시대의 생산 체제가 기계화에 따른 소품종 대량생산 체제로 양적 변화를 이끌었다면, 탈산업 시대에는 기존의 기계화에 정보 기술을 접목하여 자동화를 확대했고, 이에 따른 다품종 대량생산 체제를 정착시켰다. 그 결과, 생산성이 비약적으로 증가했을 뿐만 아니라, 다양한 상품을 동시에 생산할 수 있게 되었다. 이에 따라 고객의 다양한 취향을 맞출 수 있게 된 것이다.

게다가 교통 기술과 정보 기술이 발달함에 따라 세계시장이 단일화되면서 지구촌에 사는 누군가 어떤 상품과 서비스를 원하는지를 어렵지 않게 알 수 있고, 생산자와 소비자가 정보를 실시간으로 주고받을 수 있게 되었으며, 상품 및 서비스의 배송 시간과 비용 역시 획기적으로 개선되었다. 이러한 전반적인 기술 변화는 지구촌 전체를 단일시장으로 만들었으며, 개인의 소비 패턴을 더욱 다양화시켰다.

또한 탈산업 시대는 인간에 대한 개념을 획기적으로 변화시켰다. 산업 시대는 효율성을 위해 사회 구성원에게 단순한 도구적 인간이 되어주기를 요구했고, 사람들 역시 이 요구에 순응했다. 다시 말해 산업 사회에서 인간은 거대한 사회체제의 부속품으로 기능하기를 요구

받았고, 인간이라는 부속품은 언제든지 다른 부속품으로 교체될 수 있는 표준화된 도구로 여겨졌다. 대부분의 사람들은 직장에서 요구하는 표준화된 기능을 익히기 위해 노력했고, 학교 교육 역시 사회체제 내에서 일익을 담당하는 인간을 만들어가는 데 일조했다. 또한 소비자로서의 일반 시민들은 기업이 제공하는 표준화된 상품과 서비스를 구매하는 데 만족했으며, 대부분의 사람들이 의식주를 비롯한 일상생활에서 다른 사람들과 같은 모습으로 살아가는 데 큰 불편을 느끼지 않았다.

반면, 탈산업 시대는 인간에게 창의력을 발휘하고, 변화에 대응할 것을 요구한다. 물질적인 풍요를 달성한 인간은 산업 시대가 제공하던 편리함에 만족하지 않고, 보다 새로운 가치의 창조를 요구한다. 인간은 소비자로서 더욱더 개성에 맞는 생활을 영위하려 하고, 이러한 소비자의 변화는 사회 변화를 촉진하는 동력이 된다. 새로운 수요는 새로운 공급을 유도한다. 따라서 탈산업 시대의 생산자는 변화할 수밖에 없게 되었다. 기업에서는 고객의 새로운 요구에 부합하기 위해 새로운 기술을 개발해야만 하고, 새로운 기술의 개발은 인간이 주체일 수밖에 없다. 따라서 탈산업 시대에는 창의적인 인재가 필요하다. 즉 사회가 탈산업 시대로 변화함에 따라 사회가 요구하는 인간의 역할이 변한 것이다. 이러한 변화에 따라 탈산업 사회에서는 거의 모든 분야에서 창조력을 갖춘 인재의 역할이 중요해졌다.

탈산업 사회로의 전환으로 인간의 의식 역시 획기적으로 바뀌었다. 산업 시대에는 '가진 자'를 중심으로 자유주의 이데올로기가 정착되었고, '못 가진 자'를 중심으로 사회주의 이데올로기가 뿌리를 내렸다. 실제로 자유주의 체제에서는 '가진 자'가 삶을 영위하기가 편리했고, 사회주의 체제는 '못 가진 자' 위주로 정책 방향을 설정했다. 이러한 까닭에 '가진 자'는 자유주의 이데올로기를, '못 가진 자'는 사회주의 이데올로기를 선호하는 경향이 있었다.

그러나 탈산업 시대의 사회는 기존의 이데올로기와 연관되어 작동되지 않는다. 탈산업 시대에는 '가진 자'와 '못 가진 자'로 구분되는 어느 일방에게 이익이 되는 이데올로기란 존재할 수 없다. 오히려 기존의 이데올로기와는 무관하게 급격히 변화하는 사회에 잘 대응하느냐, 그렇지 못 하느냐에 따라 이익을 볼 수도 있고 손해를 볼 수도 있다. 급격한 사회 변화에 따라 요구되는 새로운 능력을 갖춘 계층은 사회를 선도하는 새로운 세력으로 등장하고, 사회 변화에 대응하지 못하는 계층은 중심 세력에서 밀려나게 되었다.

산업 시대에는 자본의 보유가 조직 장악을 위한 가장 중요한 요소였지만, 탈산업 시대에는 전문지식과 창의력이 조직 운영의 중심 요소가 되었다. 탈산업 시대가 도래하면서 급변하는 시대 흐름에 부합하는 새로운 가치를 제공할 수 있는 창의력과 전문지식을 갖춘 사람들의 의사 결정이 핵심 경쟁력으로 등장하게 되었다. 벨은 탈산업 사회에서 창의적이고 전문 지식을 갖춘 계층이 사회를 주도하고 지배하는 현상을 메리토크러시meritocracy라고 명명했다. 조직과 사회를 움직이는 중심 권력과 부의 원천이 자본으로부터 전문지식 및 창의력으로 이동한 것이다. 자본을 소유한 기업가가 절대 권력을 행사하는 기업에서는 전문 지식과 창의력을 갖춘 전문인과 기술자가 조직을 떠나버린다. 산업 시대에서처럼 자본을 보유한 기업주가 기업의 중요한 의사 결정을 독점할 수 없다. 개인과 조직이 창의성을 갖추어야 탈산업 시대의 무한경쟁에서 승리할 수 있기 때문이다.

이러한 측면에서 자유주의와 사회주의 이데올로기는 탈산업 시대에서 새로운 가치를 제공하지 못한다. 일반 시민들은 변화하는 시대에 새로운 상품과 서비스뿐만 아니라 새로운 가치를 요구한다. 자유주의 이데올로기의 장점인 물질적 풍요나, 사회주의 이데올로기의 장점인 부의 재분배는 더 이상 새로운 가치가 될 수 없다. 일반 시민들은 기존의 이데올로기에 의한 상품과 서비스 및 가치를 소비하기를 거부하고, 자신의 개성을 발휘할 수 있는 새로운 정치, 경제, 사회, 문화 등의 가치를 요구하고 있다. 사회가 변하고 다양화됨에 따라 사람들의 가치와 요구도 다양화되고 있지만 기존의 이데올로기로는 사람들의 요구에 부응할 수 없는 것이다.

벨은 탈산업 시대 경제가 상품 중심 산업에서 서비스 중심 산업으로 이동할 것으로 전망했다. 이 변화 역시 사람들의 새로운 욕구에 대한 열망과 그에 따른 가치 변화로 설명된다. 욕구 충족으로 인한 만족은 순식간에 사라지며, 사람들은 또다시 새로운 욕구를 찾게 된다. 자본주의의 성숙으로 표준화된 상품에 대한 욕구를 충족한 사람들은 자신만의 독특한 개성을 표현할 상품과 서비스를 요구하게 되는 것이다. 누구나 소유하고 있는 천편일률적인 상품에 만족하지 않고, 자기 개성이 표현되는 상품, 자신의 구미에 맞는 서비스를 찾음으로써 자신을 표현하려고 하는 것이다. 따라서 사회 전체의 측면에서는 더욱 더 다양한 상품과 서비스가 생산되고 소비된다. 그러나 구체적으로 살펴보면, 상품은 가시적이고 구체적인 물건으로 존재하기 때문에 다양화에 한계가 있는 반면, 서비스는 사람의 머릿속에서 형상화되고 즉시 창조된다. 이런 특성 때문에 소비자 입장에서는 상품보다 다양성을 추구하기 쉽고, 공급자 입장에서도 다양한 서비스를 제공할 여지가 크다. 예를 들어, 각종 금융 서비스와 보험 서비스, 주식 매매 서비스 등은 가시적인 물건도 없고, 심지어는 자금의 이동도 없이 당사자의 계약만으로 서비스가 제공되고 소비된다. 이런 측면에서 상품과 서비스의 소비가 일상생활의 일환에 그치지 않고 개인의 다양한 가치를 표현하는 수단이 된 현대사회에서는 개성을 표현하기에 원활한 서비스산업에 초점을 맞추게 된 것이다. 또한 탈산업 시대에는 정보화가 더욱 진전되어 정보가 매우 빠르게 유통된다. 따라서 사람들이 컴퓨터와 인터넷에 의존하는 비중이 커졌을 뿐만 아니라, 컴퓨터와 인터넷을 비롯한 각종 정보 네트워크가 없이는 일상생활마저 마비될 정도에 이르렀다. 이 정보화와 관련된 모든 산업 역시 서비스산업으로 분류되고, 경제에 미치는 영향이 높은 만큼 탈산업 시대의 서비스산업의 비중이 높아지는 것은 너무도 당연하다.

 벨은 탈산업 사회에서는 육체노동을 중심으로 한 직업이 자연스럽게 퇴조하고 전문직과 기술직이 증가할 것으로 전망했다. 산업 시대에도 기계화의 영향으로 농업 등 육체노동 중심의 1차산업의 비중이 낮아지고, 2차산업의 비중이 비약적으로 높아졌다. 물론 산업 시대의

2차산업에서는 육체노동자가 여전히 큰 비중을 차지했지만, 농업 분야보다는 사무직과 경영 분야에 종사하는 인력의 비중이 크고 전체적으로 농업 시대에 비해 육체노동자의 비중이 크게 줄어들었다. 탈산업 사회에서는 정보 기술의 발달로 인해 각 분야의 기계화와 자동화의 비중이 훨씬 높아졌다. 2차산업의 생산 라인뿐만이 아니라 농업과 사무직에서도 기계화로 인해 생산성이 향상되었으며, 가정생활에서도 각종 기계가 인력을 대체하고 있다. 특히 탈산업 시대에는 컴퓨터를 이용한 정보화 기술을 기계에 접목한 자동제어장치의 개발로 인해 2차산업의 기계화 비중이 비약적으로 높아졌다. 이러한 탈산업 시대의 정보화와 기계화의 증대는 자연스럽게 육체노동자 비중의 감소로 이어진다.

탈산업 시대에는 육체노동 중심의 직종은 퇴조하는 반면, 다양한 직종이 새로이 요구된다. 소비자의 다양한 욕구에 부응하기 위해 새로운 상품과 서비스를 제공할 수 있는 창조적 전문직의 필요성이 대두된다. 산업 시대에는 소비자가 요구하는 표준화된 상품과 서비스를 생산하고 전달하기 위해 육체노동자의 비중이 높을 수밖에 없다. 하지만 탈산업 시대에는 소비자의 다양한 욕구에 대응하기 위해 새로운 상품과 서비스를 개발하고, 생산 과정을 지속적으로 혁신하며, 상품과 서비스의 전달 방식도 상황에 따라 바꾸어야 한다. 예를 들어, 단순하게 생각하는 먹거리 상품의 경우도 소비자들이 자신의 욕구에 맞는 먹거리를 자신이 원하는 방식으로 소비할 것을 요구하기 때문에 예전처럼 표준화된 먹거리를 표준화된 방식으로 생산하고 전달해서는 경쟁력을 상실하게 된다. 먹거리를 생산하고 전달하는 모든 과정에서 새로운 상품과 서비스를 창조할 때에 경쟁 우위를 확보하여 생존할 수 있게 되었다. 즉 사회 모든 분야의 상품과 서비스의 생산 및 전달 과정에서 지속적으로 창조력을 발휘해야 하는 것이다. 이에 따라 전문직, 기술직이 보다 강조되고, 역할과 비중도 높아질 것이다.

이러한 측면에서 벨을 위시한 미래학자들은 탈산업 사회를 지식사회 또는 정보사회로 명명하기도 한다. 지식과 정보가 급격한 사회 변화와 지속적인 사회 발전의 원동력이며, 사회의 중심이 전통적인 부와 권력에서 지식과 정보로 이동하고 있기 때문이다. 탈산업 사회에서는 지식을 보유한 전문가만이 새로운 변화와 요구에 따른 해결책을 창조적으로 제시할 수 있기 때문에 자본을 보유한 산업 시대의 전통적인 엘리트 역시 지식 전문가를 예전과 같이 통제할 수 없다. 또한 사회 전 분야에서 지식 전문가에게 의지할 수밖에 없게 되었다. 또한 이러한 전문지식이 정보통신 기술과 접목되고 일반 대중에게 전파됨으로써 새로운 지식의 가치가 부와 권력으로 연결되기 때문에 정보화의 영향력 역시 더욱 커졌다.

벨은 탈산업 시대에는 문화의 패러다임도 변화할 것으로 전망했다. 그는 산업 시대에는 베버가 지적한 바와 같이 근면과 성실을 모토로 자본을 축적하는 직업윤리가 문화적으로 정착했다고 주장한다. 그러나 탈산업 시대에는 자본주의에 의해 형성되고 정착된 문화가 전혀 새로운 차원으로 변신하리라고 전망했다. 자본주의의 성공으로 개인의 요구는 무엇이든지 충족할 수 있는 물질적 여건을 갖춤으로써 각자의 개성에 어울리는 새로운 욕망을 자유롭게 발산하리라고 본 것이다.

한편, 이렇게 분출된 개인의 다양한 욕구는 얼핏 다양한 가치를 추구하는 것으로 보이지만, 실제로는 물질적 욕구에 국한될 가능성도 있다. 금욕과 절제, 근면과 성실 같은 표준화된 자본주의 직업문화는 사라지고, 때로는 개인의 무절제한 욕망을 발산하고 충족하는 것이 탈산업 사회의 사회문화로 정착될 수도 있다. 이러한 사회문화는 개인과 문화에 국한되지 않고 정치, 경제, 사회 등 사회 전 영역으로 확산될 것이다.

벨은 탈산업 시대의 현상으로 문화의 독자성을 추가했다. 문화는 산업 시대의 생산과 소비처럼 엘리트의 전유물도 아니고, 일반 대중이 수적 우세를 이용하여 헤게모니를 장악할 수 있는 것도 아니다. 즉 소수 엘리트와 다수 대중의 문화가 분리될 수 없고, 때로는 서로의 문화를 주고받거나 공유하게 된다는 것이다. 이러한 문화 패러다임은 전체 사회문화가 특정한 계층이나 이념으로부터 탈피하여 사회 구성원 모두의 가치관과 욕구가 자유롭게 표출된 결과이다. 탈산업 사회의 문화적 특징은 다양성으로 정리할 수 있다.

이러한 측면에서 좋은 정부 역시 탈산업 사회의 요구로부터 자유로울 수 없다. 정부의 구조와 특성은 시대의 요구에 따라 개혁되어야 한다. 벨을 비롯한 미래학자들은 탈산업 시대의 정부의 상을 구체적으로 제시하지는 않았다. 하지만 그들이 제시한 몇 가지 중요한 과제로부터 유추하여 탈산업 시대 좋은 정부를 다음과 같이 정리할 수 있겠다.

첫째, 벨이 주장하는 좋은 정부는 사회 변화에 대응하여 지속적으로 개혁하는 정부이다. 일단 탈산업 시대에 산업 시대식 정부로는 일반 시민의 지지를 받기 어려워졌다. 기존의 정부 구조와 역할을 전반적으로 재점검하고, 개혁할 필요가 있다. 정부는 탈산업 사회 시민이 원하는 모습으로 변화에 능동적으로 대처할 수 있는 구조와 역할을 정립해야 한다. 탈산업 시대가 도래했음에도 산업 시대 공급자 위주의 표준화된 서비스를 제공하는 기업은 소비자의 외면에 직면하게 된다. 정부 역시 산업 시대의 서비스 패러다임으로는 더 이상 시민의 지지를 받기 어렵다. 소비자가 원하는 상품과 서비스를 공급하는 기업이 성공하듯, 정부도 성공하기 위해서는 소비자인 일반 시민이 원하는 정부 서비스의 내용과 전달 체계를 개혁할 필요가 있다. 기업이 소비자와 끊임없이 대화하듯이 정부 역시 일반 시민과 끊임없이 소통하여 그들의 요구에 대응해야 한다.

둘째, 벨은 탈산업 시대 정부는 미래 사회에 대비할 책임이 있다고 말한다. 특히 국가사회 전체의 미래를 위해서는 꼭 필요하지만 민간에서 감당하지 못하는 부분을 준비해야 한다고 강조한다. 벨은 연구 및 개발R&D을 미래 사회 정부가 반드시 해야 할 일로 꼽으며, 기초과학과 고등교육에 대한 정부의 투자를 촉구했다. 과학기술이 급격히 발전할 미래 사회에서는 국가 전체의 경쟁력을 유지·발전시키려면 과학기술 분야에 대한 투자가 절실하다. 하지만 엄청난 비용이 소요되는 반면 당장 이익을 볼 수 없는 기초과학 분야를 민간 기업이 선도할 이유는 없다. 과학기술 발전이 국가 발전을 선도하고, 미래 사회의 일자리가 기초과학 분야에서 창출된다면 과학기술에 대한 투자는 공익 차원에서 정부가 담당해야 한다는 것이다. 또한 과학기술 발전에는 사람에 대한 투자가 병행되어야 한다. 특히 탈산업 시대의 모든 분야에서 사람의 전문성과 창의력이 국가 발전과 직결되기 때문에 고등교육은 과학기술의 발전과 밀접한 관련이 있다.

그러나 벨이 과학기술과 고등교육에 대한 투자를 강조했다고 해서, 미래 산업 전반을 국가와 정부가 이끌어야 한다고 주장했다는 말은 아니다. 오히려 벨은 정부가 독자적인 프로그램을 만들어 경제와 사회를 이끌어가려는 움직임을 우려하는 입장이다. 탈산업 시대의 사회 변화는 인간 욕구의 변화와 과학기술의 발전에 의거한다. 사회 변화의 속도가 빠르고, 폭이 넓으며, 다양하기 때문에 누구도 사회 변화를 책임질 수가 없다. 탈산업 사회에서는 사회 구성원 전체가 스스로 변화에 대응하고 참여해야 한다. 정부가 사회의 복잡한 문제를 속속들이 이해할 수 없고, 시민들의 다양한 요구에 일일이 대처하기도 불가능하다. 또한 정부가 사회문제에 개입하다 보면 시민을 위해 정부 권력을 동원하기도 하지만 이러한 정부 권력이 바람직하지 못한 방식으로 사용될 수도 있다. 따라서 다양한 변화의 주체인 시민 스스로 자신의 문제를 해결하는 것이 가장 바람직하다고 주장한다.

셋째, 탈산업 시대의 좋은 정부는 개인의 만족과 안정된 국가 운영을 위해 다양한 가치를 지닌 구성원과 끊임없이 소통하는 정부이다. 개인의 가치가 다양하면 다수 시민의 지지를 획득하기 어렵기 때문이다. 정부와 달리 기업은 모든 소비자의 욕구에 대응하기보다는 일부 소비자의 욕구에 전략적으로 대응함으로써 생존할 수 있다. 그러나 정부가 기업과 같이 행동한다면 장기적으로 다수 대중의 외면을 받을 수 있다. 더욱이 일반 시민의 요구가 다양해진 만큼 정부는 대개 다수가 원하는 것을 제공하기 어렵다. 이런 상황에서는 정부가 일부 집단의 요구에 따라 대응할수록 일반 시민의 요구에서 멀어져 신뢰를 잃게 되는 것이다.

하지만 일반 시민의 다양한 가치 및 요구를 존중해야 한다고 해서 사회적 이슈에 대해 목소리를 높이는 집단의 요구를 들어주어야 한다는 것은 아니다. 목소리가 큰 집단이 요구하는 사항이 긴 안목으로 볼 때 다수 시민의 요구와는 거리가 멀 수도 있다. 더욱이 목소리를 내는 집단이 다수일 경우 정부가 각 집단의 요구를 모두 들어주기에는 인력과 자원이 턱없이 부족하다. 결국, 정부는 개별 집단의 요구를 모두 들어줄 수도 없고, 각 집단의 요구를 외면할 수도 없다. 이러한 상황은 탈산업 시대의 국가 통합과, 국가와 사회의 지속적 발전에 장애 요인이 될 가능성이 높다.

넷째, 탈산업 시대의 정부는 국가 통합을 이루는 정부이다. 탈산업 시대에 개인의 욕구는 다양하고 항상 변화하기 때문에 정부가 국가 통합을 끌어내기는 쉽지 않다. 일단 탈산업 시대에는 다수 시민이 이미 폐기 처분한 낡은 산업 시대의 이데올로기에 기초한 정부 정책으로는 다수의 요구를 만족시킬 수 없기 때문에 특정 이데올로기에 의한 통합은 불가능하다. 동시에 전체 사회의 발전을 위해서는 새로이 발생하는 개인의 다양한 가치를 존중해야 한다. 따라서 좋은 정부는 다양화된 개인의 가치를 한데 묶는 리더십을 통해 국가 통합을 이루어야 한다는 임무가 주어진다. 개인의 분열된 가치를 통합하지 않고는 국가 전체가 한 방향으로 나아가기 어렵고, 국가 통합을 이루지 못하면 구성원의 행복을 지속시키기 어렵다. 또한 국가 통합이 없이는 어떤 정부 행위도 주권자로부터 정통성을 인정받기 어렵다. 여론이 지속적으로 변화하여 예측하기 어려운 상황에서는 국가와 정부의 제도적 틀만으로는 새로운 문제를 해결하기 어렵다. 또한 이를 위해서는 산업 시대의 통치 방식인 법과 제도의 정착만으로는 부족하다. 좋은 정부는 사회 변화를 읽어내고 미래의 방향을 제시하여 구성원을 설득하고 통합하는 통치자의 종합적 리더십을 발휘해야 한다.

다섯째, 벨이 주장하는 좋은 정부는 탈이데올로기 시대의 새로운 정책을 제시하는 정부이다. 산업 시대에 자유주의와 사회주의 이데올로기가 서로 첨예하게 대립했던 분야인 노동과 복지 문제에 대해서도 벨의 기본적인 정책 방향을 읽을 수 있다. 벨은 탈산업 시대의 특징을 과학기술의 발전, 사회의 지속적이며 급격한 변화, 인간 가치의 다양화 등으로 규정했다. 정부의 역할 역시 이러한 탈산업 사회의 현실에 부응해야 한다. 따라서 탈산업 시대 노동과 복지 문제에 대한 접근 방법 역시 산업 시대와 달라야 한다. 산업 시대에는 '가진 자'와 '못 가진 자'의 대립에 기초해 노동과 복지 문제에서의 정부 역할이 결정되었지만, 탈산업 시대에는 급격한 사회 변화의 틀 속에서 정책 방향을 설정해야 한다는 것이다.

여섯째, 벨의 좋은 정부는 구성원의 창의성을 끌어내는 정부이다. 벨은 급격히 변화하는 탈산업 사회에서 구성원이 창의력을 발휘해야만 국가사회의 건전성을 유지하고 지속적인 발전을 기약할 수 있다고 본다. 탈산업 시대에는 한 국가 내에서뿐만 아니라 국가 간, 개인 간, 기업 간에 끊임없는 아이디어 경쟁이 펼쳐진다. 창의적 아이디어를 확보한 개인과 기업은 세계적인 성공을 거두는 반면, 아이디어가 없는 개인과 기업은 바로 도태된다. 휴대전화 시장에서 부동의 매출 1위 자리를 지켰던 핀란드의 노키아가 몰락하고 삼성과 애플이 왕좌를 다투고 있다. 이는 창조적인 아이디어의 중요성을 잘 보여주는 사례이다.

정부가 자국의 개인과 기업을 보호한다고 해서 생존할 수 있는 시대가 아니다. 따라서 탈산업 시대 개인과 국가가 생존·발전하기 위해서는 지속적으로 경쟁력을 확보해야 하며, 경쟁력 확보의 기초 요건은 개인의 자율을 바탕으로 한 창의성이다. 산업 사회에서는 자율성과 창의성은 '가진 자'인 자본가의 몫이고, '못 가진 자'인 노동자는 자본가의 리더십에 순응해야 했다. 반면 탈산업 사회에는 자본가와 노동자 모두가 자율성과 창의성을 발휘해야 무한경쟁 체제에서의 생존과 발전을 확보할 수 있다. 즉 자본시장과 노동시장이 한 마음, 한 뜻이 되어 창의성을 확보해야 자본가와 노동자 모두 생존할 수 있다.

또한 산업 시대의 이데올로기로 노동정책을 결정해서는 국가 전체가 생존할 수 없다. 자본가와 기업도 경쟁력을 확보해야 생존할 수 있듯이, 노동자도 스스로 경쟁력을 확보하지 못하면 도태될 수밖에 없

©Joi Ito

**애플의 창업자 스티브 잡스와 마이크로소프트의 창업자 빌 게이츠**

대니얼 벨은 냉전이 한창 진행 중이던 1950년대 말 좌우 이데올로기의 종말과 산업 사회의 퇴조를 예언했다. 그는 새로운 시대는 정보와 과학기술이 중심이 된 사회가 될 것이며 국가 간, 기업 간, 개인 간의 끊임없는 아이디어 경쟁이 펼쳐질 것이라고 내다봤다. 마이크로소프트와 애플의 성공은 개인의 창의성이 얼마나 큰 부가가치를 창출할 수 있는지 보여주는 좋은 사례이다. 벨은 창의적 아이디어의 확보가 생존의 조건이 된 시대에 정부는 노동자 모두가 자율성과 창의성을 발휘할 수 있도록 힘써야 한다고 말한다.

다. 경쟁력 없는 자본과 노동을 퇴출시키지 않으면 국가 전체의 생존이 위협받게 된다. 따라서 탈산업 시대의 개인과 조직에게는 지속적인 학습이 강조된다. 모든 노동자가 스스로 경쟁력을 높인다면, 유연한 노동시장은 자신의 경쟁력에 합당한 직장을 찾을 기회를 제공할 수 있다. 경쟁력 있는 노동자에게는 정부의 노동정책은 불필요한 간섭일 것이다. 따라서 탈산업 시대에는 경쟁력이 낮은 노동자에 대한 학습 기회를 누가 어떻게 제공할 것이며, 경쟁력을 상실한 노동자에 대한 복지를 어느 정도 제공할 것인가를 논의해야 한다. 벨은 이 문제를 분명히 언급하진 않았다. 그러나 앞에서 논의한 바와 같이 지속적인 국가 발전과 안정에 절대적으로 필요하지만 민간이 해결하지 못하는 문제는 정부가 책임져야 한다는 원칙을 확인하고 있다. 다만 이것을 해결할 방안은 정치권의 과제로 남겨놓았다.

　복지에 관한 이슈에 대해서도 미래학자들은 구체적인 해결 방안을 제시하지는 않았다. 그렇지만 복지 문제 역시 탈산업 시대의 변화에 대한 적응이라는 큰 틀에서 해결책을 찾아야 한다는 논리와 연결하여 파악할 수 있다. 탈산업 시대의 다양한 가치와 급격한 변화에 따라 가급적 개인과 기업, 사회단체가 해결할 수 있는 문제는 스스로 해결하도록 해야 할 것이다. 반면 정부는 스스로 문제를 해결할 수 없는 소외계층에 대해서는 그들이 능력을 회복하고 인간다운 삶을 영위할 수 있도록 대안을 제시할 의무를 지는 것이다.

## 탈산업 시대의 새로운 갈등

벨이 말한 탈산업 시대에는 인간 욕구의 변화와 과학기술의 발전으로 사회가 급격히 변화할 것이다. 개인의 가치관을 비롯한 정치, 경제, 사회, 문화 전반의 패러다임이 변화한다. 이에 따라 인간이 새롭게 맞이하는 사회문제에 대해 과거의 획일적 접근이 아닌 다양한 해결 방안이 필요하게 되었다. 이는 인간의 대응에 따라 미래가 희망적일 수도 있고 비관적일 수도 있음을 의미한다. 그러나 벨을 위시한 미래학자들은 미래에 급격한 사회 변화가 나타난다고 예언하며 긍정적 측면을 강조한 반면, 탈산업 시대에 발생할 문제점은 경시한 경향이 있다. 미래학자들은 사회가 혁명적으로 변화한다는 점을 강조했지만, 과거와 완전히 다른 사회가 도래할 것이라고는 보지 않았다. 탈산업 시대가 도래한다고 해서 대부분의 일반 시민의 행복이 증진되고 갈등이 해결되는 것은 아니다. 오히려 그 반대일 수도 있다.

벨은 '가진 자'와 '못 가진 자'의 갈등에서 탈피하여 전문지식을 가진 계층의 시대로 전환되는 것을 탈산업 시대의 한 가지 특징으로 정의한다. 이는 누구에게나 새로운 기회가 부여되는 상황으로 긍정적으로 해석할 수도 있다. 실제로 산업 시대에는 전문성이 있더라도 부를 소유하지 못하면 임금노동자로 평생을 보내야 했던 사람이 탈산업 시대에는 시대를 이끌어가는 주인공으로 등장한 사례를 볼 수 있다. 마이크로소프트를 창업한 빌 게이츠나 애플을 창업한 스티브 잡스 같은 사람들이 새로운 아이디어만으로 당대에 세계 최고의 기업을 일구

었는데, 이는 탈산업 시대에야 가능한 일이다. 탈산업 시대에는 확실한 아이디어가 있으면 부를 소유하지 못했어도 '가진 자'의 위치에 오를 수 있는 가능성이 분명히 존재한다. 그러나 이렇게 창의적 아이디어를 소유한 사람이 많지 않으며, 자신의 아이디어로 '못 가진 자'에서 '가진 자'로 신분 상승을 달성한 사람이 흔치는 않다. 탈산업 시대에도 '가진 자'는 아이디어를 포함하여 더 많은 것을 가질 가능성이 높고, '못 가진 자'는 아이디어도 못 가질 가능성이 높다. 이런 차원에서는 탈산업 사회는 산업 사회의 연장으로 볼 수도 있다.

탈산업 시대에는 또한 새로운 지식과 정보의 격차로 인한 사회 갈등이 격화될 수 있다. 산업 시대에 부를 소유한 계층은 탈산업 시대 전문지식을 선점함으로써 부와 정보를 축적할 수 있는 기회를 더 많이 잡을 수 있다. 반면, 산업 시대 부와 교육에서 소외되었던 계층은 탈산업 시대에도 계속 지식과 정보로부터 소외되고 있다. 탈산업 시대에는 개인의 노력에 의해 부와 지위와 권력을 보유할 수 있는 기회를 공정하게 얻을 수 있다고 하지만, 부모의 지원 없이 개인의 노력만으로는 전문지식과 과학기술 능력을 축적하기는 불가능하다. 더욱이 탈산업 시대에는 개인의 창의적 역량에 의한 성과의 차이가 더 크게 벌어지기 때문에 사실상 빈익빈 부익부 현상이 심화되고 있다. 그러나 벨은 이런 문제를 제기하지 않고 있다.

탈산업 시대의 급격한 변화는 안정성을 위협하기도 한다. 대부분의 경우 노동자의 직업 안정성을 위협하는데, 이는 변화라는 것이 지속적인 자기개발의 동기가 되기도 하지만 달리 보면 지속적인 긴장을 발생시키기 때문이다. 산업 시대에는 개인이 젊은 시절 전문 기능을 개발함으로써 좋은 직장을 얻으면 평생 큰 탈 없이 안정된 생활을 유지할 수 있었으나, 탈산업 시대에는 한때 사회에 필요했던 전문 분야라 하더라도 예측하기 어려운 사회 변화로 인해 불필요한 분야로 전락하게 됨에 따라 직장의 변동이 따를 수 있다. 더욱이 탈산업 시대 전문지식과 정보화의 진전으로 산업 현장의 효율성은 엄청나게 증가하고 있다. 그 결과 비전문, 비숙련 노동자가 일자리를 잃게 되는데 벨을 포함한 미래학자들은 이러한 변동의 위기와 그에 따른 대안을 언급하지 않는다.

 벨이 제시한 정부의 역할은 산업 시대 자유주의자의 입장과 별로 다르지 않다. 사회 변동의 시대에 경쟁력을 확보하기 위해 다양한 가치관을 인정하고 개인의 역량을 높여야 한다는 주장은 사회변동이라는 새로운 용어민 빼면 기존의 자유시장주의자의 입장과 다르지 않다. 탈산업 시대에 부와 권력이 재편성된다는 말은 산업 시대에 '못 가진 자'가 '가진 자'로 신분이 바뀐다는 뜻이 아니다. 탈산업 사회에는 빈익빈 부익부 구조가 심화될 수 있다. 다만 개인과 기업이 감당할 수 없는 장기적 문제에 정부가 적극 대응해야 하고 경쟁력을 상실한 개인을 정부가 보호할 필요가 있다는 주장만이 다를 뿐이다. 산업 시대의 '가진 자'와 '못 가진 자'의 차이가 더 크게 벌어지는 구조에서는 벨이 제시한 정부는 다수의 지지를 받기 어려울 것이다.

 벨은 지식과 정보가 사회를 주도할 것이라고 했지만, 사회 변화가 국가와 정부와는 어떻게 연결되는지를 구체적으로 설명하지 못하고 있다. 한 걸음 더 나아가 탈산업 시대에 개인, 기업, 대학 등 사회 주체가 할 수 있는 것과 할 수 없는 것은 무엇이고, 정부의 역할은 어디까지인지, 또 정부와 다른 사회 주체 간의 거버넌스를 어떤 방식으로 다루어야 하는지도 말하지 않는다. 탈산업 시대 무한경쟁에서 경쟁력을 잃고 사회에서 배제된 노동자와 사회적 약자에 대한 배려 또한 구체적으로 다루지 않고 있다.

또한 벨은 전문지식인이 사회를 주도하는 메리토크러시를 제시했으나 메리토크러시는 앞에서 베버가 논의한 관료제의 성격이 강하다고 볼 수도 있다. 탈산업 시대에 전문지식을 보유한 전문가의 비중이 커지고 정치, 경제, 사회, 문화 등 여러 분야에서 이들 전문가가 주요 의사 결정을 담당하면, 오히려 베버가 경고한 바와 같이 전문 기술 관료에 의해 정부가 운영됨에 따라 일반 대중의 다양한 가치와 인격이 무시될지도 모른다. 더욱이 탈산업 시대에 일반 대중의 가치관이 다양해질수록 사회 전체의 중심 가치에 의해 국가가 통합될 가능성은 낮아진다. 이런 상황에서 깊이는 있지만 폭이 넓지 못한 전문지식을 보유하고 있는 메리토크러시가 정부와 사회 운영을 주도한다면, 역으로 사회 분열이 조장될 개연성이 높다. 결국 베버의 주장처럼 도구적 합리성에 의한 국가와 사회의 지배는 일반 시민의 실질적인 자유과 인격을 박탈할 가능성이 있는 것이다.

## 메리토크러시의 역할 강조와 인간 가치의 조화

1950년대 말 미국과 소련을 축으로 이데올로기 갈등이 첨예하던 당시 벨은 이데올로기의 종말과 탈산업 시대의 도래를 예견했고, 이후 새로운 사회 변화의 패러다임을 논의해왔다. 지식사회, 정보사회, 개인의 가치관과 사회의 혁명적 변화, 부와 권력의 변화, 기업 관리에 대한 기본 개념의 변화 등 미래학자들의 주요 논의는 대부분 벨이 제시한 탈산업 시대의 도래라는 개념과 맞아떨어진다. 앞에서 논의한 바와 같이 벨은 탈산업 시대의 도래 이후의 사회 변화에 초점을 맞추었다. 하지만 탈산업 시대에 국가와 사회가 새롭게 맞이할 문제의 대안을 제시하기보다는, 큰 변화의 틀을 보여줌으로써 정부의 역할에 대한 방향을 제시하고 있다.

벨은 탈산업 시대 모든 분야가 지식·정보 사회 체제로 전환되는 만큼 정부 역시 이런 흐름에 따라야 한다는 점을 분명히 했다. 탈산업 시대는 창조적인 전문지식을 가진 이들이 주도하며, 정부는 다수가 지식을 이용할 수 있도록 소통을 원활히 해야 한다. 창조적 지식인이 국가의 능력을 결정하는 만큼 지식을 창출하는 인적 자본과 과학기술 분야에 대한 투자가 국가경쟁력 확보에 중요한 역할을 할 것이다. 이러한 측면에서 정부는 개인과 기업이 투자하지 않는 분야에 고급 인력과 자본을 지속적으로 공급하고 기초 과학기술 분야에 적극 투자해야 한다.

벨은 메리토크러시를 강조했는데, 이는 정부 운영에서도 전문 기술 관료가 일정한 역할을 해야 한다는 것을 의미한다. 그렇다고 정부의 모든 관료를 전문 기술자로 대체해야 한다는 말은 아니다. 민간 부문에서 전문지식과 정보의 활용이 증대되는 만큼, 민간 분야를 지원하는 정부 조직에서도 전문 기술 관료를 활용할 수 있도록 구조개혁을 실시해야 한다는 의미이다. 관료의 임용과 보직 부여, 전문 기술 관료와 민간 전문직과의 직업 유동성 확대, 전문 기술 관료의 의사 결정권 확대 등 새로운 차원에서 관료제 전반의 개혁이 요구된다는 뜻이다. 또한 정부 부문에서 전문 인력을 확보하여 문제를 해결함과 동시에 문제를 해결한 후에는 조직을 감축하는 탄력성이 요구된다.

메리토크러시의 강조는 또 다른 문제의 발생에 따른 대비책 마련을 수반한다. 메리토크러시의 확대는 전문지식에 따라 지위와 의사 결정권이 좌우된다는 것을 의미하기도 한다. 이는 탈산업 시대의 개인, 기업, 국가 등의 경쟁력이 지식과 정보에 의해 좌우된다는 것이지 인간의 모든 일상생활까지 지식과 정보가 결정한다는 뜻은 아니다. 따라서 문제 해결 능력에서는 메리토크러시가 강조되는 반면, 일상생활과 연계된 부문에서는 기존의 인간적 측면, 즉 관료의 친절, 용기, 상상력, 감수성, 동정심 등이 고려되어야 할 것이다. 탈산업 시대가 새로운 사회를 이끌고, 인간에게 새로운 기회를 제공했지만 이런 장점이 인간의 가치를 훼손해서는 안 되기 때문이다.

탈산업 시대에는 대부분의 시민이 우수한 교육을 받을 뿐 아니라 정치 및 사회에 대한 기본 지식을 보유하고 있다. 정부가 이러한 사회 변화의 잠재력을 잘 활용한다면 다수의 우수한 전문 인력은 국가와 사회의 발전을 위한 동력으로 사용될 수 있다. 벨은 산업 시대의 이데올로기와 연계된 정부 정책으로는 사회 통합을 유지하기 어렵기 때문에 탈산업 시대에 맞는 정부 정책이 요구된다는 점을 강조한다. 또한 벨이 구체적인 정부 역할을 제시하지 않은 이유는 탈산업 시대에는 사회가 급격히 변화하기 때문에 정부 구조와 역할 역시 탄력성을 갖출 필요가 있기 때문인 것이다.

벨은 탈산업 시대에 이데올로기의 종말을 선언하고 가치관의 다양화를 예고했는데, 이는 탈산업 시대 정부가 담당해야 할 새로운 과제를 제시한 것으로 해석할 수 있다. 벨은 산업 시대에 프로테스탄트 윤리에 자극을 받아 자본주의가 발전했고, 탈산업 시대에는 이러한 근검절약 정신이 더 이상 사회를 지배하기는 어렵다는 베버의 진단을 받아들인다. 동시에 벨은 산업 시대에는 사회의 중심축이 소수의 엘리트 및 상류층이었지만, 탈산업 시대에는 다수의 일반 대중이므로 이들의 다양성을 하나의 이데올로기로 담을 수 없게 되었다는 것을 추가했다. 창조적 지식이 강조됨으로써 지식을 생산하는 새로운 계층이 기존의 부와 권력을 소유한 소수 지도층을 대체하는데, 이들은 사회 변화에 따라 지속적으로 변동하고 있다. 따라서 사회의 지배적 가치 역시 끊임없이 변화한다. 더욱이 정보화가 더욱 진전되어 지식과 정보의 생산과 소비에 있어서도 일반 대중의 영향력이 높아지게 되었다. 이로써 그 무엇도 사회의 주도적 가치로 자리 잡기 어려운 시대가 되었다. 이러한 과정에서 대중은 사람의 공통 욕구인 물욕을 채우기 위해 애쓰게 되며 결국 이기주의가 팽배해졌다는 것이다.

탈산업 시대에 일반 대중은 자신이 사회 주도층이라는 것을 자각하지 못하고, 부와 권력을 누리고 있다고 생각하지도 못한다. 오히려 자신이 누려야 할 부와 권력을 누리지 못하고 있다는 의식이 강하다. 탈산업 시대에는 국가 구성원 모두가 자신을 소외계층으로 생각하는 것이다. 이러한 까닭에 탈산업 시대 사회 주도층을 포함한 어느 누구도 국가와 사회의 건전성을 유지하기 위해 자신이 사회에 대한 책임을 져야 한다고 생각하지 않는다. 또 어느 누구도 국가와 사회를 위해 자신의 부를 희생하기를 원하지 않는다. 탈산업 시대에는 누구나 자신에게 주어진 새로운 대중문화를 향유하고, 이기주의에 파묻혀 물질을 소비하느라 시간과 노력을 낭비할 뿐이다.

더욱이 탈산업 시대에는 산업 시대보다도 부익부 빈익빈 구조가 심화되고 있다. 창조적 전문성을 보유한 신흥 엘리트와 자본을 보유한 산업 시대 엘리트가 결합되면서 부와 권력이 더욱 집중되고 있다. 2012년 조사에 따르면 미국의 부자 400명은 하위계층 1억 5000만 명보다 더 많은 부를 소유하고 있다. 상위 1퍼센트가 하위 90퍼센트보다 더 많은 부를 소유하고 있는 것이다. 또 탈산업 시대에는 일반 대중에게 더 많은 기회가 주어지기도 하지만, 사회가 복잡해짐에 따라 제도의 허점도 많아졌다. 기존 제도로는 탈산업 시대의 급변하고 다양한 사회문제를 해결하기 어렵게 되었다.

결국 벨은 탈산업 시대의 도래로 정부가 새로운 도전을 맞게 된다는 점을 경고한 것이다. 산업 시대 이데올로기가 종말을 맞음에 따라 이데올로기에 의한 갈등이 사라진 반면, 사회는 또 다른 차원의 위기를 맞게 된 것이다. 산업 시대에 이데올로기에 의해 제기된 사회문제와 해결책은 더 이상 탈산업 시대의 문제와 해결책이 될 수 없다. 새로운 시대, 새로운 패러다임으로 사회문제를 인식하고 대안을 모색해야 한다. 벨은 탈산업 시대 사회문제의 해결 방안을 구체적으로 제시하지는 않았다. 하지만 산업 사회에서 탈산업 사회로의 변화가 왜 일어나는지 밝히고, 탈산업 사회에서 예상되는 사회문제를 보여줌으로써 미래 사회에 대응하는 정부의 정책 방향이 산업 시대와는 확실히 차별돼야 한다는 점을 강조했다.

# 10 / 사회자본론의 공동체 정부, 시민의 신뢰 속에 협력을 이끌다

> *사회자본은 실질적이며 가상적인 자원의 총합이다. 사회자본은 개인들이 공식적 또는 비공식적 친분과 인정을 통해 인간관계를 맺고 서로의 네트워크를 소유함으로써 개인 또는 단체에 축적된다.*
> *– 피에르 부르디외*

## 제3의 자본

사회자본론Social Capital Theory은 피에르 부르디외Pierre Bourdieu, 제임스 콜먼James Coleman, 로버트 퍼트남Robert Putnam 같은 초기 사회자본 이론가들이 개념을 정립하고, 이를 바탕으로 사회현상을 분석하여 새로운 의미를 제시함으로써 연구가 시작된 분야이다. 사회자본이 개인의 건강과 발전 및 행복, 지역사회의 발전, 공동체와 기업을 비롯한 조직의 성장, 국가 통합, 경제성장, 국가경쟁력 등 인간의 삶과 관련된 모든 분야에 영향을 미친다는 사실이 밝혀짐으로써 다양한 분야에서 지속적으로 관심이 확대되고 있다.

사회자본은 사람 사이의 관계에서 발생하는 에너지로 정의할 수 있다. 특정한 집단 내에서 구성원들 간에 인간관계가 형성되면 구성원의 만족도가 높아지고, 업무 효율성, 집단 내 협력하는 분위기 같은 새로운 에너지가 발생한다. 또한 전에는 하지 못했던 일들을 해냄으로써 집단 전체와 개별 구성원들에게 눈에 보이는 이익을 발생시킨다. 이러한 측면에서 사회자본은 크고 작은 집단 내 인간의 활동을 통해 축적되고, 개인과 집단의 공식·비공식 활동과 가치관에 영향을 미친다고 할 수 있다. 또한 사회자본은 구성원의 신뢰, 규범, 네트워크, 협력, 참여 등을 형성하여, 인간의 개인적·집단적 활동의 양적·질적 변화와 발전에 영향을 미친다.

사회자본은 제1의 자본인 물적 자본, 제2의 자본인 인적 자본과 함께 제3의 자본으로 자리를 잡았을 뿐만 아니라 매우 중요해졌는데 이는 시대 변화와 깊은 관련이 있다. 농업 및 산업 시대에 가장 중요한 자본은 농업 생산물이나 물적 상품을 생산할 수 있는 토지와 자본, 노동이고, 이런 생산요소는 화폐가치로 손쉽게 전환될 수 있기 때문에 자본으로 받아들여졌다. 산업 시대에는 자본주의가 발전하면서 서비스의 비중이 높아짐에 따라 서비스가 상품으로 취급되었고, 이를 생산하는 주요 생산요소로 더욱 중요해진 인적 자본을 또 다른 자본으로 받아들이게 되었다. 이와 더불어 탈산업 시대의 전문성 및 가치의 다양화로 인해 합의와 협력에 의한 거버넌스governance가 거의 모든 분야에서 더 중요해지고, 좋은 인간관계가 생산성을 비롯한 온갖 영역에 영향을 미치는 까닭에 사회자본이 자본의 개념으로 확대된 것이다.

이와 같은 사회자본의 역할이 밝혀지면서 현대사회에서는 거의 모

**탈산업 사회와 지식·정보사회**

탈산업 사회라는 말은 흔히 지식·정보 사회, 정보 사회, 지식 사회, 네트워크 사회, 디지털 사회 등과 혼용된다. 탈산업 사회는 지식과 정보가 부와 권력, 사회문화 등 각 부문에서 중심 역할을 하는 사회를 말한다. 사회의 핵심인 부와 권력, 경쟁력이 지식의 소유와 정보의 소통에 의해 발생한다는 것이다. 이는 상품을 생산하는 산업체, 즉 자본을 소

든 영역에서 인간 삶의 양적·질적 발전을 위해 사회자본이 논의되고 있다. 경제학에서는 인간의 상호작용을 통해 거래 비용을 낮춰 기업·사회·국가의 생산성 및 경제발전을 촉진하는 문제에 관심을 기울이며, 사회학에서는 현대사회의 네트워크 특성과 영향력에 초점을 맞춘다. 심리학, 사회복지, 보건학 등에서는 사회자본이 개인의 행복에 어떠한 영향을 미치는지에 관심을 갖는 경향이 있다. 또 정치학 및 행정학에서는 사회자본이 국가 통합, 정부 역할의 재정립을 통한 공익 추구, 좋은 거버넌스 Good Governance를 통한 국가 유지 및 발전과 어떠한 관계가 있는지 탐구한다. 인간관계가 분야에 따라 다양하게 나타나듯이 사회자본에 대한 논의도 분야에 따라 특정한 부분에 초점이 맞추어지는 것이다.

 이 장에서는 좋은 정부와 나쁜 정부를 논의하는 취지에 맞게 정치학적 관점에서 사회자본과 국가 통합, 공익, 좋은 거버넌스의 관계에 초점을 맞추기로 한다. 국가가 유지, 발전하기 위해서는 무엇보다 정치·경제·사회적으로 다양한 가치와 지위를 갖는 일반 시민의 갈등을 해결하고, 구성원의 참여와 협력을 통해 국가 통합을 이루어야만 한다. 특히 사회가 더욱 전문화, 복잡화, 다양화되는 탈산업 시대에는 한

유한 자본가가 부와 권력, 문화까지를 지배하던 산업 시대와 대별된다. 탈산업 사회 또는 지식·정보 사회는 보통 1970년대부터 시작되었다는 견해가 받아들여지고 있으며, 산업 사회에서 지배적이던 사회구조, 제도, 문화 등이 새로운 사회의 패러다임으로 빠르게 변화하는 가운데 사회적 갈등과 혼란이 나타나는 특징을 보인다.

---

사람이 보유하는 전문성만으로는 복합적인 사회문제를 해결할 수 없다. 또한 일반 시민의 일상생활에서도 다른 사람의 도움과 협력 없이 문제를 해결하며 살아가기란 쉽지 않다. 따라서 현대사회에서는 일상생활뿐만 아니라 정부 운영에서도 사회자본을 고려해야 한다. 개인의 가치관이 다양해지고, 개인과 집단의 단기 이익 추구가 이슈가 되며 갈등이 증폭되는 시대에 사회 전체의 장기 이익을 도모하기 위해서는 인간관계의 재정립, 즉 사회자본 형성이 필수이다. 일반 시민의 전반적인 지적 수준과 생활수준, 도덕 수준이 향상됨에 따라 정부에도 한층 높은 수준의 거버넌스를 요구하게 되었다.

이러한 관점에서 여기에서는 사회자본을 좋은 정부와 나쁜 정부를 결정하는 중요한 변수 가운데 하나로 가정하고, 오늘날의 탈산업 시대의 문제를 해결하기 위한 정부의 대안을 고려하고자 한다. 탈산업 사회에 초점을 두는 이유는 사회자본론이 처음 논의되던 시대에 이미 산업 사회에서 탈산업 사회로 전환되었기 때문이다. 한편, 아직도 사회자본과 정부 거버넌스의 관계가 이론적으로 정립되지 않았기 때문에 사회자본론의 취지를 고려한 필자의 견해를 중심으로 논의를 펼치고자 한다.

: 사회자본론의 나쁜 정부
## 소통 불능의 정부는 왜 위험한가

사회자본론은 기본적으로 인간이란 자기 자신의 이익을 극대화하려 한다는 개인주의적·자유주의적 관점에서 출발한다. 그러나 인간이 어떤 상황에서나 자신의 경제적 이익을 추구한다고 가정하지는 않는다는 점에서 자유주의적 관점과 차이를 보인다. 사회자본론에서는 인간은 단기 이익만을 추구하는 것이 아니라 장기 이익을 위해 단기 이익을 포기하기도 하고, 때에 따라서는 경제적 이익보다 심리적·정치적 이해를 중시하며, 개인의 이익뿐만 아니라 공동체의 이익도 고려한다고 가정한다. 사람은 기본적으로 눈앞의 경제적 이익을 추구하지만, 장기적으로 자신에게 이익이 된다고 판단할 경우 다른 사람들과 협력하여 공동체의 발전을 비롯한 다양한 가치를 추구하기도 한다. 다른 사람들과 상황을 고려할 필요가 없을 때는 당연히 자기 자신에게 가장 이익이 되는 것을 선택하지만, 그렇지 않을 경우에는 주변의 복합적인 변수와 상황을 고려하여 장기적으로 더 이익이 되는 방향으로 행동하기도 한다는 것이다. 사회자본론은 이렇듯 인간이 다른 사람들과의 관계를 고려하여 장기 이익을 얻는 방향으로 행동하려 한다는 데 주목한다.

사회자본론에서는 인간을 다양한 가치를 보유하고 있는 복합적 존재로 가정한다. 개인마다 가치관이 다를 뿐만 아니라, 어떤 사람의 가치관도 단일한 이데올로기에만 맞춰져 있지 않고, 상황에 따라 다양한 이데올로기를 적용하기도 하기 때문이다. 인간은 어떤 행동을 할 때 자신에게 유리한 쪽으로 결정을 내리지만 경제적 합리성만이 아니라, 자신의 감정, 자신이 속한 집단의 가치, 법과 제도, 사회규범 등도 고려하여 판단한다. 따라서 이기적으로 행동하는 동시에, 가족과 집단, 국가를 위해 봉사하기도 하며, 국가와 민족을 위해 목숨까지 바치는 것이다.

이렇듯 인간은 개인의 이익을 고려할 뿐만 아니라 사회관계의 맥락 속에서 행동한다. 인간의 행동 양식은 사회관계, 즉 사회자본이 어떻게 형성되어 있느냐에 따라서 다르게 나타난다는 뜻이다. 사회자본이 거의 형성되어 있지 않은 곳에서는 인간은 단기적인 개인의 이익을 먼저 추구하지만, 사회자본이 고도로 형성된 시민사회에서는 장기 이익이나 공동체의 이익을 고려하기도 한다. 사회자본이 적은 사회에서는 경제적 이익을 추구하는 경향이 강하지만, 사회자본이 많은 사회일수록 정치적·사회적·심리적 차원의 다양한 이익을 추구하는 경향이 있다.

사회자본론에서는 집단 및 사회, 국가별로 사회자본 형성의 수준이 다를 수 있고, 특정한 집단의 사회자본 형성 수준에 따라 가시적인 성과가 달리 나타난다는 점에 주목한다. 예를 들어 2차대전 이후, 미국을 비롯한 선진국이 아시아와 아프리카의 개발도상국에 같은 수준의 원조를 했지만, 반세기가 지나 한국은 선진국 반열에 올라선 반면, 다른 국가들은 주목할 만한 경제성장을 보이지 못하고 있다. 이러한 차이는 각국이 보유하는 사회자본으로 설명이 가능하다. 즉 사회자본이 형성된 국가에서는 구성원들 간의 활발한 협력으로 전체 국가 및 개인의 발전을 달성한 반면, 사회자본이 형성되지 않은 국가에서는 개인의 이기심이 극단적으로 발휘되어 협력이 필수인 장기 이익을 실현하지 못하고, 결국 개인의 이익도 실현하지 못하는 것이다.

이 같은 사회자본론의 관점에서 나쁜 정부란 어떤 정부일까?

첫째, 국가와 사회의 축적된 사회자본을 활용하지 못하고 사회자본을 형성하지도 못하는 정부를 말한다. 탈산업 시대에서는 사회자본이 어떻게 형성되어 있느냐에 따라 개인과 집단의 경제적 성과뿐만 아니라 행복의 총량이 결정된다. 이러한 시대에 사회자본을 형성하지도 이용하지도 못해서는 결코 좋은 정부가 될 수 없다.

산업사회 이후의 급변하는 탈산업 사회, 지식·정보 사회에서는 이전 시대에 비해 개인의 교육과 지식의 수준이 높아졌음에도 불구하고, 다양한 가치관으로 인해 국가 통합이 이루어지기 힘들고, 사회 전체는 오히려 세속적인 물질적 가치를 추구할 가능성이 높다. 각 개인은 신뢰와 협력, 참여와 타협 등 공동체 안에서 수준 높은 시민문화를 형성할 수 있는 자질을 갖추고 있음에도 불구하고, 이를 제대로 꽃피우지 못하고 있는 것이다.

다시 말해, 우수한 개인이 모인 사회가 우수한 개인의 능력을 잠식할 가능성이 있다는 것이다. '1+1=2'가 되는 것이 아니라 '2'에 미치지 못할 수 있다. 개인의 합으로 이루어진 사회가 개인이 보유한 능력의 총량을 발휘하지 못하는 것이다. 신뢰가 부족하고, 의사소통이 원활하지 않으면 거래 비용이 증가하고, 결국 개인의 역량이 온전히 발휘되지 못하기 때문이다. 더욱이 개인 간의 갈등이 발생하면 사회를 이루지 않고 각자 따로 사는 쪽이 더 행복할 수도 있다.

하지만 사회자본론은 '1+1=2' 이상을 목표로 한다. '1+1'이 '2'를 넘어서 '3'이 될 수도 있고, 때에 따라서는 그 이상이 될 수도 있기 때문이다. 특히 전문화된 개인들이 신뢰와 소통을 바탕으로 효과적으로 협력하면 사회의 역량은 폭발적으로 향상될 것이다. 하지만 개인의 교육 수준, 전문성, 도덕적 가치가 향상되었지만 개인이 추구하는 가치의 다양성 때문에 사회자본이 형성되기란 쉽지 않다. 이처럼 사회자본을 형성하기 어려운 시기이기 때문에 정부의 역할이 중요한 것이다.

둘째, 사회자본론에서 바라보는 나쁜 정부는 탈산업 시대의 본질을 이해하지 못하고, 산업 시대의 이데올로기에 따라 정책을 내놓는 정부이다. 산업 사회 이후에 나타난 탈산업 사회는 인간 지식과 정보의 발전에 따른 급격한 사회 변화, 개인 가치관의 다양화, 지배 이데올로기의 혼란 등으로 특징지을 수 있다. 사회의 패러다임이 바뀌면 그에 따라 지배 이데올로기도 바뀌는 법이다. 사회가 변화하는 경우 정부가 새로운 사회 패러다임과 지배 이데올로기에 따라 정책 방향을 설정한다면 큰 문제가 발생하지 않는다. 그러나 탈산업 사회에서는 사회의 가치관과 이데올로기가 다양하게 나타나기 때문에 사회 변화에 따른 새로운 패러다임을 제시하지 않은 채로 정부의 정책 방향을 설정하기는 쉽지 않다.

탈산업 시대의 도래로 지배 이데올로기가 해체되어 전통적인 이데올로기 간의 갈등이 일시적이나마 해결되었고, 전통적인 부와 권력의 원천이 변화되었으며, 인종·성·연령·종교·지역·문화의 차별도 사라졌다. 이로써 형식적으로는 전통적인 차별과 갈등이 해소된 것처럼 보이며, 개인의 능력과 노력에 따라 새로운 시대의 주인공이 될 수 있는 가능성이 누구에게나 열린 듯하다. 그러나 탈산업 시대에는 새로운 문제, 즉 공동체를 유지·발전시킬 새로운 패러다임, 공동체의 합의에 의한 새로운 기준을 찾아야 하는 과제가 모습을 드러낸다.

다양한 가치관, 다양한 이데올로기를 가진 사람들이 모여 공동체 내의 다양한 문제를 논의할 경우, 가치관의 다양화와 지배 이데올로기의 약화로 서로의 입장 차이를 확인할 뿐, 합의점에 이르는 대안을 찾기는 어렵다. 어쩌다 발견된 대안도 가치관이 다른 사람들에게는 비판의 대상이 될 뿐이다. 기존의 산업 시대 이데올로기에 의해 대안을 제시할 경우에는 가치관이 다른 더 많은 사람들로부터 비판을 받아 문제가 악화될 뿐이다. 이런 상황에서 정부가 새로운 패러다임을 정립하고 그에 따른 대안을 제시하지 못할 경우, 시민들은 공동체 전체의 이익을 도외시한 채 각자의 이익을 분파적으로 해결하려 든다. 즉 이해관계를 같이하는 분파를 조직하여 자신들의 이익을 지원하는 정책 대안을 수행하도록 정부에 요구하고, 정부는 시민이 원하는 정책을 수행한다는 명분으로 이들의 이익을 수호하는 기관으로 전락하는 것이다. 예를 들어, 사회복지 분야의 경우 사회 변화에 따라 정책 방향을 설정하고 개별 정책을 수립하는 것이 아니라 정부의 복지 혜택을 요구하는 목소리가 큰 개별 수혜자 집단이 원하는 정책을 수립하여 지원금을 늘림으로써 정부의 부담을 가중시켜 위기를 자초한다.

셋째, 사회자본론에서는 통치하는 정부, 소통에 실패하는 정부를 나쁜 정부로 규정한다. 탈산업 시대에는 과거 산업 사회의 사회문제이자 목표였던 경제발전이 달성되고, 일반 시민의 교육 수준 및 전문성이 높아지면서 시민 스스로 문제를 해결할 수 있는 능력을 갖추게 되었다. 그래서 다수의 일반 시민이 관심을 갖는 사회문제가 많지 않으며, 시민들은 정부가 시민과 사회를 이끌어가는 구식 통치력을 발휘하기를 원하지 않는다. 또한 정부가 시민의 일상생활에 관여하기를 바라지도 않는다. 정부가 통치하면 할수록 오히려 반감을 사고 비판에 직면할 개연성이 커졌다.

물론 탈산업 시대에도 정부가 자신들에게 유리한 정책을 수행해주기를 바라는 시민들이 있다. 개별적, 분파적 이익을 주장하는 이들의 목소리가 높기 때문에 정부는 자칫 그것을 절대 다수 시민들의 요구로 오인할 수 있다. 또한 탈산업 시대에는 과학기술이 빠르게 발전함에 따라 사회문제의 성격도 바뀐다. 한때는 심각한 사회문제였지만 사회가 변화함에 따라 심각성이 사라져버리기도 하는 것이다. 정부에게 특정한 정책을 추진하기를 원하는 시민들 역시 단기 이익에 기초하여 정책 판단을 요구할 가능성이 높다. 이들 요구에 맞추어 정책을 추진하면 정부가 포퓰리즘populism에 빠져 장기적으로는 다수의 일반 시민에게 외면받을 가능성이 높다. 즉 탈산업 시대에는 지속적인 의사소통으로 대중의 실질적인 요구를 파악하지 못하면 나쁜 정부로 낙

인찍힐 가능성이 높다.

넷째, 개인주의, 이기주의, 분파주의에 입각한 사회 구성원의 개별적 이익 추구에 따라 공익의 훼손을 방조하는 정부는 나쁜 정부이다. 앞 장에서 논의했듯이 벨이 정의한 탈산업 사회에서는 개인의 가치관이 다양해지기 때문에 주도적인 이데올로기에 의한 국가 통합이 어렵다. 국가와 사회 공동의 이익을 어떻게 추구할지 적절한 방향을 잡기가 쉽지 않은 상황에서 개인은 자신의 이익만을 추구하게 된다. 이렇게 모든 사회 구성원이 사회 전체의 이익을 등한시한 채 자기 이익만을 추구하면 사회의 분열이 가속화되고, 구성원 간의 가치관 및 이해의 충돌에 의한 갈등이 만연할 위험성이 커진다. 이러한 상황에서 정부가 대중의 지지를 얻기 위해 분파적 이익집단의 이익을 보장해주다 보면 집단이기주의가 판을 치는 것이다.

사회자본론에서는 이렇게 분파적, 개별적 이익을 방조하는 정부를 나쁜 정부로 규정한다. 인간은 본질적으로 자신의 이익을 추구하지만 때에 따라서는 다른 사람이나 국가 전체의 공동 이익도 생각하기 때문에 시민들은 정부가 특정 개인이나 조직의 이익보다는 국가나 사회 전체의 이익을 추구하기를 원한다. 사회자본론의 관점에서 정부의 주요한 역할 중의 하나는 개인이 추구하지 않는 공동체의 이익을 보호하고, 개별 이익을 추구하는 개인으로 하여금 공동체의 이익을 동시에 추구하도록 인센티브를 마련하는 것이다. 정부는 각종 법과 제도를 수립하고, 정책을 추진함으로써 리더십을 발휘하며, 각종 사회단체와 거버넌스 체제를 갖추고 시민을 직접 설득하는 등 국가 공동체 전체의 이익을 수호할 수 있는 여러 수단을 가지고 있다. 정부가 리더십을 어떻게 발휘하느냐에 따라 개인은 공동체의 이익과 개별 이익의 균형점을 찾기도 하고, 공동체의 이익이 결국 개인의 이익을 보장할 것이라고 인식할 경우 전자를 먼저 고려하기도 한다. 즉 사회자본론은 공동체 이익 추구를 위해 국가 구성원들의 잠재력을 활용하지 못하는 정부를 나쁜 정부로 보는 것이다.

다섯째, 단기 효과에 집착하는 정부는 나쁜 정부이다. 인간은 단기 효과가 나타나는 곳에 힘을 쏟는 경향이 있다. 사회가 급격히 변화할 때는 이런 경향이 더욱 강하다. 급변하는 사회에서는 미래를 예측하기 어려운 까닭에 단기 이익에 집착하는 것이다. 또한 대부분의 단기 이익은 물질의 추구와 관련이 깊은데 장기적인 국가 발전과 연결될 가능성은 낮다. 오히려 공동체의 미덕을 해칠 가능성이 높다. 따라서 사회 구성원들이 단기 이익 추구에 몰입할 때, 정부는 장기 비전을 세워 정책을 수행해야 하는 것이다.

그러나 현실에서는 사회 구성원들이 단기 이익에 관심을 가지게 되면 정부 역시 이를 추종하는 경향이 강하다. 이러한 정부는 시민의 진정한 열망을 이해하지 못하는 정부이다. 급변하는 시대에 많은 사람이 단기 이익만을 생각하고, 이에 따라 정당, 의회, 기업, 노조, 대학, 언론, 교회 등 각종 사회단체들이 단기 이익을 추구할 때 정부가 홀로 장기 비전을 제시하며 일반 시민을 설득하기는 쉽지 않다. 그러나 탈산업 시대에 교육 수준이 높아진 일반 시민은 정부가 장기 비전을 가지고 설득한다면 이에 협력하게 된다고 사회자본론은 바라보는 것이다. 장기 이익이 결국 공동체 전체의 이익과 개인의 이익을 다가올 미래에 확보하는 길이라는 것을 대다수 사람들은 알고 있다. 따라서 정부가 장기 비전을 명확히 제시한다면 일반 시민을 언제든지 설득할 수 있고, 시민들은 정부의 비전에 적극 동참하게 된다.

여섯째, 양극화를 심화시키는 정부는 나쁜 정부이다. 탈산업 시대에는 구조적 특징상 사회 양극화가 심화될 수밖에 없다. 창의력 넘치고 지식과 정보로 무장한 사람이 모든 성과를 독식하는 구조이기 때문이다. 산업 시대에는 좋은 물건은 비싸게 팔리고, 덜 좋은 물건은 싸게 팔렸다. 자본력을 바탕으로 한 대기업이 좋은 제품을 출시하여 큰 부를 쌓는 동안, 자본이 적은 중소기업도 저가 제품을 양산하여 생존할 수 있었다. 그러나 탈산업 시대에는 가장 우수한 상품을 생산하는 한 기업이 시장을 독점할 수 있는 구조로 바뀌었다. 기계화와 정보화의 수준이 높아져 상품과 서비스를 무한정 생산할 수 있고, 고객은 어떤 기업의 어떤 제품이 더 우수한지를 실시간으로 비교할 수 있다. 더욱이 교통 및 통신의 발전이 세계화를 촉진함으로써 모든 소비자가 국경을 넘어 전 세계의 모든 기업에서 생산하는 모든 상품 및 서비스를 비교하여 구매할 수 있게 되었다. 이러한 시장의 변화에 따라 가장 좋은 상품이 세계 시장을 독점하고, 첨단 지식과 정보를 보유한 소수가 부를 독점하게 되었다. 이러한 변화는 빈익빈 부익부, 양극화의 심화로 이어진다.

양극화는 사회 구성원의 갈등을 조장하고, 불신을 심화시킨다. 일차적으로 소수의 '가진 자'와 다수의 '못 가진 자'로의 양극화는 사회 구성원 다수의 행복을 저해하고 삶의 질을 떨어뜨린다. 다수의 '못 가진 자'의 불만은 사회 갈등을 증폭시키고 신뢰와 협력의 미덕을 떨어뜨려 공동체의 사회자본을 약화시키게 된다. 양극화는 결국 사회에서 거래비용을 증가시키고, 전체 사회의 효율성을 떨어뜨린다. 이 결과는 '가진 자'와 '못 가진 자' 모두에게 이롭지 못하다. 특히 국가 전체의 효율성이 떨어지면 '못 가진 자'의 생활은 더욱 비참해질 수밖에 없다. 국가 공동체의 행복과 삶의 질을 증진시키기 위해 존재하는 정부는 사회 양극화와 이로부터 파생되는 문제에 책임을 져야 한다.

일곱째, 탈산업 시대에 새로이 발생하는 국가 공동체 문제를 해결하지 못하는 정부는 나쁜 정부이다. 탈산업 시대를 맞이하여 각국은 빈곤층의 증가, 중산층의 약화, 실업률 증가, 특수 범죄의 증가, 가족의 붕괴 등의 새로운 문제를 맞이하고 있을 뿐만 아니라 각자 상이한 사회문제에 부딪히고 있다. 모든 사회 변화가 그렇듯이 탈산업 시대로의 변화에도 장단점이 있다. 탈산업 시대로의 변화에 따라 정부가 새로운 패러다임으로 정책을 수립하는 경우, 장점이 극대화되고 단점은 극소화될 수 있다. 또한 정부의 정책 대안이 부실한 경우 단점이 더 부각될 수도 있다. 산업 시대 정부는 빈부격차의 양극화 문제를 복지 정책의 확대로 해결하고자 했다. 그러나 탈산업 시대 양극화의 문제는 산업 시대와 같은 복지 정책을 시행하는 방식으로는 해결하기 어려워졌다. 무엇보다 사람들의 가치관이 다르고, 산업구조가 다르며, 경제 환경도 달라졌기 때문이다. 사회 변화에 따른 새로운 패러다임과 새로운 합의가 필요하다. 따라서 정부는 새로운 방식으로, 국가 공동체의 특성에 맞게, 새로운 합의에 의해 당면한 문제에 접근할 필요가 있다.

: 사회자본론의 좋은 정부
## 협력의 리더십을 갖춘 정부

사회자본론의 관점에서 탈산업 사회에서는 급변하는 사회와 인간 가치관의 다양화에 따라 개인주의, 분파주의, 단기 이익 추구, 속물적이고 물질적인 가치에 매달리는 문제점이 나타난다. 사회자본론은 탈산업 시대의 사회 및 개인의 전문성과 다양성에 따른 긍정적인 측면이 부각되지 못하고 있다는 점에 주목한다.

사회자본론은 탈산업 사회에서 다양하게 나타나는 개인과 공동체의 문제를 동시에 해결할 수 있다고 본다. 모든 인간은 자신의 이익에 충실하기 때문에 능력 있는 개인의 역량을 발휘하게 하면서 공동체 문제를 해결할 수 있는 방안을 모색하자는 것이다. 탈산업 시대에 개인의 가치관이 다양해지고 전문성이 깊어질수록 개인의 창의성과 전문성으로 여러 성과를 내기도 하지만 창의성과 전문성을 보유한 사람들 간의 협력은 더 큰 성과로 이어질 것이기 때문이다. 능력 있는 개인이 혼자서 행복하게 살아갈 수도 있지만 서로 협력한다면 개인이 감당할 수 없는 공동체의 문제를 해결할 수 있을 뿐만 아니라, 결국 자신에게도 이익이 돌아올 것이다. 다수의 구성원들이 이러한 점을 확실히 인식한다면 자신과 공동체를 위해 시간과 노력을 제공할 것이다.

사회자본론은 탈산업 시대의 구성원들을 어떻게 공동체 안으로 끌어들일 수 있는가에 관심을 갖는다. 사회자본론은 정부가 사회 구성원의 다양한 능력을 사회 전체의 발전을 위해 사용할 수 있는가에 초점을 맞춘다. 즉 사회자본론에서의 좋은 정부란 구성원의 잠재력을 발휘하게 하고 협력을 촉진시키는 리더십을 발휘하는 정부이다.

첫째, 사회자본론에서의 좋은 정부는 전통적인 법과 제도에 의한 지배를 확고히 해야 한다. 탈산업 시대 국가 발전의 가장 중요한 동력은 개인이다. 사회 구성원 모두가 자신의 능력을 최대한 발휘하는 사회가 결국 발전하게 되어 있다. 사람은 노력의 결과가 자신의 이익에 부합하면 능력을 최대한 발휘하게 된다. 따라서 각자 열심히 살고, 열심히 노력한 결과 얻어지는 열매가 사회 구성원 자신에게 돌아올 수 있도록 기초 질서가 확고히 자리 잡혀야 하는 것이다.

둘째, 사회자본을 형성하는 정부가 좋은 정부이다. 인간은 자기 이익을 극대화하려는 성향이 있고, 개인 차원에서도 이기적인 사람이 이타적인 사람보다 사회에서 성공할 가능성이 높다. 하지만 개인의 노력보다는 주변 사람들과 집단 이익을 추구하는 것이 효율적이라고 판단하면 집단을 만들고, 집단의 이익까지 고려할 것이다. 집단 전체로 볼 때, 사회자본이 높게 형성된 이타적인 공동체가 사회자본이 낮은 이기적인 공동체보다 전반적인 행복 수준이 높을 뿐만 아니라 구성원 개인도 행복할 가능성이 높다. 구성원 전체에게 이익이 될 수 있는 사회자본은 사회적 합의에 의해 형성될 수도 있다. 다만, 정부가 사회자본과 국가 통합의 실익을 보여주고 설득하는 것이 쉽지는 않을 것이다. 따라서 지속적인 사회자본 형성을 위한 정부의 장기적 노력이 필요하다.

셋째, 사회적 성과 증진을 위해 위험 부담을 감수하는 개인에게 인센티브를 제공하는 정부가 좋은 정부이다. 정부가 사익을 위해 노력하는 사람들에게까지 인센티브를 줄 필요는 없다. 하지만 사회 공헌도가 높은 일을 수행하는 개인에게는 인센티브를 제공할 필요가 있다. 능력 있는 개인이 자신의 이익만이 아니라 사회 전체의 이익을 위해 공헌하도록 유도하는 것이다. 사람들의 가치관이 다양하기 때문에 자신의 이익이 아닌 공동체의 이익을 위해 일하려는 사람도 있다. 정부는 이렇게 공동체의 장기 이익을 소중히 하는 개인에게 다양한 인센티브를 제공하여 개인에게 만족을 주고 공동체 전체의 발전을 도모하는 방안을 마련할 필요가 있다. 이러한 인센티브는 단기적, 분파적 이익을 추구하던 개인들이 긴 안목으로 사회 일반의 이익을 추구하도록 유도하는 역할을 할 것으로 기대된다.

넷째, 탈산업 시대에 정부는 모든 구성원들에게 공정한 기회를 제공함으로써 이들을 모두 사회 일원으로 흡수할 수 있는 기반을 조성해야 한다. 즉 국가 통합을 달성하는 정부가 좋은 정부이다. 탈산업 시대에 정부가 기회의 공정성을 위해 노력하지 않는다면 부와 지위의 세습에 의한 빈익빈 부익부 현상이 가속화될 뿐만 아니라, 양극화 심화에 따른 갈등이 커질 수 있다. 탈산업 시대에는 창조적 전문성이 요구되기 때문에 교육의 기회로부터 배제된 사람은 사회·경제적 부와 지위를 획득할 기회 자체를 박탈당하게 된다. 기회의 박탈은 유능하

**필리핀 코르딜레라스의 계단식 논**

2000년 전 필리핀 루손 섬 코르딜레라스 산맥 깊숙한 곳에 형성된 계단식 논이다. 이 유적지는 수천 년간 이곳에서 살아온 소수 공동체 이푸가오 족이 만든 것으로 유네스코 세계유산으로 등재되어 있다. 이 계단식 논은 지역주민의 자발적인 신뢰와 협력, 참여 없이는 형성 및 유지가 불가능한 것으로 사회자본이 얼마나 위대한 결과를 가져올 수 있는지를 잘 보여주는 예이다.

고 가능성 있는 인재의 사회 진출을 가로막고, 무능한 세습자에게 역할을 부여하는 격이 되며, 이는 사회 전체의 효율성을 약화시킨다.

탈산업 시대에 빈익빈, 부익부의 양극화가 증폭될 가능성이 높은데, 공정한 기회를 부여하지 않는다면 '못 가진 자'로부터 국가 통합을 위한 합의를 이끌어내기 어렵다. 국가가 통합되지 못하면 국가 전체의 사회자본이 약화되고 거래 비용이 증가된다. 그 결과 전체 사회의 효율성이 떨어질 뿐만 아니라 구성원이 분열됨으로써 삶의 질이 악화된다.

다섯째, 국가 공동체의 장기 발전을 위한 토대를 마련하는 정부가 좋은 정부이다. 국가의 장기 발전을 위해서는 단기 이익뿐만 아니라 장기적인 국가 이익을 고려해야 한다. 그러나 각 개인은 대개 장기 이익을 고려하지 않고, 단기 이익만을 추구하는 경향이 있다. 한마디로 국가 공동체의 장기 발전은 개인에게 맡길 수 없는 영역이다. 따라서 개인이 관심을 가지지 않는 국가의 장기 발전은 정부가 책임져야 한다. 국가 발전을 위해 먼 앞날을 내다보고 투자해야 하는 분야는 앞에서 지적한 교육 및 인재 관리, 사회 인프라 구축, 과학기술 등이 있다.

여섯째, 좋은 정부는 모든 구성원에게 사회안전망 역할을 하는 정부이다. 사람들은 누구나 실패 가능성을 지니고 있다. 아무리 경쟁력 있는 사람이라 할지라도 언제, 어떤 일이 발생하여 경쟁력을 잃을지 모른다. 어떤 극한의 상태에 빠지더라도 정부가 자신을 보호한다면, 구성원은 자신의 능력을 마음껏 발휘할 뿐만 아니라 국가 공동체의 발전을 위해 자발적으로 협력할 것이다. 또한 경쟁력을 일시 상실한 개인에게도 정부가 최소한의 삶을 보장한다면, 그는 다시 자신과 국가 공동체를 위해 능력을 발휘할 것이다. 공동체 전체의 미래를 위해 필요한 일을 실행할 경우 일반 시민의 합의를 얻을 가능성도 높다. 정부가 어떤 방식으로 접근할 것인가 하는 문제는 남겼지만, 최소한 어떤 일을 먼저 해야 할 것인가는 명확하다.

사회자본은 활발한 인간관계를 통해 공동체 구성원들을 결집하여 공동체 문제를 해결하는 동시에 구성원 개개인의 행복을 촉진하는 매개 역할을 한다. 공동체 구성원 간에 네트워크를 형성하여 상호 대화하며 협력하고 규범을 준수하여 신뢰가 높아지면 대부분의 문제를 해결할 수 있을 것이다. 그리고 구성원들의 만족도 역시 높아질 것이다. 공동체 구성원의 관계가 제로섬이 아니라 서로 도움이 되는 플러스섬이란 관점에서 접근해 해결 방안을 찾는다면 기존의 갈등 관계를 상생 관계로 전환할 가능성이 높다. 국가 공동체를 책임지는 정부가 합의할 수 있는 목표를 제시하고 이를 실천하기 위해 눈앞의 문제를 해결할 방법을 찾아보자는 것이다.


### 사회자본에 대한 서로 다른 이해

대부분의 국가는 법과 제도 등 정부 체제를 잘 갖추고 있다. 그럼에도 불구하고 부유한 나라와 가난한 나라가 있다. 한 국가 내의 여러 집단 역시 마찬가지이다. 잘 운영되고 구성원의 만족도가 높은 집단이 있고, 그렇지 않은 집단도 있다. 잘 운영되는 집단과 그렇지 못한 집단의 차이는 구조나 제도에 있는 것이 아니라 구성원의 행동에서 찾을 수 있다. 개별 구성원들이 자신의 능력을 최대한 발휘하고, 다른 사람들과 협력하여 공동체 전체의 장기 발전을 위해 노력한다면, 구성원들의 성과와 행복이 증진되고 공동체도 발전할 것이다. 사회자본론은 여기에 관심을 기울이고 있으며, 정부의 역할은 국가 공동체를 발전시키는 것이라고 본다.

하지만 사회자본론의 정부에 대한 대안 역시 한계가 있다. 사회자본론은 비교적 최근인 1980년대 이후 부각된 이론이다. 다른 이론과는 달리 여러 이론가들에 의해 연구되어온 만큼, 학자마다 사회자본을 달리 정의하고 접근 방법도 다양하다. 또한 사회자본은 가시적이지 않은 여러 요소를 포함하고 있다. 사회자본을 인간관계에서 발생하는 에너지라고 했지만, 인간관계에서 발생하는 에너지의 요소는 너무나 다양하다. 즉 사회자본을 신뢰, 규범, 네트워크, 협력, 참여 등 다양한 인간관계에서 발생하는 요소로 정의하고 있기 때문에 어떤 측면을 강조해야 할지 분명치 않다. 예를 들어, 사회자본 형성에 있어서 어떤 집단에서는 신뢰가 강조되는 반면, 어떤 집단에서는 네트워크가 강조된다. 또 다른 집단에서는 몇 가지 요소가 혼합되어야 사회자본이 발생한다고 본다.

더욱이 사회자본은 집단과 국가의 문화에 따라 다르게 나타난다. 한 국가에서 특정한 형태의 사회자본이 긍정적인 작용을 했다고 해서, 다른 국가에서도 반드시 긍정적인 작용을 한다는 보장이 없다. 또한 사회에서 특정 유형의 사회자본이 긍정적 역할을 했다고 해도 지속성을 보장할 수 없을 뿐만 아니라 어느 시점에 이르면 부정적인 역할을 할 수도 있다. 예를 들어, 특정한 국가의 상인 네트워크가 자신들의 이익을 위해 긍정적인 역할을 하고 도시의 상권을 발전시킬 수도 있지만, 시장 개방을 방해할 수도 있다. 한 종교 단체 구성원 간의 높은 신뢰는 구성원의 단합을 촉진하고 행복을 증진시키기도 하지만, 다른 종교 단체에 대한 억압으로 이어질 수 있다. 정부에 대한 시민의 높은 신뢰는 정부 기능을 원활하게 할 수 있는 반면, 권한 남용과 부패를 부를 수도 있다. 또 정부에 대한 낮은 신뢰는 견제하는 역할을 할 수도 있다. 한마디로 특정한 공동체에 필요한 사회자본이 무엇이고, 어떻게 기능해야 좋은지를 시기와 장소, 상황에 따라 다르게 평가할 수 있다는 것이다.

특히 사회자본론에서 바라본 정부의 역할이 크기는 하지만, 사회자본을 정부가 앞장서서 형성하는 것은 위험할 수 있다. 사회자본은 본래 사회 구성원 모두가 스스로 운명을 개척하고, 독립된 인격을 함양하며, 자신의 전문성을 바탕으로 다양한 개성을 발휘하며 살아갈 때 형성되고 이에 따라 건전한 시민사회가 태동하는 것이다. 복잡한 사회에서 발생하는 복잡한 문제를 개인만의 힘으로 해결할 수 없다. 다양한 가치와 전문성을 가진 이들이 서로 신뢰하고 사회의 규범을 준수하면서 인적 네트워크를 바탕으로 협력해 공동체의 문제를 자발적으로 해결할 수 있는 것이다. 어떤 사회든 사회자본 형성에는 독립된 개성을 보유한 개인을 중심으로 한 인간관계의 형성이 전제되어야 한다. 즉 성숙한 시민사회는 강한 개인이 중심이 되어 국가 공동체의 중요성을 인정하고 사회자본을 형성할 때 비로소 완성되는 것이다.

따라서 정부나 사회 지도층 또는 특정한 시민단체가 사회자본 형성을 선도할 수도 없고 선도해서도 안 된다. 국가 공동체의 구성원들이 주도적이고 자발적으로 사회자본을 형성했을 때 사회가 성숙하는 것이다. 사회자본 측면에서 정부는 어디까지나 시민사회를 보조하고 협력하는 역할을 한다. 이런 측면에서 사회자본론에서는 정부의 한계를 분명히 밝히고 있다. 정부와 일반 시민의 이해와 합의, 소통의 거버넌스 없이는 국가 공동체의 이익과 발전에 도움이 된다고 해도 사회자본이 형성되기 어렵다. 극단적으로 말하자면, 아무리 좋은 정부 정책도 시민의 이해와 협력 없이는 수행할 수 없고, 수행해서도 안 되는 것이다.

이러한 논리는 각종 사회문제를 다룰 경우에도 적용된다. 사회자본이 형성되기 위해서는 특정한 사안이 구성원 각자에게 장기 이익을 제공함과 동시에 공동체 전체의 발전에도 도움이 되어야 하며, 최소한 구성원 개인과 공동체의 이익에 반하지 않아야 한다. 국가사회 내에서 경쟁력을 상실한 사람들에 대한 공공복지 정책도 장기적으로 구성원 각자에게 도움이 되고, 공동체의 유지 발전에 기여해야 한다. 이 논리에 따르면 특정한 계층에게 아무리 절실한 사회정책이라도 공동체 구성원의 합의 없이는 수행할 수 없으며, 정부가 구성원을 설득하지 못한다면 어떤 정책도 추진할 수 없다.

## 성숙한 시민 문화를 기대하다

사회자본론은 기본적으로 인간관계의 발전적 형성에 초점을 맞추어 좋은 정부의 대안을 제시한다. 사회가 발전할수록 사람은 인간관계에서 벗어나 혼자 살 수 없다. 사회가 분화하고, 개인주의가 발달하면서 각종 범죄, 인간 소외, 청소년 문제, 노인 문제 등의 사회병리 현상은 개인이 해결할 수 있는 수준을 넘어섰다. 인간관계를 어떻게 형성하는가에 따라 개인, 집단, 조직, 사회, 국가의 발전이 좌우되고, 사회자본이 부족한 상태에서는 공동체 발전을 생각할 수 없다. 실제로 구성원 개인의 능력이 뛰어나다 할지라도 서로 융합하지 않으면 집단의 잠재력을 제대로 발휘할 수 없다. 이와 반대로, 개인 능력은 뛰어나지 않더라도 구성원들이 잘 융합할 경우 큰 성과를 거두는 사례를 많이 볼 수 있다. 축구나 야구에서는 스타플레이어가 즐비한 구단이 항상 우승하는 것도 아니고, 스타플레이어는 없지만 선수들이 잘 융합하는 구단이 우승을 거두는 사례가 있다. 이렇게 집단의 규모가 크든 작든 간에 구성원이 어떤 인간관계를 맺고 어떻게 협력하느냐에 따라 집단의 잠재력을 발휘할 수 있다.

사회자본론은 개인의 교육 및 전문성 수준이 높고 능력이 뛰어남에도 불구하고 행복하다고 느끼지 못하고 공동체 문제를 해결하지 못하는 탈산업 시대에 개인의 문제와 사회문제를 해결하기 위한 대안을 모색한다. 사회자본론은 공동체 전체의 문제를 해결하지 못하면 개인도 불행해진다는 관점에서 실마리를 찾는다. 탈산업 시대에 개인이 자신만의 이익을 보호하려고 애를 쓸수록 개인의 문제도 해결되지 않을뿐더러 공동체의 문제 역시 해결될 수 없다. 개인의 가치관이 분화될수록 사회적 합의를 바탕으로 공동체 문제에 접근해야 하는 것이다.

앞선 논리를 바탕으로 사회자본론이 포함하고 있는 정책적 의미는 다음과 같다.

첫째, 사회자본은 구성원의 참여와 협력에 대한 올바른 이해에서 출발한다. 협력을 통해 구성원 모두에게 이익이 될 거라는 인식이 강하게 자리 잡힐 때 사회자본이 형성되기 시작한다. 공동체가 자신의 이익을 지켜준다는 사실을 자각한 사람은 공동체 유지를 위해 필요한 조치, 즉 의무를 자발적으로 이행하려 할 것이다. 이러한 이유로 사회자본 형성을 위해서는 시민 참여, 시민의식의 성숙, 시민 문화의 확립, 법과 규범, 제도의 정착이 매우 중요하다. 한 국가 내의 사회자본이 잘 형성되면 구성원의 신뢰와 협력, 집단 효율성, 각자의 행복 증진이라는 실질적인 이익을 누리게 된다. 개인의 능력에는 한계가 있기 때문에 인간은 혼자 살 수 없다. 인간은 생존하고 발전하기 위해 다른 사람과 협력한다. 혼자 문제를 해결하는 것보다 협력하는 쪽이 훨씬 유리하기 때문이다. 혼자 있으면 외롭지만 함께 살면 행복하다. 일도 혼자 하면 더 힘들고 오래 걸리지만, 함께 하면 생산성이 훨씬 높다.

대다수의 사람들, 특히 공공선택론자들은 사람이 이기적이기 때문에 협력과 긍정적인 집단행동이 불가능하다고 본다. 그러나 이기적인 사람들도 긍정적인 집단행동을 할 때가 있다. 단체의 규모가 작거나,

혈연·지연·학연으로 연결된 구성원들이 단체를 형성할 경우, 또는 자신이 가입한 단체가 특권을 누리는 경우에는 일시적으로 자신들의 희생이 예상되더라도 장기적 관점에서 자신을 포함한 공동체 전체의 이익을 위하여 집단행동을 할 수도 있다. 이 경우에는 구성원들이 타인의 이익을 존중하고, 개인의 배타적 이익 추구를 삼가며, 공동체 전체의 이익을 수호하기 위해 노력하게 된다.

이것은 공동체 유지를 위한 단초가 된다. 구성원의 의사소통이 긴밀하며, 제도가 명확하게 확립되고, 구성원들이 공동체를 유지하는 것이 명예롭고 이익이 된다고 느낀다면 규모가 큰 집단에서도 사회자본이 형성될 수 있고 해당 공동체는 튼튼해질 것이다. 그러므로 규모의 크고 작음이 문제가 아니라 집단의 운영이 중요해 진다. 국가의 경우, 정부가 정책을 어떻게 수행하느냐에 따라 대다수 개인이 자신의 이익뿐만 아니라 국가 공동체의 장기 발전을 위해 다른 사람들과 협력하게 할 수 있을 것이다.

협력을 위해서는 집단 구성원이 서로 합의해야 한다. 집단 구성원 모두에게 이익이 될 수 있는 타협점은 반드시 존재하기 때문에 사회는 이러한 타협점을 찾으려고 노력할 필요가 있다. 이것이 바로 시민의식의 성숙이며, 시민 문화의 확립이고, 선진 제도의 정착이다. 시민의식과 시민 문화, 선진 제도는 절로 성숙하지 않는다. 이는 개인과 집단에 대한 구성원의 인식, 이해의 공유, 권리와 책임의식을 통한 참여와 협력의 수준 등에 의해 좌우된다. 사회의 특성에 따라 시민의식과 시민 문화가 확립될 수도 있고 그렇지 않을 수도 있다. 사회자본론의 관점에서 보자면, 선진국은 구성원 모두가 다른 사람을 배려하여 스스로 행복한 사회를 만든 나라라 할 수 있고, 반대로 후진국은 구성원 각자가 자신만을 생각하여 불행해진 나라라고 볼 수 있다.

둘째, 사회자본론에서는 개인에게 이익이 되어야 개인의 합의와 협력을 얻을 수 있다는 점을 분명히 한다. 공동체가 구성원에게 이익을 가져다주어야 모든 사람의 자발적인 협력이 가능하다는 것이다. 인간은 자신의 이익을 보호하기 위해 인간관계와 공동체를 유지하려 하며, 그 결과 사회자본이 형성된다. 인적 네트워크와 공동체가 개인의 이익을 보호할 때 양자의 관계는 절로 탄탄해진다. 또한 공동체 외부에 있는 사람들에게 손해를 끼치더라도 해당 공동체에 속한 개인과 구성원에게 이익이 된다면 공동체가 유지·발전되는 경우도 있다. 혈연, 지연, 학연, 종교 등으로 연결되어 동질성이 높은 공동체의 경우 구성원 간에는 신뢰와 참여, 협력 등이 높은 수준에서 유지되는 반면, 외부인에게는 배타적인 성향을 보인다. 극단적으로 범죄 집단 또는 마피아가 이런 식으로 유지되는 것이다.

국가를 포함한 어떤 공동체든 간에 개인의 이익을 보호하지 않고는 존립할 수 없다. 공동체가 개인을 먼저 보호할 때, 개인은 공동체를 위해 더 큰 희생과 봉사를 수행할 힘을 얻는 것이다. 자신을 위해서 한 일이 공동체를 위해 이익이 될 때 구성원 각자가 열심히 일함으로써 자신뿐만 아니라 집단 전체가 발전할 수 있는 것이다. 이때 개인이 추구해야 할 사익과 추구해서는 안 되는 사익을 분명히 구분하고 공동체 구성원 모두가 이를 준수하는 것이 무엇보다 중요하다.

셋째, 사회자본론에서는 공동체 유지를 통해 발생한 이익이 구성원들에게 공정하게 배분되어야 한다는 점을 강조한다. 사람들은 공정하게 대우받지 못한다는 생각이 들면 공동체 유지와 발전을 위해 협력하려 들지 않을 것이다. 최소한 자신이 다른 사람에 비해 부당한 대우를 받지 않는다고 생각해야 공동체의 일원으로서 행동할 것이다. 따라서 정부는 구성원들에게 최소한 기회의 평등을 제공해야 한다. 기회의 평등이라는 원칙에 대해서는 '가진 자'나 '못 가진 자'나 대부분 동의하기 때문이다. 반면 결과의 평등에 대해서는 견해의 차이도 크고, 달성할 방법도 마땅치 않다. 또 결과의 평등이 공동체의 유지 발전에 도움이 되지 않는다는 것을 역사적으로 경험했기 때문에 사회자본론은 정부가 결과의 평등을 추구하는 것에 동의하지 않는다. 다만 정부가 기회의 평등을 달성하기 위해 노력해야 한다는 것을 분명히 밝히고 있다.

넷째, 사회자본론은 정부의 역할을 필요로 한다. 정부가 없다면 국가가 제대로 유지, 발전하기 어려울 뿐만 아니라 사회자본 형성도 쉽지 않다. 사회자본은 공동체 구성원들에 의해 자발적으로 발생하는 것이라고 하지만, 정부의 권위 없이 구성원의 자발성에 의해서만 사회자본이 발생하기는 어렵다. 일반 시민들이 자발적인 합의에 의해 형성한 신뢰, 규범, 협력 네트워크, 의사소통 등의 시민문화도 때로는 법적 제도화에 의해 보존될 필요가 있고, 법과 제도를 어기는 사람들에 대한 처벌이 수반되어야 신뢰와 규범이 유지될 수 있다. 안정적이고 효율적인 정부가 시민문화를 지키기도 하는 것이다. 현실적으로 국가 공동체라는 대규모 집단에서는 성문화된 법과 제도 없이 모든 구성원이 자발적으로 공동체의 이익을 보호하고, 이기적 행위를 자제하기를 기대하기는 힘들다. 정부의 리더십 없이는 국가 공동체 구성원 다수가 공감하고 서로를 신뢰하기 어려울 것이다.

결국 법과 제도, 시장과 정부 등 국가 공동체 유지와 발전을 위한 전통적인 도구의 유용성을 부정하고 사회자본의 유용성만을 주장할 수는 없다. 시민의 자발적인 참여와 협력을 바탕으로 한 시민사회라 하더라도 전통적인 시장 제도와 정부의 역할을 완전히 대체할 수는 없는 것이다. 다만 성숙한 시민의 자발적인 참여와 협력이 국가 공동체 발전에 크게 이바지할 수 있다는 점을 강조하는 것이다. 또한 사회자본이 더욱 발전하기 위해서는 전통적인 시장 제도와 정부 체제 및 법과 제도가 잘 구축되어야 한다.

사회자본은 개인의 가치와 행위, 개인 간의 인적 네트워크를 기본으로 한다. 현대는 앞서 언급한 여러 난제로 인해 전통적인 시장과 정부의 힘만으로는 문제를 해결하기 어려운 시대가 되었다. 이러한 시대에는 성숙한 시민의 참여와 협력에 의한 전반적인 사회 능력 강화와 이를 통한 좋은 거버넌스 체제 확립이 요구된다. 사회자본 형성을 위한 정부의 역할이 중요하지만 정부가 모든 권위를 독점하던 시대도 지났다. 법과 제도의 확립만으로 모든 문제를 해결하기도 어렵다. 오늘날 발생하는 복잡한 문제는 운영의 묘를 살려 법과 제도를 탄력적으로 적용할 때에 비로소 해결할 수 있다. 그리고 법과 제도를 확립했다 해도 시대와 환경이 변할 때마다 새로운 법과 제도를 논의하는 데에는 시간과 비용이 너무 많이 소요된다. 이러한 법과 제도의 허점을 사회자본 형성을 통한 성숙한 시민문화로 메우지 못한다면 결코 좋은 국가가 될 수 없다. 국가 공동체의 마지막 보루는 일반 시민이다. 일반 시민이 국가 공동체 문제를 인식하고 함께 해결하려고 노력한다면 좋은 국가, 좋은 정부를 만들 수 있을 것이다.

:: 나오는 글

플라톤과 아리스토텔레스로부터 마르크스와 베버에 이르는 서양 철학자들의 이론을 심도 있게 접한 것은 미국 유학을 시작한 지 1년이 지난 1990년이다. 그 전까지 여러 철학자들의 이름은 들어보았지만 확실히 알지 못했기 때문에 수업을 들으면서 그들이 말하는 사상과 이론을 받아들이기가 여간 힘든 것이 아니었다. 하지만 공부를 해 갈수록 희열을 느꼈고 온몸에 전율이 흐를 때가 많았다. 또 수업 중에는 이들의 이론을 다양하게 해설해주는 교수들의 학문적 깊이에 저절로 머리가 숙여지기도 했다. 물론 정치철학이 다루는 국가와 정부의 기능과 역할에 대한 근본 논의들은 행정학을 전공하는 필자에게 다양한 아이디어를 제공했다.

귀국 후, 대학 강단에서 다양한 과목을 강의하며 학생들에게 국가와 정부에 대한 서양철학자들의 논의를 틈틈이 소개할 때 학생들이 보여준 초롱초롱한 눈망울에서 나는 그들의 지적 욕구와 호기심을 충분히 느꼈다. 나 역시 수업을 거듭하며 국가와 정부의 기본 역할뿐만 아니라 오늘날의 각종 사회문제와 그 해결 방법에 대한 철학적 기초를 논의하면서 점점 지식의 폭을 넓혀갔다. 그리고 언젠가는 이것을 묶어 출판한다면 우리나라 대중들이 정부와 정치에 대한 상식을 확대하는 데 도움이 되지 않을까 생각하게 되었다.

플라톤과 아리스토텔레스 이래로 정치철학은 국가 구성원의 자유와 권리, 행복의 증진, 국가 공동체의 지속적인 발전을 위해 정부가 무엇을 해야 하는지, 그리고 이를 위해 정부의 형태는 어떠해야 하는지를 논의해왔다. 이 과정에서 철학자들은 인간 세계와 본성을 정의하고 자신만의 논리를 세우게 된다. 그 바탕 위에서 현실에서 발생하는 사회문제를 진단하고, 이를 해결할 수 있는 아이디어와 정부에 대한 상을 제시하고 있다.

나는 독자들의 이해를 돕기 위해 정치철학자들이 말하는 나쁜 정부와 좋은 정부란 무엇인가에 초점을 맞추었다. 나쁜 정부란 주어진 사회문제를 해결하지 못하는 정부이며, 좋은 정부란 당시의 사회문제를 해결하는 정부이다. 나는 시민의 정부에 대한 관심이 높지만 그만큼 정부에 대한 불신도 높은 우리나라에서 시대 변화에 따라 정부의 기능과 역할이 어떻게 변화해야 하는지 알아야 한다는 점을 강조한다. 그리고 이제 막 사회문제에 눈을 뜨기 시작한 학생들에게 정부가 얼마나 중요하고, 좋은 정부를 갖기 위해서 일반 시민들이 얼마나 노력해야 하는지, 또 현대의 민주정부의 틀을 만들기 위해 우리의 선지자들이 얼마나 많은 생각과 논의를 거듭했는지를 보여주고 싶었다.

이 책에서 다룬 정치철학자들은 시대마다 제기된 문제점을 전제로 좋은 정부 모델을 제시한다. 어느 한 시대에 적합하고 필요한 정부였다고 해서 항상 좋은 정부는 아니라는 말이다. 다시 말해, 현재 대한민국이 필요로 하는 좋은 정부를 만들기 위해서는 지금 우리가 처한 상황과 문제점을 직시할 필요가 있다는 뜻이다. 그리고 우리에게 맞는 좋은 정부를 찾기 위해서는, 다양한 분야에서 가르침을 준 정치철학자들이 말하는 시대적 문제점과 좋은 정부의 모델을 살펴볼 필요가 있음을 의미하기도 한다.

이 책에서 나는 유학 시절에 공부한 철학자 중에서 정부에 대한 관점이 뚜렷하다고 판단한 여덟 명을 소개했다. 그리고 급격한 사회 변화를 겪으면서 정체성 위기를 겪고 있는 정부에 새로운 패러다임을 제시할 것으로 판단되는 두 철학사조를 추가하였다. 이 책에서 소개한 플라톤, 아리스토텔레스, 마키아벨리, 홉스, 로크, 루소, 마르크스, 베버, 벨, 사회자본론까지 열 가지 정치철학의 논의를 충분히 소화한다면 좋은 정부와 나쁜 정부를 분별하는 데 충분한 지침과 안목을 갖게 될 것이다.

나는 이 책을 통해 독자들이 우선 각 철학자들이 제시한 좋은 정부와 나쁜 정부에 대한 관점을 명확하게 인식하길 바란다. 또 시대별로 정부에 대한 관점이 왜 바뀌었고, 어떻게 바뀌었는지를 이해하기를 소망한다. 전 시대의 정치철학의 문제점을 비판적으로 수용하면서 새로운 세계관에 따른 새로운 사상이 어떻게 나타나는지를 살펴보며 역대 철학자들의 노력과 인류 지성의 발전을 느낄 수 있기를 바란다. 마지막으로 이러한 논의를 통해 현 시점에서 어떤 정부가 좋은 정부이고, 어떤 정부가 나쁜 정부인지 독자 나름의 관점을 형성하길 바란다.

  독자들이 인간 본성에 대한 철학자의 관점을 파악하고 그들이 제시한 정부관의 시대적 의미를 이해할 수 있다면 그것은 그만큼 그들의 이론이 뚜렷하기 때문일 것이다. 만일 그들의 관점과 그 의미가 뚜렷하게 보이지 않는다면 필자의 노력이 부족한 탓이다. 독자들의 건전한 논의와 지적을 기대한다.

## 더 읽어볼 만한 책

**01**

플라톤,《플라톤의 국가론》, 최현 옮김(집문당, 2006)

Ebenstein, William, *Great Political Thinkers*(Princeton : Princeton University Press, 1951).

Grube, G. M. A., *Plato's Republic*(Indianapolis : Hackett Publishing Company, 1974)

Sabine, H. George, *A History of Political Theory*(London : George G. Harrap & Co., Ltd., 1948)

**02**

아리스토텔레스,《정치학》, 천병희 옮김(숲, 2009)

_____,《니코마코스 윤리학》, 이창우·김재홍·강상진 옮김(이제이북스, 2006)

Barker, Ernest, *The Politics of Aristotle*(London : Oxford University Press, 1958)

**03**

강정인,〈니콜로 마키아벨리―서양 근대 정치사상의 탄생〉, 강정인·김용민·황태연 엮음,《서양 근대 정치사상사―마키아벨리에서 니체까지》(책세상, 2007)

마키아벨리,《군주론》, 신복룡 옮김(을유문화사, 2007)

_____,《군주론/정략론》, 황문수 옮김(동서문화사, 2007)

_____,《로마사 논고》, 강정인·안선재 옮김(한길사, 2003)

Machiavelli, Niccolo, *The Prince*, (trans.) George Bull(London : Penguin Books, 1981)

**04**

김병곤, 〈토머스 홉스―동의에 의한 절대주의〉, 강정인·김용민·황태연 엮음,《서양 근대 정치사상사―마키아벨리에서 니체까지》(책세상, 2007)

토머스 홉스,《리바이어던》, 신재일 옮김(서해문집, 2007)

Hobbes, Thomas, *Leviathan*, (ed.) Michael Oakeshott(New York : Coller Books, 1962)

**05**

로크,《인간 오성론》, 이재한 옮김(다락원, 2009)

문지영, 〈존 로크―자유주의의 사상적 토대〉, 강정인·김용민·황태연 엮음,《서양 근대 정치사상사―마키아벨리에서 니체까지》(책세상, 2007)

조긍호, 강정인,《사회계약론 연구―홉스, 로크, 루소를 중심으로》(서강대학교출판부, 2012)

Hamilton, Alexander, James madison & John Jay, *The Federalist Papers*(New York : NAL Penguin Inc., 1961)

Locke, John, *Second Treatise of Government*, (ed.) C. B. Macpherson(Indianapolis : Hackett Publishing company, 1980)

Lowi, Theodore J., *The End of Liberalism*(New York : Norton, 1979)

Paine, Thomas, *Basic Writings of Thomas Paine*(New York : Willey Book Company, 1942)

**06**

김용민, 〈장 자크 루소―자연의 창조적 회복을 주장한 문명 비판론자〉, 강정인·김용민·황태연 엮음,《서양 근대 정치사상사―마키아벨리에서 니체까지》(책세상, 2007)

장 자크 루소,《인간불평등기원론/사회계약론》, 최석기 옮김(동서문화사, 2007)

Bachrach, Peter and Botwinick Aryeh, *Power and Empowerment : A Radical Theory of Participatory Democracy* (Philadelphia : Temple University Press, 1992)

Barber, Benjamin, *Strong Democracy : Participatory Politics for a New Age* (Berkeley : University of California Press, 1984)

Dahl, Robert A., *Who Governs?* (New Haven : Yale University Press, 1961)

Macpherson, C. E., *Democratic Theory : Essays in Retrieval* (New York : Oxford University Press, 1972)

Pateman, Carole, *Participation and Democratic Theory* (London : Cambridge university Press, 1970)

Rousseau, Jean-Jacques, *The Basic Political Writings*, (trans.) Donald A. Cress (Indianapolis : Hackett Publishing Company, 1987)

Schattschneider, E. E., *The Semi-sovereign People : A Realist's View of Democracy in America* (New York : Holt, Rinehart and Winston, 1960)

## 07

칼 마르크스, 《경제학·철학초고/자본론/공산당선언/철학의 빈곤》, 김문현 옮김(동서문화사, 2008)

황태연, 〈카를 마르크스 — 노동자 계급 혁명론과 그 유산〉, 강정인·김용민·황태연 엮음, 《서양 근대 정치사상사 — 마키아벨리에서 니체까지》(책세상, 2007)

Barbalet, J. M., *Marx's Construction of Social Theory* (Boston : Routledge & Kegan Paul, 1983)

Fetsher, Iring, *Marx and Marxism* (New York : Herder & Herder, 1971)

Fischer, Ernst, *Marx in His Own Words* (London : Allen Lane The Penguin Press, 1968)

Mark, Karl, *Capital*, (intro.) Ernest Mandel, (tran.) Ben Fowkes (New York : Vintage Books, 1977)

Tucker, Robert C., (ed.) *The Marx-Engels*(New York : W. W. Norton & Company, Inc., 1978)


## 08

막스 베버, 《최장집 교수의 정치철학 강의 01: 베버의 소명으로서의 정치》, 최장집 엮음, 박상훈 옮김(폴리테이아, 2011)

_____, 《프로테스탄티즘의 윤리와 자본주의 정신》, 박성수 옮김(문예 출판사, 2010)

박희봉, 〈관료제의 도구적 합리서와 실제적 합리성〉, 《한국정치학회보》 32집 2호(한국정치학회, 1998), 125~145쪽.

Beetham, Davis, *Max Weber and the Theory of Modern Politics*(Cambridge : Polity Press, 1985)

Chilcote, Ronald H., *The Theories of Comparative Politics*(Colorado : Westview Press, 1981)

Gerth, H. H. and C.W. Mills, *From Max Weber*(New York : Oxford University Press, 1946)

Kaesler, Dirk, *Max Weber : An Introduction to his Life and Work*(Chicago : The University of Chicago Press, 1988)

Kilker, Ernest, "Max Weber and Possibilities for Socialism", (eds.) Ronald M. Glassman, William H. Jr. Swatos, and Paul L. Rosen, *Bureaucracy against Democracy and Socialism*(New York : Greenwood Press, 1987)

Wrong, Dennis, *Max Weber*(New Jersey : Prentice-Hall, Inc., 1970)

Weber, Max, *The Theory of Social and Economic Organizations*, (trans.) A. M. Henderson and Talcott Parsons(New York : The Free Press, 1947)

09

다니엘 벨,《탈산업사회의 도래》, 김원동·박형신 옮김(아카넷, 2006)
_____,《이데올로기의 종언》, 이상두 옮김(범우사, 1999)
엘빈 토플러,《제3의 물결》, 원창엽 옮김(홍신문화사, 2006)


10

로버트 퍼트남,《사회적 자본과 민주주의》, 안청시 외 옮김(박영사, 2000)
박희봉,《사회자본-불신에서 신뢰로, 갈등에서 협력으로》(조명문화사, 2009)
알렉시스 토크빌,《미국의 민주주의》, 임효선 옮김(한길사, 1997)
제임스 부르디외 등 저,《사회자본 이론과 쟁점》, 유석춘 외 옮김(그린, 2003)

# 찾아보기

**ㄱ**

거버넌스 264, 271~273, 280
경제적 독립성economic independency 144
경제적 상호의존성economic interdependency 181
계급투쟁 176~178, 193, 195~196
계급투쟁론 165
공익public interest 101~102, 104~108, 110
과두제철칙 48
관료제 203~204, 206~218, 220~221, 223, 225, 227, 232~233, 235~236
교조주의 188~189
권위 214, 220, 232, 236~237
기본권 92, 99, 104, 106, 111~113, 115, 117, 121~122, 125~127, 129~131, 134

**ㄴ**

노동가치 121
노동의 분화 38, 141, 171, 179, 195, 235, 236

**ㄷ**

다원주의 44, 48, 221~222

도구적 합리성instrumental rationality 204~207, 209~211, 213~216, 218 ~219, 221, 223~228, 232, 264
도덕성 75, 79, 82~83, 85, 88~90

**ㄹ**

리바이어던Leviathan 103, 110
《리바이어던》 93, 103

**ㅁ**

마키아벨리즘 80, 82~83, 85, 87
만인에 대한 만인의 투쟁war of all against all 95, 131
메리토크러시meritocracy 248, 264  266
무의사의 결정non-decision making 49
미덕virtue 67

**ㅂ**

변증법적 유물사관 175~176, 189, 196
비도덕적 81~83

**ㅅ**

사회계약 93~94, 97~103, 105~106, 109~110, 116~117, 119~122, 134, 138~139, 143~146
사회자본 270~277, 279~281, 283~287,

찾아보기  309

289~299
산업 사회 238, 240~241, 246, 258~260, 269, 273, 277, 279
상부구조 166, 170~171, 174, 179, 195~196
생물종으로서의 존재 species-being 169
생산양식 mode of production 170~172, 175~178, 181~182, 186, 195~198
소외 166~167, 170~172, 176, 180~182, 186, 190
소외론 165, 170
시민 122~123, 127~128, 131~134
시민사회 31~33, 51, 56, 93, 99, 113, 122, 138, 194, 232, 275, 291~292, 298
실질적 합리성 substantive rationality 205~208, 216, 218, 220~221, 223~224, 226~227, 232

ㅇ
양도할 수 없는 권리 inalienable right 120~121, 127~128, 162, 180, 185
엘리트주의 20, 60
인간 해방 164, 166, 170, 173, 178~182
일반의지 general will 148, 151
잉여생산물 175, 197~198

ㅈ
자본주의 정신 205~206
자본주의의 모순 166, 174, 177, 186~187
자아 self 120
자유민주주의자 160

저항권 110~112, 133~134
정치적 상호의존성 political interdependency 144
좋은 사람 57~58
좋은 시민 57~58
지배 이데올로기 177~179, 195~196, 229, 277
지식·정보사회 272
진정한 의식 true consciousness 166, 168

ㅊ
참여민주주의자 125, 154, 156, 159~161
천부인권 113, 115, 120, 129

ㅌ
탈도덕적 80~81, 83~84
탈산업 사회 238, 240~247, 250, 252~255, 257~258, 260, 263, 269, 272~273, 276~277, 280, 284

ㅍ
패러다임 paradigm 245, 252~254, 261, 265, 269~278, 283, 302
편견의 동원 mobilization of bias 161
프로테스탄트 윤리 205~206
《프로테스탄트 윤리와 자본주의 정신》 205
프롤레타리아 혁명 165~166, 173, 178, 182~183, 186, 188, 214, 224, 227

ㅎ
하부구조 166, 170, 175, 179

합리성rationality 94~95, 108
허위의식false consciousness 166~168, 172, 174, 184~185
회의주의skepticism 90

## 좋은 정부, 나쁜 정부

| | |
|---|---|
| **펴낸날** | 초판 1쇄 2013년 2월 20일 |
| | 초판 5쇄 2024년 8월 18일 |

| | |
|---|---|
| **지은이** | 박희봉 |
| **펴낸이** | 김준성 |
| **펴낸곳** | 책세상 |
| **주 소** | 서울시 마포구 동교로23길 27, 3층 (03992) |
| **전 화** | 02-704-1251 |
| **팩 스** | 02-719-1258 |
| **이메일** | editor@chaeksesang.com |
| **광고·제휴 문의** | creator@chaeksesang.com |
| **홈페이지** | chaeksesang.com |
| **페이스북** | /chaeksesang  **트위터** @chaeksesang |
| **인스타그램** | @chaeksesang  **네이버포스트** bkworldpub |

**ISBN** 978-89-7013-837-4 03300

ⓒ 박희봉, 2013

\* 잘못되거나 파손된 책은 구입하신 서점에서 교환해드립니다.
\* 책값은 뒤표지에 있습니다.